古典文獻研究輯刊

三六編

潘美月・杜潔祥 主編

第 38 冊

玄宗闡祕：四川道教科儀傳統
《廣成儀制》的分類、流傳與使用

蔣 馥 蓁 著

國家圖書館出版品預行編目資料

玄宗闡祕：四川道教科儀傳統《廣成儀制》的分類、流傳與
使用／蔣馥蓁 著 -- 初版 -- 新北市：花木蘭文化事業有限公
司，2023〔民112〕
序8+ 目 2+198 面；19×26 公分
（古典文獻研究輯刊 三六編；第 38 冊）
ISBN 978-626-344-296-2（精裝）
1.CST：廣成儀制 2.CST：道教儀注 3.CST：研究考訂
011.08   111022063

ISBN-978-626-344-296-2

9 786263 442962

古典文獻研究輯刊
三六編 第三八冊   ISBN：978-626-344-296-2

玄宗闡祕：四川道教科儀傳統
《廣成儀制》的分類、流傳與使用

作　　者　蔣馥蓁
主　　編　潘美月、杜潔祥
總 編 輯　杜潔祥
副總編輯　楊嘉樂
編輯主任　許郁翎
編　　輯　張雅淋、潘玟靜　美術編輯　陳逸婷
出　　版　花木蘭文化事業有限公司
發 行 人　高小娟
聯絡地址　235 新北市中和區中安街七二號十三樓
　　　　　電話：02-2923-1455 ／傳真：02-2923-1452
網　　址　http://www.huamulan.tw 信箱 service@huamulans.com
印　　刷　普羅文化出版廣告事業
初　　版　2023 年 3 月
定　　價　三六編 52 冊（精裝）新台幣 140,000 元　　　　版權所有 · 請勿翻印

玄宗闡祕：四川道教科儀傳統
《廣成儀制》的分類、流傳與使用

蔣馥蓁 著

作者簡介

蔣馥蓁，法國高等研究學院 EPHE 宗教學博士。現為政治大學華人宗教研究中心客座助研究員。博士研究主要討論中國四川道教科儀傳統《廣成儀制》的科本編排與田野實作。研究領域為道教儀式、清代道教史、近代四川宗教與民間文化，目前開展的新課題是當代台灣全真道教的發展軌跡。

提　　要

　　本書以近代四川道教科儀叢集《廣成儀制》及其傳統為討論，在研究上採取文本與田野工作並重的方法，致力理解科儀書本身及其實踐。在章節的安排上亦作兩大部分，科儀書本身的歷史，以及目前廣成科儀的實踐情形。

　　目前所見廣成傳統相關記載並不豐富，我儘可能以史料與教內文本，輔以對道士的口述史訪談，對如「校輯」、地方宗派、全真與正一、本山意識、收集刊刻等過程，提出自己的看法或質疑。對廣成的研究，除了以其豐富的材料呼應地方道教視角的研究，作為晚近極少數的大型科儀集成，亦有助我們更完整地檢視道教儀演進。

　　本文通過對《廣成儀制》完整的閱讀檢索，輔以專用的文檢集，對文本本身顯露的訊息分類解析。先從對超過三百部科書表列提要，發現從其命名與功能歸納能顯現的基本分類、結構，指出廣成科儀採取嚴格遵守「陰齋陽醮」原則，在此分類底下根據儀式的性質目的作出極細緻的齋或醮（二十類以上），乃至於再次、又次一層的「隨門分事」。另外也根據筆者自己的閱讀與田野經驗，提出道士對廣成科儀各單科的理解亦將形成獨特的內化的儀式邏輯與結構構成。廣成科儀的節次安排極為活潑，高功們對節次的靈活安排奠基在共同的邏輯之下，經由對科儀正確且豐富的理解，從單科科儀到一日多日的較大規模法事，由小而大，漸次堆疊成有意義的節次。這個架構往往能使儀式節次長成宛如有機體般合理又對稱，合理地跨越冥陽兩利。因為其節次安排圍繞著道教各方面的精義，講求流暢敘事般的思考，廣成道士們方可以從容應付各種儀式安排。

序

Vincent Goossaert

It has long been a paradigm in the study of Daoism, and Chinese ritual cultures more generally, that there are two kinds of texts, especially liturgical manuals: printed, for open circulation; and manuscript, for restricted transmission from master to disciple. Scriptures and litanies 經懺, which can be performed by anyone, are usually printed; instructions for complex ritual performance are not – the Daoist canon was printed, but it was not made public before 1926. There are some exceptions to this rule, but none is as massive and spectacular as the Guangcheng yizhi 廣成儀制. In the central Sichuan plain, from the mid-Qing onwards, highly literate Daoists compiled this comprehensive compendium for the local ritual tradition which they printed, made publicly available, and disseminated down to the present. The three hundred-odd titles comprising the Guangcheng yizhi cover the whole spectrum of rituals Daoists may be required to perform, for the living and the dead; while they can be acquired separately, they together form a structure, sharing organizational, formal, and linguistic features. As a result, the level of uniformity of the Guangcheng ritual tradition over the whole Sichuan region (and now beyond in other places) is somewhat different from what can be observed about ritual traditions in other places.

Chiang Fu-chen's superb monograph is the first book-length study of the Guangcheng ritual tradition and its liturgical codification; it explores its historical development, analyzes its textual format, and describes the living tradition based on her fieldwork in and around Chengdu. I was privileged to mentor Dr. Chiang's doctoral research at Ecole Pratique des Hautes Etudes that provided the foundation for the present book, and I am now truly happy to see it published.

This work should serve as an inspiration for new generations of scholars of ritual cultures in the Chinese world and beyond. The combination of fieldwork and textual analysis of the liturgical manuals is, of course, a well-established method in our field; but thanks to the peculiarity of this printed liturgical compendium, Dr. Chiang can delve deeper into some key questions than scholars working with disparate manuscripts usually can. This is the case, among others, of the question of authority – who can edit, alter, expand, and reorganize Daoist liturgical texts, under what circumstances, for which reasons and with what effects? The figure of Chen Fuhui 陳復慧 (1735-1802?), the key creator of the Guangcheng liturgy, abbot of a local temple is central here; we are fortunate to have volumes of ritual documents he composed for his own performances, thus showing the breadth of his involvement in local society and range of ritual services for individuals, families, and communities. What we see with Chen Fuhui continued down to the present, as Dr. Chiang describes based on local historical material as well as ethnography: the Guangcheng liturgy was the common language used to maintain relationships between major clerical centers – here primarily monasteries run by Quanzhen clerics –, at home priests, and "lay" adepts.

To address such a vast set of research questions, Dr. Chiang eschews the common strategy of focusing on one ritual taken as "representative" -- although chapter 6 explores the fascinating case study of ritual to repay in advance, when still alive, the debt of one's body incurred at birth, in order to facilitate postmortem salvation. Rather she proposed to analyze the logic and grammar of the whole ritual repertoire deployed in Guangcheng yizhi, probing all sorts of tough questions on authorship, style, implicit quotations, borrowings, intended audience, printing, and distribution.

In so doing, Dr. Chiang weaves together different aspects of the study of ritual: the inner logic of ritual action, as read in the liturgical texts; its historical development, including contemporary transformations; the training and practice of ritual performers in their social contexts and larger religious landscape; and the life of the ritual troupes.

Another reason for the novelty and importance of this book is that Dr. Chiang explores the history of Daoist ritual in a region that had been heretofore largely neglected – Sichuan. Interest in the religious history of Sichuan is now growing, but it is still trailing behind other parts of the Chinese worlds in terms of the mass of primary data and studies available to scholars. Yet, with its distinct modern history – made in part of massive migrations from central China that coalesced locally in original ways – and its relatively well preserved cultural and religious traditions, Sichuan deserves close attention; neither "South" nor "North," it is a unique laboratory for religious and ritual experiments, of which the Guangcheng tradition is a remarkable example.

Vincent Goossaert, 高萬桑 professor of Daoism and Chinese religious history, Ecole pratique des hautes études (EPHE, PSL).

序

張　珣

　　蔣馥蓁博士是我在台灣大學人類學研究所的學生，當年她選修我的「宗教人類學理論」課程，並在我的指導之下，完成她的碩士論文〈道教儀式的神聖文書：文檢的使用與意義〉。在她的碩士論文中，對於經典道教的儀式與科儀本、文書等已有精確的掌握，內容也多所創發。同時，她在研究過程中還重視人類學的田野工作，藉由訪問一些台灣的道士們，作為現代道教實踐的呈現。

　　碩士畢業後，她前往法國高等實踐研究學院（EPHE）繼續深造，在國際道教學泰斗高萬桑（Prof. Vincent Goossaert）教授的指導下，完成了她關於中國四川道教科儀的博士論文，*Models in Taoist liturgical texts: Typhology, Transmission and Usage: A case study of the Guangcheng Yizhi and the Guangcheng tradition in modern Sichuan.* 這一本博士論文兼顧了文獻研究與深入的田野工作，是當今國際道教學界有關《廣成儀制》的重要著作之一。馥蓁在博士論文撰寫期間，還曾得到蔣經國基金會的贊助。

　　蔣博士返台之後，曾擔任我的博士後研究員一年時間（2016～2017），持續修改論文與拓展研究；當時也曾多次前往四川補充田野資料，充實其對四川道教的深入研究。2017 年之後，先後多次獲得不同單位的獎助，有教育部、科技部、以及中研院的博士後研究工作，足見其博士論文的優異。她持續深入《廣成儀制》與四川道教田野的調查，並新增台灣道教史主題研究，以及延伸其興趣到當代台灣道教的田野調查。

　　台灣道教研究領域的核心議題之一，是「道法二門」的歷史成因與現場科儀執行的交錯與融匯。這絕非台灣孤例，而是經典道教在長遠發展歷史上，在

廣袤中國疆界內，如何與地方宗教（民間教派、法教、巫教）調和與妥協，或是經典道教「在地化」的過程與必然結果。四川的《廣成儀制》與其當代執行狀況，恰好可以提供台灣道教研究一個絕佳的參考與比較案例。

當木蘭花出版社的許郁翎主編請我推薦優良博士論文出版時，我立即推薦馥蓁的《廣成儀制》。此一中文版本，在馥蓁從英文翻譯成中文的過程中，不但在選詞用句上更能呈現道教經典原意，又能將多年來沉澱的心得在原來英文博論上做出增刪與修改，細心安排中文章節，讓中文讀者更能分享馥蓁多年來在《廣成儀制》的研究成果。

本書除了有《廣成儀制》編纂與版本的歷史考察，廣成道士的組成與團體觀察描述，高功道士與科儀演繹的基本形式分析，從法事安排看《廣成儀制》的組合要義，以及以「受生填還」法事為例，看廣成科儀安排等等章節。其中，筆者最為喜歡「受生填還」法事的當代實踐，與筆者曾經出版的台灣「進錢補運儀式」文章，可以多所參照。

出版前夕，馥蓁邀請我寫序，我也欣然接受，以此祝賀她的研究成果問世。

張珣

中研院民族所研究員兼所長

自　序

　　本書依據我的博士論文改寫完成。當中的修改主要是對論文中的訛誤、說明不清，還有近年陸續得到的評論反饋、畢業後田野訪談的補充。雖然此後我的研究仍主要關注在《廣成儀制》這個傳統，也有相關文章出版，考慮到恣意把所有資訊都塞進來，反而使原本的架構不平衡，便選擇為添加註解及書目。說起來書稿的刪改是永遠無法讓人滿意的，本書面世算是是研究路上的小結，對此我非常榮幸。雖然相關研究還遠遠沒有止境，只能說是將我目前的認識較系統地呈現。這也是本書從論文撰寫時一直自覺的任務之一，希望能成為後續研究的基礎，激起更多研究者產生興趣。

　　博士修業期間我有幾次寶貴機會，在道教與廣成科儀傳統的發祥地四川進行了田野工作。我深信閱讀文本與田野實踐應該相結合，對道教科儀的討論必須緊緊伴隨著儀式的實踐本身，不論是彼此相印證或是例外討論，都能促進理解愈加細緻。兩者都是我研究可貴的養分來源，從中獲益極大。進行田野的時間主要在 2011、2012 年，此後雖然有短期的前往，或是透過網路通訊、異地採訪等方式維繫，對科儀展演方面最主要的印象建立，以及本書中所呈現的當代描述也多是這時的面貌。此外，由於田野的限制，我的研究對象長時間以全真的出家道士為主，描述視角上難免不夠完全，這是還待補充完整之處，請讀者諒察。

　　感謝我的父母、家人對我人生選擇的支持。感謝田野期間遇到的所有道長與訪問人——不論他們是不是本籍四川，我認為川地傳統特殊的風情，養成了道士們親切大方的態度，讓我得到了遠超乎滿意的意外成果，我能深刻感受到我對廣成科儀、文本的體會，有相當是從他們的言教身教中汲取出來的。

感謝我的博論指導老師高萬桑（Vincent Goossaert）教授，與他討論間我得到各種啟發、學習指點極多，他的治學態度尤為我樹立很清晰的榜樣。感謝口試委員勞格文（John Lagerwey）教授、華瀾（Alain Arrault）教授、劉迅教授詳細審閱，指出錯誤矛盾和讓人深思的問題，至今仍督促我反思不已。感謝在四川時李遠國、張澤洪、歐福克（Volker Olles）、呂鵬志、胡銳、張崇富、丁常春等多位老師的協助與指點。感謝我的碩論指導老師張珣教授，自我碩士起即給我不斷的啟蒙和提攜。本書撰寫與修改期間分別得到計劃支持，「蔣經國學術交流基金會留學生博士論文獎學金」（DF003-U-12），教育部「人文及社會科學博士論文改寫學術專書」（MOE-105-3-3-A003），並得到香港中文大學文化及宗教系作短期訪問，對這些支持備感榮譽。

至今我仍然相當慶幸能遇到《廣成儀制》這麼美妙的題目，它的特質總能多方面地支持我想做的諸般嘗試，甚至遠遠超過我的想像力，不時迭有新意。從中我體會到田野中──特別是短暫的住廟生活裡常接收到的訊息：祖師慈悲！大道不論有情或無情，其運行照臨天地之間，成就漫不可數又殊途同歸的體道。志心感謝道祖，感謝邱祖，感謝天師，感謝諸派師真、雲空過往一切聖真。

蔣馥蓁

目

次

緒　論

0.1 研究背景

　　本書以四川道教的科儀科本《廣成儀制》為討論中心，試圖從歷史、文本與當代實踐多方並進，呈現理解此儀式傳統的具體圖像。

　　《廣成儀制》是一套惟收輯科儀科本的集叢，特色是將每堂法事視為獨立一科，無論篇幅大小單獨裝幀，亦被視作能單獨此使的法事單位，便於道士臨壇使用。其卷帙龐大，雖然無法確知完整的總科目，目前仍存有超過三百部科本，內容種類繁多，所以向來有上至帝王下及庶民，祝國裕民利濟陰陽，無所不包的稱譽。這套科儀傳統之所以被重視，除了它的篇幅內容宏大，又是少數在清代編纂的科儀道書，保留多套專門搭配使用的文檢集，還因為此傳統創立以來至今，並未中斷，在科儀實踐上維持良好。

　　《廣成儀制》成立於清初至中期的四川省，其創立背景與明末清初的兵禍、疫癘、湖廣填四川等大量土著人口流失的事實息息相關，因此進入的大批各省移民促成多元交流的新局面。一般相信這套科儀傳統採納、融合多種傳統，所以能為不同背景的使用者接受，完成後便很快就成為共同使用的新模式，因此形成了這套做法，能使道士們不分派別咸奉行使用，帶有屬地主義色彩的表現形貌。許多不同傳承的道士們之所以能一同使用，主要在於其實踐表現上講求語言口說、唱韻，以及行進作動的同一，所以即使行法中帶有各自傳承，大體上合作間不成問題；另一個因素是《廣成儀制》科本雖然公開並不封閉，然而不論是刻版或傳鈔上，版本都相當單純，不曾造成使用上的歧異。

廣成科儀通行的地區雖然泛及整個四川，以及周邊省分的一些城鎮，發展最興盛的中心還要數地處「川西」〔註1〕地區的成都平原；當然歷來就整個四川而言，川西本來就是宗教活動極為豐富旺盛的地區。其校輯編修者道士陳復慧（1735～1802）生前活動便主要在川西範圍。此外，不論是行廣成科儀全真道士們的重鎮青城山、青羊宮，或是正一廣成壇祖庭溫江盤龍寺，都在川西地內。

《廣成儀制》由於篇帙浩大，又是近代；特別是常被認為是最大的全真科儀傳統；偌大的科本傳承，知名度向來不低，與其他科儀傳統討論時也常出現當作比較。然而以《廣成》為中心的探討卻相形的少，本書可能是第一本以此為研究對象的專著。相較於版本與流佈情形的一派祥和，關於起源、發展等留下的資料卻相當少，不論教內外的資料都顯得不足、零散。距今時日並不很長，然我們對廣成相關背景的掌握卻很匱乏。可以說從科儀實踐面來看，廣成由於傳承從未完全斷絕，對行持理解上反而較容易窺探回去；而歷史發展與道脈傳承等，記載零星獨立，不容易串成流暢無間斷的傳承意象。

0.2 文獻回顧與書寫脈絡

本研究受益於既有研究成果良多。對於《廣成儀制》的研究已散見於許多方面，首先它作為清代之後四川的重要科儀傳統，是道教史研究所不會忽略的，如從兩千年來中國道教史（卿希泰 1997 年；李養正 1993 年）、清代道教的斷代史（尹志華 2014 年；王忠志 2004 年）及多部討論道教科儀儀範著作（如閔智亭 1990 年；彭理福 2011 年），對此都有或多或少的關注與評價，雖然涉及篇幅不多，就放眼道教全體脈絡而論，提供了對四川與廣成科儀基本的認識。

陳耀庭在討論科儀發展常以廣成科本為例，作為與江南或廣東傳統的對照，站在比較的角度指出各傳統間差異，並且根據個人經驗提出獨到觀點，是有力的分析參考（陳 1992、1996、2000、2003），此外他也是《藏外道書》的編輯，幾篇文章中對編輯的過程背景多有交代。專對廣成科本作探討的，尤數尹志華對廣成編纂者和特定幾部科本的研究，以及集大成對清代全真教研究的

〔註1〕 清代行政地理劃分的舊稱，所謂川西地區一般包括：什邡、邛崍、成都府、金堂、新津、大邑、郫、德陽等縣份。成都平原地區地勢平緩魚米富饒，在行政商業各方面的發展都較集中，向來是四川省精華的地帶。

專書（尹 2009、2010、2012、2014）；尤其是對版本、方志訊息的爬梳很是詳細。森尤利亞（Mori Yuria）以四川全真為中心的數篇文章，將廣成科儀與正一儀禮比較，清代四川道教的歷史、文獻譜系整理精細（Mori：1994、2006、2007、2013），對森教授的感謝還有他慷慨地分享了在青羊宮所收的科書。

　　道教音樂的研究開始很早，民族音樂學者研究的方向雖著重在地方樂曲、樂器，由於還深入到鄉間農村，對道樂收集，甚至是各地方宮觀間吟唱強調的比較，都有很細緻的整理（如甘紹成 2000、2003ab、2013；劉紅 2009等）。音樂方面的研究重視在曲牌風格、記音採譜，但由於同樣觀察道士壇中活動，加上田野工作範圍廣、期間長，記錄了相當多細微的活動面貌。《青羊宮二仙菴志》雖是教內作品，但有合著者丁合春以及指導李遠國等學者加入，資料收集說明較完整嚴謹，並且有一般學術研究所難以進入的道門意見，值得參考。同在川西活動的民間壇門「法言壇」由大儒士劉沅（1768～1855）所創，雖然科儀行持所本不同，兩方歷來都有互動，法言的研究反映了差不多同時期廣成傳統的活動，能作為很好的對照（Olles 2013；徐菲 2013）。

　　目前所見的《廣成儀制》全面性大型刊刻版本，是發生於清末民初的教內計畫，與稍早另一個同是由二仙菴發起的道書叢集《重刊道藏輯要》有許多重疊的關係。《重刊》在收錄編排的過程與人事等，都留下較清楚的紀錄，涉及的道書內容也更廣，我們從這部集子得到訊息相當有益於對《廣成》的認識。《重刊》又由於內容多元複雜，受到的關注研究也較多，所以也需要同時對這方面的研究取法。如莫尼卡（Monica Esposito）的研究，對編纂歷史、增補編校版本，到對龍門派的研究，提出了幾個值得重新反省面對的道門問題。（莫尼卡 2006、2010；Esposito2004、2005、2009）

　　此外，近年關於對「全真道」研究的反思，也對本文的構思有很大的幫助，傳統刻板的教派或道士形象劃分，實是有必要回過頭來再檢討（如 Goossaert 2004、2013 等；Monica 2005），這種反思不僅是一種潮流，而確實是與道士互動訪談時，追溯師脈傳統與學習歷程時，很常浮現的困境。非常可能在道士而言的認同，遠比我們想得還要複雜，這不只是訪談間信任度的問題，而是需要重新考慮設問或溯源的方式。諸多關於清代民國時期的四川地方研究，諸如移民、庶民生活、派系軍閥、廟產興學等，對習於當前生活的現代人是絕難想像的，補充當地生活型態的真實想像，除了感謝我得以在宮觀裡短暫掛單的寶貴經驗，地方民俗特別是如王笛（王笛 2001、2006、2013 年）的研

究，他對川西成都有深厚又細緻的認識，將地方社會人文活動與歷史事件做了完美結合，是我很嚮往的手法。這兩方面都是我認為應當要好好呈現，還待更多努力。

川西道教活動向來豐富，我的田野工作設定以成都為據點的川西地區，這主要是考量到當時道教活動、廣成科儀恢復的情況，以及進入田野的容易。四川從清康熙年間有全真道士入川以來，開宗立派，全真道士的人數向來可觀，在很多地區是不遜於正一道士（其實還有其他火居道派，但現在多已難覓），相當受到重視。到了今日，在改革開放後宗教活動場所陸續重新恢復，全真派的恢復也是較諸正一快速很多，在道教協會等部門常站有優勢地位，獲得較多關注資源，這是本文在採訪參與時比重明顯偏移的現實原因。

我的田野工作以成都為中心，對市內的青羊宮、孃孃廟，鄰近的鶴鳴山、青城山、金堂、五鳳、溫江地區有較多機會的參與觀察；其他如重慶、湖北黃陂，僅有趁機會跟著廣成道士們參加法事活動，未能深入。當時研究情勢下，我主要的研究對象以住廟的全真道士為主。我曾在 2011、2012、2016 年間多次前往四川，從事論文資料收集及答辯完成的後續補充，停留時間超過兩百天。此外近年四川與台灣在道教信仰上交流頻繁，若有大型或重要活動，人在台灣時我也盡量不錯過。即便不在川內，我也把握網路暢行的便利，盡量利用機會與道士們維持交流，從早期的 QQ，到後來的微博 weibo、微信 wechat、微信群組，能夠得到最新的法會教內訊息，並可以私下繼續對道長們請益，不曾中斷與四川道教活動的聯繫。

本文書寫脈絡與研究方法，在呈現上都分為兩大部分，即廣成科本和史料的研讀，以及實際的田野參與。段落安排上分作六章，前三章為較靜態的歷史與文本介紹，作為對廣成研究的初入門，本文花了相當篇幅對基礎研究作爬梳奠基，並盡可能對掌握的科本編目、撰寫提要，提供後續研究完整的全貌。第一章介紹四川道教從清代——特別是廣成科儀成立以來，至今的發展，我將這段歷史以廣成科儀為中心分為三個時代（清到民國初年、民國初期到1980s、中共改革開放以來），這是根據科本科儀的編纂流傳變化為主，並介紹目前川西地方道教的發展狀況，以及我主要的幾位研究對象。第二章對《廣成儀制》科本本身，簡述版本、刊刻等相關歷史，其編纂者陳復慧，以及使用的相關文檢。廣成科本雖屬近世之作，在史料等許多方面存留卻不多，留下許多空缺猜測，這裡提出並試圖回答幾個問題，如科本總目、刊刻重刊、編校者師

脈傳承等。

第三章起我將研究對象專對於行廣成科儀的道士們，提出以「廣成道士」作為認定研究對象的分辨，來了解四川地區道教活動的方式。由於廣成科儀的學習流傳不限一地一派，在實際臨壇合作時，往往看的是壇上表現能否合作而非同門與否；所以法事操作面向上很自然會出現一個關於成員認同的群體，可以視作是一個臨時的想像共統體。屬地傾向的地方傳統並非孤例，廣成因為傳布較廣，形成人員間流動互助的網絡相當明顯，而能夠特別作為討論。

第四章開始針對廣成三百多科的科目予以分類，提出「陰齋陽醮」在這裡是最優先的區分，接著再是根據性質目的等稱呼的諸種齋或醮儀。我認為廣成科儀在命名時便清楚扼要地提出關鍵詞，當作理解分類的初步依據，讓使用者建立聯想索驥的脈絡。指出概可以分為正朝朝科、歲時節氣相關、面對神祇星斗的呼求，與功能四大類。並且每科多因為具有多重屬性，實際使用歸類時可以有多重可能。接著延伸出我對廣成科儀在法事安排上的觀點，由於次第安排講求新編專對，高功道士需要對每次的法事安排切題有變化的節次。而能夠豐富變化，除了仰賴廣成極多的科本供做選項，更重要的是道士們如何理解拆解法事的本意，編定正確無誤、均衡又適切的完美架構，這是第五章的論述重點。第六章承續節次安排的討論，以實例——「受生填還」法事說明之。本章介紹了相關科本、節次原則，還提出實際參與的法事觀察，以及根據科本文檢雜談復原一個清代受生齋的想像。高功法師每次安排的節次，乃依據人事時地物各種因素通盤考量而來，務求貼合情境；就今昔法事安排來說或許已有所不同，但靈活制宜的精神一直保留了下來。

本書花了不少的篇幅在討論廣成科儀的節次，特別是其變化多端的靈活特性，這實在是因為廣成有極為豐富的科目，據此構成了使人可謂眼花撩亂的排列變化，並且我有許多機會與高功討論——甚至空想設問——他們所排定出的節次，認識到對每場科事必客製新排的堅持，以及橫向搭配的靈活思考。寫作的途中，我一直以為，這個相較於其他（特別是在台灣我們所慣見）的齋醮法事，之所以能如此靈活多變，就是因為廣成有很豐富的叢集為靈感來源，而其他傳統則多見是既定的組合綁定，此僅依所請法事時間規模對應，不容易有增減變化。然事實上並非如此單純，對儀式的討論，仍需要放到整個道教史發展變革的時間脈絡當中，彼此前後的呼應、增減斟酌，是終究要放回去整體討論的。

　　最後，本書之撰寫雖重在儀式，嘗試對科本文本與儀式實踐做提要、觀察，以提出自己對分類、節次建構等的看法，總的來說多停留在資料的整理與廣成傳統特色的呈現，文中雖然借鑒了不少前輩學者的研究手法，自身則還未成功提出具體論述，故較少與既有儀式理論做充分對話。我仍在行文間嘗試提出川西地方特色，期待能將概念陳述清楚，成為後續對儀式架構、概念建立的討論基礎。

　　如我提出以「廣成道士」來稱呼這群行使《廣成儀制》科儀的道士，是站在一個全然儀式研究的角度，暫時排除他們身負的師承背景，以及其他養成及生活上的影響。如此臨時性認同團體的劃分，首先所謂本山的他——我觀念，能幫助我們想像當地各道教傳統及其參與儀式的程度；再進一步，本書提出會行儀式的道士們據此認同建立的人際網絡，使跨越門派的橫向交際成為尋常，除了讓彼此互相切磋交流，還有提供／邀請／反饋（儀式）工作訊息的實質功能。我們還可能繼續討論，產生各種臨時性分群的因素，每個道士所擁有的諸多認同／標籤，在他們的體道生活、人際互動之間，是如何產生、強化、移動。

　　我還對廣成科本中所一個標註的一個變動概念「隨門分事」加強介紹。這個科本中的小環節，可能不容易行進中注意到卻，是對儀式精神、要義起到加強、改變，甚至畫龍點睛的效果。這是因為對科本中儀式的執行、功能作了更細緻的設定、區分，賦予進一步的特化意義。並且，我嘗試對廣成科儀中「單科」行使，以及以此單位來彈性安排節次的特色著重討論，這裡是看重廣成結次安排上多變又具結構性的表現，企望加深對此的理解，有可能建立適切於廣成但又可以進一步與其他傳統對話的科儀架構，這還是我野心的初步努力。

　　由此可以看到，這些因為川西特殊風土而在此被放大強調的特色，其實並不是孤例，事實上它們在其他地方也可能出現，惟程度或參數有所變異。所以本書中的討論是利用一個較明顯的表現型，而可能進一步提醒幫助研究者注意到其他地方或傳統的可能，促進比較或更大視野的討論建立。

第一章　近代四川道教發展與《廣成儀制》

1.1　近代四川道教簡史：以《廣成儀制》的發展為中心

　　道教歷史悠長，作為發源地之一的四川當然如此，高道、信仰名勝眾多，傳說與崇拜活動亦難計數。

　　然而就細緻的地方與斷代史來說，雖然道教的信仰與實踐隨著時間綿延累積，當中出現斷層，還是會讓局部發展出現某種程度的重新洗牌。本文研究對象川西道教與《廣成儀制》傳統的形成便基於這樣的一個時機，雖然承載著傳統，又接納了外來新意，在一個幾近匱乏重啟的環境下再來過。為了凸顯《廣成儀制》傳統的形成及其如何嵌入四川地方道教發展，本節所建構的地方道教史限制圍繞在廣成相關的時空與重要事件，將討論集中在清及其後。依據筆者對其時的認識，以《廣成儀制》其傳承與活動為中心，將歷史的敘述劃分為三個時期：清—民國、民國—1980 年代、1980 之後。這個分期並不完全遵照政治政權時間，而是以筆者認定的重大事件及其影響為分水嶺。政治於此的影響力固然相當巨大，又特別是處於外省的川地兼具有的地理影響，事件的發生到延伸效益，餘波盪漾，時間發酵總是連續不斷。依靠單一政治事件分期，又特別是朝代更替，在相對邊陲地方往往並不精確。然我們必須注意，歷史與人心都是連續與輻散的，此分期並不能認定以極明確的日期。

I 期：清初—民國

四川的道教發展雖然歷史悠久，但政權與人口造成的斷層屢見，在實踐上不當總視為連續不斷的傳統。清建立之時，甚至上溯到明末，川地遭受到極大的水旱飢荒、疫災與兵禍，禍害相因又彼此加劇，連年禍事讓這個「天府之國」農作失收，人口銳減。從各方面來說，四川此前的傳統間幾乎因人口消逝而頹敗。直到康熙初至中期政權大勢底定，為了解決人空地荒的問題，政府向全國大規模地鼓勵或強制移民，給四川重新注入活水——這就是史上有名的大移民事件「湖廣填四川」，此後的四川可說已然是全新的人口與文化局面。〔註1〕

人口銳減、民生凋敝，宗教方面亦是同樣遭遇；人口上雖然史料慣常用「十不存一」〔註2〕這樣悲慘的倖存比例，信仰上仍然還是零星看到地方道廟、道士恢復宗教信仰的努力。以離首府成都最近的道廟「青羊宮」為例，明末（明代稱作「青羊萬壽宮」）毀於戰火，損害嚴重，青羊宮一帶「盡成草萊，山麋野豕交迹其中。」〔註3〕康熙初年開始修復時，觀內情況是極其破敗的，甚至連有主持事務能力的道士都沒有，反須外求「命道士陶來御居之，使奉獻事。」〔註4〕康熙六年（1667）巡撫張德地捐貲修建青羊宮（以三清大殿為主），才逐步修復或重建。其他地方也有零星例子顯示即使戰亂中道教信仰依然活動著，不過規模數量上仍然相當簡單。〔註5〕

戰禍稍歇，道教的復興以全真道士的活動紀錄較為清楚。根據道教史，龍門派碧洞宗的開山祖師陳清覺（1606～1705，號寒松、煙霞，湖北武昌人）昔

〔註1〕 關於其時禍亂、移民的當代研究可參考：曹樹基 1997a、b；王笛 2001；謝桃坊 2004；張莉紅與張軍學 2011 等。

〔註2〕 確如其數十分之一者如廣元縣、雙流縣（據縣志）。當然各地倖存情況不同，平均來說「合計四川土著殘存的比例不足 10%」（曹樹基 1997a，頁 77）。

〔註3〕 出自清王澐《蜀游記略》，使用版本為清王錫棋編《小方壺齋輿地叢鈔本》第七帙第一冊。

〔註4〕 〈重修青羊宮碑記〉（康熙十年，1671），巡撫張德地撰。關於陶道士的事蹟在《民國‧大邑縣志》提到，本為明末隱居羽流，受張公命主持青羊宮，「遂為是剎鼻祖，今殿後遺像猶存。」（卷十一，烈士志‧仙釋）。陶道士門派不詳，僅可確定當非龍門派道士，而是捱過戰禍的四川本地人。當時的青羊宮百廢待舉，維繫維艱，所以對這位非龍門的前輩，沒有額外記載。

〔註5〕 如《民國‧新都縣志》記載「玉皇觀」早在康熙三年（1664）便又重建。《民國‧灌縣志》則留有「重修顯英王廟碑」（黃廷桂撰，時雍正十一年（1733））。這個時間是遠早於全真傳統的入蜀，也大大早於成都地方的承平（以康熙二十年（1681）三藩之亂結束，成都省會功能恢復。）

在湖北武當山出家，拜師詹太林（龍門派第九代律師），是為龍門第十代弟子。康熙八年（1669）與道友穆清風、張清湖、張清雲、張清夜、張清仕入川，於青城山天師洞修道。隨後陳清覺往城中主持青羊宮與武侯祠，各位道友亦分別往川內各處整理道觀，以此龍門玄裔在四川開枝散葉，玄風一振。〔註6〕康熙三十四年（1695）陳清覺受按察使趙良璧的支持與供養，營建二仙菴，趙還將陳清覺事蹟上奏皇帝，得到康熙皇帝的重視召見，康熙四十一年（1702），賜匾「丹臺碧洞」，因此有「碧洞真人」〔註7〕的稱號。龍門派「丹臺碧洞宗」（以下省稱「碧洞宗」）由是在二仙菴與天師洞開創，自此四川道士多宗陳清覺為祖師，其支派傳承的字輩排序，遵循龍門派派詩。〔註8〕一般認為「陳清覺入川之前，四川的全真道士極少。」〔註9〕此後龍門道士漸在四川取得人數與支配力的優勢，一改歷史上正一獨大的情形，民國以後到現在的中華人民共和國時期，情勢一直如此。

「碧洞宗」以二仙菴與青城山為中心，向外可延伸到四川大部分地區。到清末時，約有二十三縣五十五座以上道廟，是由龍門碧洞宗道士主持。〔註10〕銜接了人口與信仰的空窗，碧洞宗建立後便快速地一改長久以來正一獨霸四川的情形，「只經過了一、兩代，碧洞宗就傳遍了四川的大部分地區。」〔註11〕

〔註6〕穆清風往成都梓潼宮演教，是龍門第十代傳戒律師；張清湖接任天師洞，張清雲往三台縣雲台觀。（《中國道教史》四，頁151～3）

〔註7〕「二仙菴道人臣陳清覺祇領御賜扁額「丹臺碧洞」、御賜詩章「赤龍黑虎各東西，四象交加戊巳申，復姤自知能運用，金丹誰道不成功。」另賜珊瑚、金杯等物。」（（雍正）《四川通志》卷三十九，清黃廷桂纂，清文淵閣四庫全書本）。這段紀事清至民國的記載大都不脫於此，至於近代文章多稱「碧洞真人」之號乃敕封，還找不到史料來佐證。

〔註8〕全真派詩為：「道德通玄靜。真常守太清。一陽來復本。合教永圓明。至理宗誠信。崇高嗣法興。世景榮維懋。希夷衍息寧。速修正仁義。超昇雲會登。大妙中黃貴。聖體全用功。虛空乾坤秀。金木性相逢。山海龍虎交。蓮開現寶身。行滿丹書詔。月盈祥光生。萬古續仙號。三界都是親。」根據後人說明，前四十字相傳為丘祖傳下（又一說僅為前二十字），後六十字為康熙所加。《青羊宮二仙菴志》，頁25。

〔註9〕王志忠2000年，頁94。

〔註10〕《中國道教史》第四冊，頁137～8。所轄諸宮觀清單書中有詳細羅列，此不詳引。該資訊出自教內資料《龍門正宗碧洞堂上支譜》（以下省稱《支譜》），無出版。案《支譜》是詳備陳清覺以下各代師承至二十三代弟子（宗字輩）的道派族譜，現藏於青城山天師洞祖堂，於光緒二十四年（1898）與民國三十五年（1946）皆有編輯。

〔註11〕王志忠2000年，頁94～5。

陳清覺及其師兄弟數人除了在四川開宗立派，開展了全真在四川前所未有的版圖，可能也帶入了湖北武當山的道樂傳統，補充了當時川地的缺乏。雖然有學者站在宗教音樂的研究立場認為，兩地在地緣上的互動至今仍有，經韻、旋律上也有相似，〔註12〕然考量到彼時尚無科儀恢復、實踐的記錄，以及當前廣成道士的意見，站在科儀實踐的角度來說，廣成與自武當山學習、承繼的科儀傳統之間，還需要更明確的連結證明。

說到復興川地科儀，成功結合諸道派力量，新立傳統《廣成儀制》，要到龍門第十四代弟子陳復慧。陳本名寬仁，名仲遠，復慧是他的道名，別號「雲峰羽客」（這也是他在《廣成儀制》科儀本上最常使用的自署）與「青城道士」，擔任過溫江縣盤（蟠）龍寺住持。關於他的生卒年有多個說法，大致落在西元1735～1802之間。〔註13〕一般認為，陳復慧得到多個道教門派的傳承，收集整理了其時四川地方的科儀風尚，加以校正統合，編作上使施行過程更加規制的步驟，成為今日所見《廣成儀制》之面貌。從科本裡最常見的自署：「武陽雲峰羽客陳仲遠校輯」，可見陳復慧對自我身分的主要定位是將其時眾多科儀傳統（及科本）予以統籌梳理的編修者。方志與教內外關於他的評價，也多在強調他的道法深厚與文學高明。

陳復慧在將多個科儀傳統集大成為《廣成儀制》一事上的角色無庸置疑，從廣成在段落、架構的高度相似可以判斷，必然有一位道法高深、背景多元的專家設計了一個框架，好將當時四川地區流行的道法融入，並在底定的最末階段為這些科儀做最後的粉飾，這個人當就是有資格在科本底下署名的陳仲遠了。

他對廣成科儀的貢獻還反映在真實操作上。陳氏「對道教齋醮儀式及音樂頗有研究和貢獻」，〔註14〕傳世文檢可以證明他不只是單純地編纂科書，還能親自登壇演法，主持過好些重要的盛大法事，更為之編寫了眾多專用科儀文書。足證廣成集結在時代上的實用需求。與科儀所搭配之主要道樂以「細膩含蓄」著稱，即所謂「廣成韻」，或稱「南韻」。廣成科儀在民間的流傳便成

〔註12〕曹本冶1993年，頁393～410。

〔註13〕關於生卒年的說法主要有二：1.《廣成儀制‧原序》：雍正十二年～嘉慶七年（1735～1802）；2.《青羊宮二仙菴志》，頁1736～1795（頁175）。兩件說法來源皆不可考。本文採用年代跨度較大的第一種說法。〈原序〉無出版，田野中蒙多位道長惠贈，特此申謝。

〔註14〕《中國道教史》第四集，頁156。

了「廣成壇」，成員以火居的正一道為主。於是民間漸成「近世羽流建修道場有兩派：一為『廣成壇』，即陳復慧啟；一為『法言壇』〔註15〕，則開派於雙流舉人劉沅」〔註16〕的態勢。清代的川西民間便以兩大壇門：「廣成壇」與「法言壇」為主，在不同縣份各佔勝場。一般認為「廣成壇」壇門的出現要晚於《廣成儀制》的編纂與使用，是為了區別道法傳統後出的法言壇才以廣成壇自居。

　　清代四川地方的道教科儀傳統，以陳復慧造作《廣成儀制》為分水嶺，他將此前不同來源不同傳統的道法加以收集鑑別，統整、改編為規格高度相似的「廣成儀」科儀，很快在川西無論是宮觀與火居道士皆採用之。這是指大家依照科儀文本的架構流程，即所謂「照本宣科」的方式遵循演法；在道術修習等師徒面傳心受的學習上，特別是祕法方面仍保有各自的傳承。

　　雖然沒有太多資料可稽，然而我們還是能夠想見，陳復慧（及其稍前）其時已然逐漸復甦的四川，在信仰活動上也開始欣欣向榮。大量外省移民帶進來的除了人口與經濟，原鄉的神祇與信仰活動也同樣活躍。清中後期川地移民會館與原鄉神祠廟〔註17〕的數量密度，在整個中國來說都是相當高的；原鄉神祇不論是對商業行會或是移民群體，都扮演著重要的認同、護祐角色，對祂的崇祀基本遵循原來的傳統與方言。然而隨著人群很快地在地融合，強調歧異面向的會館祠廟、宗教活動甚至到鄉音都看到淡出的痕跡，由較具四川特色（或是不具明顯特色）的形式成為主流，發展為移民共同推舉的新認同。《廣成儀制》的科儀傳統極可能就在這個背景下，吸納各地各方道法傳統，融為適合四川風土的新風格，而能為各方成員共同承認、共同使用的新的最大公約數。

　　陳復慧之後的清中到晚期，《廣成儀制》與科儀的流佈狀況，很可惜並沒有太多直接事證或文字記載，我們只能以之後的盛況來做反推。還是能找出幾

〔註15〕法言壇：又名「法言會」、「劉門」。川西與川南地區有影響力的民間火居道派。創派人係清代乾咸年間雙流舉人劉沅（1768～1855），字止唐，號訥如居士；劉在學術上立有綜合三教的「槐軒學派」，法言壇使用的是他自創的科本《法言會纂》（但他本人並不親自登壇演法）。

〔註16〕民國《溫江縣志》卷四風教，頁37b。

〔註17〕對會館與原鄉神祇雲集的現象，向來以「九宮十八廟」來泛稱，表達其豐富多樣。以原鄉神祇為認同的如：天上宮（崇祀媽祖，福建人）、南華宮（六祖慧能，客家籍廣東人）、萬壽宮（許遜，江西）、禹王公（湖廣）、西秦會館、文武宮等等。

個間接事証來表明其時的傳布接受已極具規模，以川西為中心向外覆蓋多數四川以漢人為主的地區。首先是陳復慧本人所撰寫的文檢集《雅宜集》，其中之「刊募雅宜集敘引」（一—22）〔註18〕與「募刻經卷疏引」（一—31）這兩條公告分別是陳氏為刊印此本專用文檢集《雅宜集》與其他一些道經，公開向民眾信眾募款的記載；由此可以證明廣成科儀已使用頻繁，並且能廣為四川民眾所熟知。其次，「法言壇」創立人之孫劉咸炘（1897～1932）〔註19〕曾清楚提到：「我祖師（案即劉沅）看見這事廢了（應指其時的道門活動），因此另作一部科書，也採取些《廣成儀制》，存留這真正事神的法則。」〔註20〕可見廣成之科本在劉沅造作新科書時——也就是至遲不過陳復慧完成編纂後半世紀，其科本已經成為既能流通不難取得，又普及常用的科儀底本與模範了。雖然很難清楚想像劉沅時代廣成科儀使用上可能近乎「百家爭鳴」的混亂情況，但可以想見必然不只單一門派、單一傳統中使用，其實際運用上想必也是多元熱鬧的。至於描述成都鄉俚各色情狀的竹枝詞，對信仰活動的記述也相當豐富，雖沒有直接點出有哪些道教門派、壇門，從法事稱謂、行事描述觀之，極有可能就是廣成科儀。〔註21〕

　　龍門碧洞宗在川地的發展日益壯大——還是要再次提醒，其時川內的道教，仍然有如正一、神霄、元皇、其他龍門支派等諸道派活動著——作為極具影響力的碧洞宗，以青城山與二仙菴為中心，「多數在川西，少數在川北、川南和少數民族地區，足見其傳播之廣泛。」〔註22〕《廣成儀制》其經其儀就在陳復慧編修立基之後，很快速全面地被接受使用，此後在文本與壇場威儀上似乎就沒有過大的變動。近代的道教史對於陳的評價是，認為在齋醮儀式與音樂方面他都算是有貢獻的罕例，「儘管龍門碧洞宗擁有很多道士和宮觀，是四川很有影響的一個道派，但其徒眾中於道教學術有造詣的，卻如鳳

〔註18〕《雅宜集》是專門編就配合《廣成》使用的文檢集，底下的篇章會有詳細介紹。篇章的編號如「一—22」，是指第一冊中第 22 則文檢。以下編排原則皆同。

〔註19〕劉咸炘，字鑒泉，四川雙流人。史學家、文獻學家和書法家。出身儒學世家，幼時即為鄉里目為神童，曾講學私塾及四川大學。著作極豐，總集名為《推十書》。

〔註20〕劉咸炘 2010 年，頁 102。

〔註21〕如邢錦生《天香閣詩稿》（1902～1932 年間作品）中有：「三更放戒正臨街」、「謝土相傳重火居」、「福德祠前影戲開」等諸多宗教活動的描寫。（《成都竹枝詞》，頁 139～41）

〔註22〕《中國道教史》四，頁 155。

毛麟角。」〔註23〕這裡也可以呼應陳復慧之後迄清末民初，四川的道教活動並不沉寂但卻沒什麼高道名師的說法。

於是科儀活動方面的發展一躍來到了清末的二仙菴。清光緒十八年（1892）二仙菴方丈閻永和倡議刊刻《重刊道藏輯要》〔註24〕，歷經時局動盪、收集刊校與募金等諸多困難，《重刊》工作自光緒二十五年（1899）開始，光緒三十二年（1906）告竣，耗時七年。同年完成的，還有廣成科儀使用的文檢集們：《雅宜集》、《心香妙語》與《靈寶文檢》——它們原本被規劃入《輯要》之中，在刊頭與版心也都標有「重刊道藏輯要」的名目，卻到了目錄刊刻正式出版臨時被抽掉取消，為了不知名的原因改成了如今的單獨裝幀發行。《廣成儀制》的刊刻稍晚開始，但整體的工藝風格，雕版裝幀等與《輯要》相同，是由同一批工匠作坊完成。然《廣成儀制》並不如《輯要》有著清楚的起迄時間標記，僅能從部分有標記年代的科本（佔全部科本不到一半的比例）裡統計，刊作的時間從光緒三十三年（1907）跨進到民國六年（1917）。因為註記不夠完整，所以估計可能有正負兩三年（或更多）的誤差。本書暫定以民國六年的刊刻結束作為第一期的終了。

II 期：民國初年（六年，1917）～PRC 1980s

時序進入民國，中國結束了數千年帝國體制，改以新的政體。本期放進了兩個政權時期，是因為這段時間內，他們對宗教採取相似的態度：漠視、輕忽、打壓到剝奪。道教（其他宗教亦然）在此進入低伏，幽微的傳承之火暗中維繫，難有成就。特別是 1960s～1970s 間的「文化大革命」影響甚鉅，除了一些讓人憂傷的故事，實際損失還很難估算。除了考量宗教活動不活躍，主要還是因為這段時間相關資料稀少難以詳述，所以先不予細分。〔註25〕本期以

〔註23〕同節被述及的另外三人分別是：清中期王來通（？～1779）對都江堰水利工程很有貢獻，咸豐年間張合修善音樂，與近代易心瑩有學術。（《中國道教史》四，頁 155～6）已不見再與道術科儀有關。

〔註24〕道書集成《道藏輯要》，傳由蔣予蒲（1755～1819）編輯刊刻，與清末（1906）賀龍驤、彭瀚然等，二仙菴住持閻永和以《重刊道藏輯要》為名重集再版。目前可見有 1984 年由巴蜀書社出版之《道藏輯要》與青羊宮舊刻墨印版。全書分二十八卷（象二十八星宿），道書總目則隨不同版本不同。關於《道藏輯要》的研究頗多，請參考 Monica Esposito 2006、2009、2010；Mori Yuria 2007；Elena Valussi 2008 等。

〔註25〕這段時期對宗教大有影響的政治社會部份，請參考 Goossaert and Palmer 2007、黎志添 2013 年等。

《廣成儀制》雕版竣工的民國六年（1917）為始。

　　民國初年是個極大的曖昧過度期，時間上它接續滿清，《輯要》、《廣成儀制》的刊刻並沒有因改朝換代而立即停工，宗教活動上則其實自清末起便逐漸承受愈重的壓力。政府對僧道的不重視、取消保護，〔註26〕與「民智大開」後倡議廢除「迷信」，大大打壓宗教的活躍度。打著教育和地方自治的大旗，寺廟、神明會等的財產被逐步掏空、強佔，〔註27〕也使得僧道生活窘迫，人數漸少；種種因素交迫，道教與道士的處境很快變得惡劣。民國四年（1915）時全川的道士有 35856 人，到了 1949 年剩下 4177 人，當時的所有宮觀約 787 座，幾乎多被改作他用。〔註28〕

　　發展停滯不等於沒有活動。向來香火興盛的四川（中國西南）第一十方叢林青羊宮，在風雨多事之際，仍努力維持宗教活動舉行。〔註29〕當時的各地前來掛單的常住道士約有五十過百餘人，遊方掛單人數大約也是相當。不確定是原有產業太過雄厚或是得到某些優待特例，民國時期青羊宮與二仙菴產業仍然豐裕，即便政府租用（不付租金）或佔用部分土地水田，其每年依靠水田、土地、街房等租賃，以及自耕田地，似乎仍能「生活富裕」；此外青羊宮、二仙庵每年花會期（農曆二月）、在外承接法事、傳戒或是出租法事用具也有不錯收入，此外還有部份金額來自開辦手工業（養蠶、織布）、中藥鋪，附設之「丹台碧洞書房」販售《輯要》等道書等。〔註30〕當然在一些特殊時候政府還是會借用宗教力量，如民國二十六年（1937）四川遭逢嚴重旱災，成都仕紳

〔註26〕如民國《合江縣志》（1929）卷四·禮俗：「民國後人民受國法制裁，無宗教之區別。」（頁558）

〔註27〕以什邡縣為例，在清光緒二十八年（1902）為開辦學堂而抽收廟產十分之二，民國初年為地方剿匪團練事，征收十分之四到五（這裡是直接使用方志的計稱法，根據其文脈這是以最初的總資產為基準，即此時剩下（原本全部的）十分之三到四的財產），民國十四年（1925）教育局統一學款基金，收取後（總）十分之七到八已蕩然無存，到了十五年（1926）田司令擴充部隊，便將剩餘廟產搜括殆盡。此後各廟幾乎僅有香火費了。（《重修什邡縣志》（1929），卷七之下·禮俗「神會興廢」，頁811）關於各地廟產興學可參考 Goossaert and Palmer 44~50；徐躍 2008，梁勇 2008；Duara 1988。

〔註28〕1915 年資料取自《四川省志·道教志》，1949 年資料取自《四川民俗大典》，頁146。

〔註29〕如陳宗和青羊宮花會竹枝詞寫道：「（老君聖誕前夜）癡人為祝神仙壽，環坐神龕坐一宵。」在青羊宮給太上老君暖壽是由來已久的習俗，是夜信眾靜靜環坐，並會吃壽麵、誦經，迎來隔日的慶壽法會。

〔註30〕楊錫民，〈我所了解的成都二仙菴〉，1984 年，頁 9、21、40。

耆善士延請佛道合作祈雨法會，道教方面的主壇者還請出二仙菴已退隱的方丈王伏陽擔任。〔註31〕

碧洞宗另一個山頭，祖庭的青城山也小有發展，有高道彭椿仙（道名至國，1883～1942）〔註32〕、易心瑩（1896～1976）〔註33〕等善與時人交往闡揚道教。從《廣成儀制》部分題記可以看到，時天師洞監院彭至國對廣成作抄寫收集，〔註34〕應該是為了自家廟裡作法事需要。本宗祖譜《龍門正宗碧洞堂上支譜》一直保存在山上的天師洞，該廟可能一直主責著對碧洞宗道脈流衍、道士人數記錄的工作，直到民國三十五年（1946）還做了最後一次添續。

收羅民國二十一年（1932）以前民間藝文作品的《成都竹枝詞》，可以看到很多關於青羊宮花會、其他齋醮事、街巷白事，和其他諸種民間法事崇拜活動的參與描述，是廣成科儀（及其他民間信仰）尚在活動的証明。

二仙菴自光緒十四年（1888）公開開壇傳戒以來，其活動持續到民國三十四年（1945），傳承有六代六十多期，受戒者近 6000 多人，這些全真戒子除了四川本地人，主要來自西南鄰近省份；在此數字之上，四川正一道士的人數還是要超過四川全真道士許多。關於正一道的發展情況紀錄非常有限，我們還能知道「解放前在成都市區開設的道壇有數十家，其中南門羅清教的『霞真道壇』和北門盛祝笋的『全德道壇』最有影響力。此外無法立壇的散居道士有 200 餘人。」〔註35〕看得出來四川的宗教活動在時局壓迫下仍保持著生命力。

民國時期宗教界為因應世局改變，紛紛成立新式教會組織，民國二年（1913）四川八大宮觀住持聯合發起成立「四川道教總分會」，該會於 1946 年改名作「四川省道教會」；「成都道教會」成立於民國三十年（1941），會址在慶雲南街惜字宮內，1947 因政令改組，旋又改為「四川省道教會成都分會」，

〔註31〕〈四川的求雨風俗〉（周開慶 1976 年，頁 32～3）。疑是同事件描寫還有竹枝詞「擊破轅門鼓有聲，雨壇全仗術通靈。霈然指日舒民困，請得龍潭水一瓶。」（作者邢錦生，《成都竹枝詞》，頁 141）

〔註32〕彭至國，貴州軍節人，於常道觀出家。

〔註33〕道名理輪，遂寧人，在天師洞出家，中華人民共和國文革期間對青城山文物保存功勞甚大。

〔註34〕根據題記，時間主要落在 1908～09 年間，且涵蓋了彭擔任天師洞方丈以及退隱後（但仍活躍）的時期。

〔註35〕本段三處數值與句子的引用分來自：《青羊宮二仙庵志》，頁 71；《四川民俗大典》，頁 146；《成都市志・民俗方言志》之「宗教崇奉」，頁 131。

會址搬到青羊宮。1949 年時的成都市轄下有 15 縣市設有道教會。

1949 之後國民政府退守台灣，中國改而由中國共產黨主持的中華人民共和國。一如上個政權的交接，中共建國初期新政的影響力由淺而逐漸加溫。1956 年於北京成立的「中國道教會」（其中代表四川地區的理事是青城山天師洞監院易心瑩道長），1958 年成立「成都市道教徒學習委員會」，1962 年四川省也成立道協，此時全省道士剩下 1309 人，道觀 79 座，這是由於「解放後」讓道士道姑還俗返家的政令所致。

其間不同時間段的道教會由於現實情況嚴峻，奧援也少，他們的努力目標或是規章，明顯看得出就是跟隨政權與世俗公益的主流觀點，並整合資源組織起不同以往的團體模式。在努力邁向「新時代」之路上跌跌撞撞，嘗試創新突破，力求站穩腳步，所以在很多地方不見得能發揮實際功能，相形對教義、信仰與科儀等方面顧及得少。

我們對 1960、1970 年代之後的四川道教所知甚少，從史料著作新修方志來看，只能知道「迷信」活動遭到禁絕，寺廟被關閉、徵收、改用，僧道也強制還俗；如新修之《三台縣志》便載明「解放後，道士道姑相繼還俗，各就他業，道教活動基本停止」〔註 36〕，如此驚心復感傷的敘述。根據道士們的回憶，成都市區基本上是完全嚴格地取消宗教活動，遠離政治中心的鄉野間，則視管制鬆緊，或多或少地進行著，與其他學者的意見大致相同。

道教儀式活動基本上完全停擺，《廣成儀制》也不可能印刷發售，至於保存在二仙菴中的經版本身，據說在對日抗戰與文革期間，為了保護經版的安全都曾將它們搬移到青城山安藏避禍。有賴多位老道長奮不顧身的堅持，經版多能妥善留存，目前僅有極少數需要新刻補版。

這個分期約八十年的時間跨度裡，宗教缺乏帝國政權的贊助扶持後尋求生存轉型，大體上信仰氣氛低迷，而對信仰本身最沉重的打擊還是在於 1960 年代的「文化大革命」。道教活動從低潮、壓抑直到幾近無聲，信仰與儀式的保存守護，不論是大環境造成經濟生計困難、道士人數驟減，或是人心（主動被動的）離散，到了 1980 年代改革開放之際，基本上維持著低限度的保存。

除開廟宇、古蹟、碑刻與珍貴文物等的損壞，諸種傳承斷層造成的知識失傳，是另一項既鉅又難以估量的浩劫損失。最讓人心酸的是，當中的眾多空白至今仍是空白。就以《廣成》來說，我們至今未能確知當中究竟喪失了多少篇

〔註 36〕 《三台縣志》，頁 806。

章，又有多少是深鎖在藏經閣中聽任生滅，或是流散在民間還沒有積極尋訪；祕法與支派口傳也存在一樣的不詳。也就是說，我們連真實的損失情況都還沒能評估掌握。

分期 III：中共統治下的 1980 年代以後

本期開始的標示是中共對宗教政策的重新容許並開放。1978 年四人幫政權結束後舉行的「中共十一屆三中全會」，當中糾正了文革的錯誤，使宗教問題的正確方針與政策得到恢復。〔註37〕1981 年提出通過開放第一批中國二十一處「全國重點宮觀」，四川省佔了三處：青城山（古）常道觀（即天師洞）、祖師殿，以及青羊宮。

1982 年中共發表的〈關于我國社會主義時期宗教問題的基本觀點和基本政策〉可視為此後宗教政策的指導性方針，內容提及落實教職人員、宮觀廟產各項政策，保障道教基本權利與正常宗教活動，「劃清道教與封建迷信的界線」。雖然人民公開信仰宗教與共產主義的唯物觀點扞格，道教活動的確緩步地恢復發展。中國官方對道教的管理藉由層層向下的道協組織；以成都為例，每個省、縣、市、區都有自己的道協，道觀內亦各設有辦公室。

道士養成方面，根據〈關於全真派道士傳戒的規定〉（正一方面則是〈關於道正一派道士授籙的規定〉），於 1989 年的北京白雲觀、1995 青城山天師洞、2016 武漢長春觀先後舉行了三次傳戒大典，皆有百名以上全真道士參加。正一派自 1946 年中斷後，經由宗教事務局批准，先後在 1991 年開放對海外道士、1995 恢復對中國本地道士報名授籙，於江西龍虎山嗣漢天師府舉行。四川廣成壇的正一道士也開始出現有往龍虎山授籙取得資格。〔註38〕道職資格之外，對道士的知識教育（有時還需結合對年輕道士的基本義務教育）則開創了各地的「中國道教學院」，對象以道士深造為主，分專修班、高功班等，這裡的高功培養課程是普遍性、較忽略地方特色的教學形式，學習方式採課堂集體教學、有制式課本，與傳統師徒一對一的授受有非常大的不同。〔註39〕

〔註37〕 本節關於中共政策描述，資料主要引自李養正《當代中國道教》、《成都市志‧宗教志》與網路資料（僅歷史相關）。筆者本身對其中保持中立，選擇詞彙盡量注意原文照用不添加議論。

〔註38〕 以筆者某報導人一脈來說，2011 年時約只有不到五人受籙，到了 2012 年 11 月場次有七人參加，但其中有的正一道士是行正一科儀而不行廣成科儀的。

〔註39〕 當然道教學院並非常態，多數的情況還是師徒間的學習，或是說兩者並有。參

四川在科儀方面由青城山率先恢復，當時的青城山道協會長兼常道觀監院傅圓天（1925～1997）開始重新傳授年輕道士科儀，成立了青城山的經班與道樂團，還集合川境有志科儀的年輕道士集體教學訓練。青羊宮的張元和（1909～？）、劉理釧道長在教學上貢獻亦大，接著鶴鳴山與老君山相繼恢復。民間的正一道士在鄉間的活動可能略早於全真，他們以較低調簡單的方式，從管轄寬鬆的地區起，得到默許，為民間需要服務。傳承上正一可能保留較多，但年齡、人數斷層好像比較明顯，此外由於正一所行科事規模較小，因此行事的類型科目可能發生改變，疑是變得少作或不作了。

21 世紀之後，四川各地的宗教活動日漸恢復，宮觀之外，鄉野間甚至是成都的街頭慢慢看得到法事舉行（街頭臨時搭棚舉行的通常是初亡停靈的新喪）。民眾對紅白法事的認知，與萌起邀聘法事解決人生困境的情況增加，相對祈請類型也隨著社會變遷有了變化，特別反應了齋主對現世冀求的變化，賦予科儀現代意義。根據訪談，（無論全真或正一）宮觀之內代行法事還是先粗分為紅白事兩類，白事部份由於現在已不（整團）外出作法事，主要剩下普渡與為亡故親人做各種薦拔道場。

紅事／清吉事方面與傳統相似，祈求福祿壽仍為大宗，心願情境固然變得現代，本意還是萬變不離其宗：事業、商業、考試、升遷、家庭、婚姻子嗣、延壽，到官司口舌等等。宮觀重新開放後，信仰活動的重頭戲又回到了熱鬧的廟會神明會，〔註40〕如目前青羊宮的老君會、慈航會、九皇會，鶴鳴山道觀的天師會，孃孃廟的娘娘誕「拴娃娃」〔註41〕，近年莫不舉辦盛大，參加者眾。此外，見於記載中的傳統活動如「放生會」、「還受生錢」等近來也陸續重

加道學院需要宮觀（或起碼是師父）的推薦指派，通常意在重點培養或增加學歷，其高功所需知識主要還是從師父來。這種新型態的道士培養由於與地方、門派傳統關係疏淡，可能反而造成傳統或地方認同的困擾。如田野中所遇祖籍廣東拜在四川廣成壇底下的正一年輕道士，師父為了讓他增加學歷送去武漢的道教學院（全真派系統，但並不教授《廣成儀制》）讀書兩年，他曾暗自困擾將來該在哪裡使用哪種科儀道法。當然同屬全真體系也不表示沒有問題，師父仍會注意內容的契合度來決定是否重新教過。即便如此，報名參加道教學院會被視作道士重要的資歷。

〔註40〕 這裡指神明降誕、得道飛升等慶賀活動，而非傳統信眾自組以崇拜、進香、行善為目的的組織。這類組織昔日極多（可參考《雅宜集》），今不存。

〔註41〕 求子的民俗活動，民眾會趕在這天去爭取木刻童子回家供養，作為懷孕得子／女的吉兆。如同治《重修成都縣志》卷二，風俗；《成都通覽》之「成都之迷信」（頁 244、248）。

新舉辦。〔註42〕

　　雖然行科儀的道士對整體全真道士中所佔比例不高，特別是在住觀全真道士中，托《廣成儀制》作為當代仍使用最完整的科儀書，以及中國道教史上最後完成的一套科儀書這樣的盛名，近年來到四川拜師出家的外省道士越來越多（可能到了三分之一比例），道士入道亦有年輕化的趨向。〔註43〕外來的道士很多就是為了學習廣成科儀而來，多數留了下來，少數將廣成帶出了四川。肩負道法離開的高功有可能把廣成推廣出去，讓更多人知曉、學習，也有可能孤掌難鳴，為了配合新地方的傳統，擱置（甚或是放棄）廣成轉而學習當地科儀傳統，新的擴散的影響還有待未來繼續觀察。

　　中共的宗教發展表面上隨著改革開放與經濟生活的提升，越來越開放且為人民所接受。不過自第二分期尾發生的文革運動，對綿延的道教發展畢竟造成了無可抹滅的殘暴斷裂，這個損失既巨大又多是不可逆的。除了古蹟文物的破壞，傳統人心的動搖才是最無可估測的損失。筆者在田野中對此感受頗多，道士們見證者們對此前情況描述含糊，還沒能認真面對、清點逝去的寶藏，如此更容易使已大受滅絕威脅的既存傳統，在隱晦中宛如若無其事般淡去。以廣成傳統來說，不論是經版抄本的收集重整，科儀實踐的細節、祕法，恢復工作上都還嫌不夠徹底。而我以為最令人不安的還是對原貌的所知不足，這恐怕會使我們連真正失去了什麼都無法確知。

1.2　主要田野對象及宮觀

　　目前的四川道士人員的現實狀況，以全真龍門與正一為主，至於其他道派的活動情況不論在當前或昔日，則沒有留下太多軌跡可供追尋。龍門派又以四川唯一的地方支派碧洞宗為最盛，道士人數較多分布也廣；當然龍門的其

〔註42〕成都的放生會極有意思，歷來皆定期在農曆四月初八佛誕日舉辦，但卻是不折不扣的道教活動。舊日的相關記載很多，如傅崇矩2006年，頁37、244，王笛2010年，頁81與竹枝詞，近年成都也有團體趁此日到鄰近江河邊舉辦。放生法會亦使用廣成科儀，但似已不完整，目前所使用為新編版本《放生會集》，筆者還未能得見，《心香妙語》四—73可見有「放生疏」。還受生部分將在第六章專門討論。

〔註43〕田野中遇到不少年輕即出家的道士，18歲以前或更早，更有幾位據說二十歲已是頗為優秀的高功了。目前中國有規定未成年欲出家者起碼要初中畢業、得到家人的同意，這樣的例子在四川也是存在的。

他支派也活動著，比如昔日青羊宮歷任住持很多就不屬於碧洞宗。〔註44〕正一派在民間影響深入，特別是都市邊緣或更遠的鄉村地方，身兼服務各項生命禮俗大任的道士，其傳統與師門複雜，不容易析分清楚。此外，據聞起碼還可能有清微派、靈寶派、神霄派、元皇派道士等在四川活動。

以成都來說，改革開放後的道派發展並不均衡，正一道教發展較受到壓抑，加之以生活型態的改變，顯得不如全真眾多高調。我在田野中接觸到的正一道士相當少，所以現階段的研究成果以全真派為主。這也是筆者進入田野時對成都道教最初也最大的印象。

現今四川道教以全真為大的局勢，政治面的力量是主要原因，中共對道教協會組織與成員的認定，和「道士證」（「合法」道士的身分證件）的核發，大大影響了所謂「國家認定／合法」的道教樣貌。這種情況在都市裡尤其明顯，隨著宗教開放後的道教復興，成都與鄰近不遠幾處歷史悠久的勝地陸續獲得振興，形成了「四大山頭」這樣的說法：青羊宮、青城山、老君山、鶴鳴山（無排名先後別，以筆劃排序）。筆者的主要田野便包含了其中的青羊宮與鶴鳴山道觀。四川地方的全真道士多屬出家的宮觀道士，即拜師束髮後離塵出家，並居住在宮觀之內，過著群體的修道生活。

受限於中國現行宗教法規，科儀法事的舉行必須在宗教場所，也就是宮觀之內（不論對住觀或火居），所以在都市及周邊，幾乎不易或罕聞民間宗教活動的舉行。都內各宮觀因建築與習慣使然，壇場地點選擇稍有不同，但大抵上陽法事以正殿、三清殿為主，陰法事則另就其他殿宇或廟內空地。在殿中行法即面對主龕神祇，一般情況的內壇便不須調校座向，直接就主神塑像前擺設案桌，另在神案前安放該場需要加朝的神位。廣成科儀對壇上人員配置簡單，多用一位高功法師主導執行多數的行進，經師主要持用法器樂器配合儀式唱誦，並分別擔當提科表白或其他協助工作，若是人手餘裕還可於高功左右側加派侍香侍經。經師站在面向神像前左右兩側，即一般所稱「經班、龍虎班」，人數上講究對稱，所以安排上多是四到八人的雙數。至於後場吹奏絲竹樂器等的編制，要視人力與場地安排，不是必不可缺的。

高功面對神像行法，供桌上擺放常用法器，多為：香爐、香品（一般要用到段香、炷香、香末）、該堂經書、朝版、水盂、尺或令牌，所需文檢也要在法事開始前擺上，其他法器（如劍）則視需要才會拿出來。龍虎班的站序後於

〔註44〕《中國道教史》四，頁137～8；《青羊宮二仙庵志》，頁26～7。

高功，在神像的龍虎邊各擺長桌一條，兩邊長桌依習慣擺成相平行或略往外撇，正好與供桌三面圍住內壇，形成「冂」或「八」字形，長桌上只擺經書與法器。齋主（請建法事的首事者）被安排站在高功後方，相隔著內壇的第四邊上，如此便圍出了方正的內壇，有時壇內還會鋪上裝飾有八卦等祥瑞圖像的「罡毯」，便成為了一個臨時的神聖場域。廣成的傳統裡齋主需要端著文書盤子，全程跟著高功跪拜。因著廣成科儀在架構設定的端整，多數法事的行進步驟類同，觀看上的印象顯得較相似。

　　青羊宮（與二仙菴；此二道觀雖然比鄰而建，僅作一牆之隔，歷來互動頻繁，但其實他們的宮務是完全獨立不相干涉。直到中共在 1955 年將之生產合併、1980 落實宗教政策合併。故本文接下來若述及當代事件一律稱為「青羊宮」。關於歷史說明，則視史實所涉各別稱呼）位在今日成都市的一環路西二段，這樣的地點在現代化的市區相當精華，放在清時則是在城門外，地處「青羊宮在縣西南十里。老子謂關令尹喜曰：『約千日後尋於青羊肆』，因此名『青羊宮』。」〔註45〕是最鄰近成都市區（省城／府治）規模宏大的道教名觀。青羊宮的歷史極早，相傳老子西出函谷關後千日會尹喜於青羊肆，人們便在此老子說法處建立宮觀，時維西周，是最早的記載；其規模奠基於唐代，唐乾封元年（666）高宗封老子為「太上玄元皇帝」，改名「青羊宮」，之後代代皆有改建擴建，香火旺盛，羽眾極多。〔註46〕與青羊宮原本是一牆之隔的二仙菴，落成於康熙中期，乃官吏趙良璧為供養道士陳清覺捐金修建。清乾隆十年（1745）擴大成為「十方叢林」，成為中國西南的全真傳戒中心。

　　改革開放後的青羊宮是 1982 年十一全會後通過開放的首批二十一處全國重點宮觀之一，宗教活動恢復得早。目前住觀道士約在六、七十人之譜，乾道坤道皆有但分樓而居。除宮中常行的歲時法事，1998 年起成立了宗教活動辦公室，正式對外承接一般信眾的請託法事。〔註47〕根據主殿三清殿前的公告，約有二十種左右紅白齋醮服務可提供，〔註48〕民眾請託亦頗熱烈，相信應是四川各宮觀之冠。目前所有法事皆在廟裡舉行，歲時、神誕或私人請事，以在三

〔註45〕《四川通志》卷三十七，寺觀。
〔註46〕《青羊宮二仙庵志》，頁2～5。
〔註47〕《青羊宮二仙庵志》，頁142。
〔註48〕是一塊稍大於半開的告示牌，其上敘列法事名稱、主要功能與價格。據《青羊宮二仙庵志》（2006）與筆者造訪所見（2011 與 2012），法事的項目與價格都有更動。參見圖 11。

清殿中行事為主，也會視需要改在各祖師神前（神誕）或廟前空地（普度事）。除非是國際、省際宗教活動邀請，否則已不再像清代時會應制外出私人家中作法事（這裡是指整班經班出行，個別高功或經師還是可以外出承接的）。有宮裡自己完整的經班與道樂團（管樂與絃樂）。法會以沿襲傳統的二月中「老君會」（即昔日的青羊宮花會期）〔註49〕、七月半「中元會」與九月初「九皇會」最盛大，廟中有塑像的神明聖誕也多有法會，此外重要歲時習俗如除夕開年、中元、臘月餞灶等也還保留。

自中共宗教政策開放以來，四川地區道教科儀的恢復，主要靠著青城山傅圓天、青羊宮江至霖（1907～1996）、劉理釗（生卒年不詳）、崇慶上元宮張圓堂（不詳）等幾位老道長的回憶傳授。這幾位被尊稱為「老師爺」的老道長憑著記憶將主要的科儀做動、曲韻、道壇配置，以及最重要的祕訣祕法恢復起來。最早被恢復的是《廣成儀制》科儀之〈貢祀諸天〉（十三—6，No. 6）〔註50〕與〈鐵罐斛食〉（十三—73，No. 205）兩科，可說是廣成科儀最常用又最根本需要的科事。

稍遜於青羊宮的熱鬧，離開市區的大邑縣鶴鳴山道觀，顯得古樸寧靜。1990 年代以後才開放的鶴鳴山，位在成都市的西北方，約是開車一個多小時的距離。一般認為這裡當就是天師道時期，天師設立二十四治中的「鶴鳴治」，而「鶴鳴」之名取自道教第一代天師張道陵在此地飛升時白鶴鵠鳴的典故，顯見此地作為道教據點歷史悠久。相傳明代高道張三豐於此修道時手植的一株古柏，是道觀另一個著名景點。

道觀恢復得較晚，發展規模上也比較清幽。鶴鳴山道觀是傳統「子孫廟」，目前常住道士（乾道與坤道，分樓而居）約是二十多人。齋醮科儀方面，除了嚴守每天、朔望日的早晚課，歲時神誕以五月份「天師會」最是有名。平日（主要是週末假日）也會承接信眾請託法事，但在廟中還是以清吉事為主，沒有私人喪事。科儀的恢復，主要是在宗教政策開放後，一則當家楊道長本身是知名高功，恢復了主要儀式內容，二則廟裡的二當家楊道長往青城山學

〔註49〕俗稱「趕青羊宮」，每年的二至三月份進香觀花，遊人如織，清末的「勸工（業）會」亦曾假此舉辦（傅崇矩 2006 年，頁 36、37、96）。民間以竹枝詞記其勝事更是多不勝數，如民國劉師亮就專寫了〈成都青羊宮花市竹枝詞三十首、又續七十首〉等。（林孔翼 1982 年，頁 88～98）

〔註50〕此編碼為據《藏外道書》目次所排序，以此簡記供製表檢索。如「十三—6，No. 6」指的就是《藏外》第 13 冊之中的第六科，是全套總數（流水號計）之第 6 科。以下方式皆同。科事全稱與完整科目請見附錄。

了一套回來，再分別教給道眾練習。此外，互動頻繁的鄰近下院〔註51〕川王宮裡也都還保有老的道法，特別是一些專門科中使用的高功密法，〔註52〕彼此長久有互動交流。受限人數，觀中使用基本的鐃鈸樂器。不過在科儀傳授上就相當不簡單了。以筆者所知會或能夠上壇的道士約有十多人（經師上壇並非強制工作，廟中諸人在各有工作職掌下，通常上壇還是維持七或九人的型制），當中有能力擔任高功（即使是最簡單的科目）的起碼就有六人，這個比例應該是我在四川所見最高的；可能是因為鶴鳴山作為子孫廟人員流動較低，師徒間傳承紐帶也較強。

　　鶴鳴山的道士主要在正殿三清殿舉行宮觀或民眾清吉法事（以「拜斗」與「貢天」法事最多），斗姆殿前進行濟度（以「鐵罐斛食」頻率最高），地點的決定是沿襲傳統習慣。與青羊宮一樣，雖然會為信眾作超薦法事，但不為新亡者做（即不做「七單內（川話說法，即七七）」、百日、周年等喪事），也不會外出做這類法事——初亡白事找火居的正一道士來做（就家中或其他地方），是長久以來不成文的習慣了。個別道士可以受聘外出作法事（這時就可以去齋主家中作新亡喪事），只需事先向廟子裡請假。

　　近幾年還有藥商集團以其道教源頭為話題，在附近開發新的道教觀光兼休閒養生景區「道源聖城」〔註53〕，目前新景區的道教殿宇交由鶴鳴山管理，一部分的道士被分配過去值殿，新區開始作起早晚課和一些法事（但朔望日的雲集還是在老廟裡作），人員的增加與在新區儀式的新意象（優美宏大的建築搭配講究精緻的展演），使鶴鳴山近年如注入一股年輕的活水。

　　成都市內近年還開放了一座道廟「古孃孃廟」。孃孃廟座落在成都著名佛寺「文殊院」景區之內，在廟產土地上向來有些齟齬，彼此似不見往來。這裡原是後蜀昭烈帝劉備的家廟，於成都人有特殊的地緣情懷，該廟亦以農曆三月三日「拴娃娃」〔註54〕求子乞嗣活動而聞名。孃孃廟多數廟產昔日被分作民

〔註51〕「下院形式」：非十方叢林的道觀有師承關係再旁支出去的廟宇，略有尊卑關係，但觀務是各自獨立的。此例以鶴鳴山為首，它與川王宮（車程半小時之內）是在現在當家的師爺那代分出去的，目前仍保持良好的互動支援。

〔註52〕如川王宮住持道長為例，他從師父習得揚「皇旛」的密法，包括目前廣成已無科本的皇旛係列之一科〈書寫皇旛〉；師父從其師祖傳授（傳三徒，各有專精）中又特別精於設「河圖」。

〔註53〕2005 年由私人企業興建以道教為主題的風景旅遊區，目前已有新修殿宇和溫泉酒店開放。

〔註54〕這裡的孃孃指的是北地王妃崔娘娘，以其貞烈形象為成都人崇敬，廟中有孃

宅，至今多沒能收回，使得廟內格局扭曲侷促，市井氣濃厚，但克難的空間並不影響鄰近老人家固定前來參拜。孃孃廟是青羊宮的子孫廟，廟中向例只收女眾，目前居有坤道與居士婆婆幾位。現任住持雖然本身是前任住持弟子（皆坤道），職位傳承上還是要由青羊宮派任，廟子在運作上特別是重大決定仍須由青羊宮決定。

孃孃廟在日例與歲時儀式外，也有承接一些民眾請託。科儀主要學習自青羊宮。即便如此，由於高功短缺，他們曾陸續聘請過數位外來的道長擔任；其中筆者田野期間最為特殊，當時任高功的道長是位正一道士，既不蓄髮也不住廟，他還不是四川人。當然這並不妨礙他想要成為一個行廣成科儀的高功——他能夠說流利的四川（官）話，也有個教《廣成》的師父，一旦克服了道法傳承與語言的問題，任何人都可能登壇演法。

此廟又因在觀道士不足，很特殊地起用了多位資深居士（有皈依的俗家弟子，男女都有）充作壇班人員。居士一同上壇這點古時候並非沒有，另一個壇門法言壇也一向如此，所以這裡有點權宜作法，反觀全真派大的廟子（理想情況）是不會發生的。〔註55〕筆者觀察目前經班約有一半由居士充任，居士們男女皆有，大多上了年紀的退休人士，常常來廟子上，或幫忙或閒話家常，高功還專門設計了一些給他們的練習課程，以經韻搭配為主（功課分配情形可參見圖19）。當前的科儀在住持（司鼓，即經班中的第二把手）〔註56〕的鼓勵推動，與高功道長無私的教學訓練下，發展得很快也很有計畫組織，已有幾位經驗豐富的熟手居士，他們甚至還可以私下受邀外出支援，是值得期待的新恢復道廟。

出了市區的金堂縣在成都市西南方，有一脈歷史悠久——據稱就跟廣成科本一樣久——的正一道士在此生根。我的主要報導人之一正一派道長便是出自這個傳統，因為田野現實的困難，對四川正一派的了解我主要依賴這位道長以及他的弟子，目前約有二十多人。根據他的描述，這一脈的傳統是來自廣東梅山縣的客家人，在「湖廣填四川」時期移入成都東山。移來第一代祖師名

孃塑像，在每年三月舉行「送娘娘出駕」（昔日有繞境），也因此形成求子的習俗。案在中國與四川的道教或民間信仰中，娘娘崇拜頗為普遍，乞嗣的活動也所在多有，對象則不一定相同。

〔註55〕如老君山也有居士上堂的情形，不過不可以擔任高功。但在青羊宮的話，據說俗家弟子連堂都不可以上的。

〔註56〕「執鼓師」的職責有出壇領隊，拜台法鼓，所以全真道醮壇稱鼓為「法器之王」。（劉紅2009年，頁209）

馮法傳，這個「法」字輩是他身兼「法教」傳統的証明〔註57〕。除了為數不多專為同鄉做的喪儀〔註58〕，他們所行科儀約八成是廣成科儀。在陳仲遠之前他們使用「先天道壇」，之後他們自稱「廣成壇」道士（桌圍則使用正一的「萬法宗壇」）；私壇可以有自己堂號，〔註59〕但並不使用在壇場上。正一派傳承亦有其內部的看法，根據祖上口傳，《廣成儀制》中許多科儀是從他們這裡出來的，由陳復慧融合了正一與全真道法。且認為陳本身原不是全真弟子，〔註60〕是受了三壇大戒才有了「復」字輩的道名。因為陳仲遠在溫江蟠龍寺完成了《廣成儀制》，於是該寺被視為總壇（陳亦葬在此處），民國時期逢陳仲遠忌日廣成壇道士還會來在此奠祭聚會。曾有位師爺彭教遠（兩代前，「教」字輩）開過印書坊，雖然沒有刻印《廣成》，傳說印過一些經和《靈寶文檢》與其他各式文疏。科儀手本方面據說也保存不少，民初青羊宮在收集刊刻時，師爺曾擔了兩簍子經書過去，八〇年代欲重整廣成經書時也有襄助。

　　這位道長並非家學出身，但他於道教頗有感應，拜師入道極早（在十四、五歲之前），很年輕就跟在師父師爺身邊跑山頭看風水，他在這方面的能力很受推崇，也多虧這方面的收入才填補恢復廟業的大量支出。道教凋零，他於是繼承了師爺底下多個師叔伯的傳承，據說尚待整理復興的文物（經、密本、法器）不少，我曾見過他所展示的幾部老手本（約是民國時期的東西）。

　　第一次經引薦見到他是 2011 年夏天，他如傳統火居正一道士以承接各種民俗宗教服務，看風水陰陽宅、紅白事科儀等維持生計，今日的宗教政策已不再允許火居道士在家宅前掛上「○○道寓」〔註61〕的招牌，他於是更像個跟上新時代的 SOHO 族，靠著高人氣與口碑介紹，平素主要以手機聯絡生意，

〔註57〕民間巫覡請神中的「馮法二郎，（或稱「江柏二郎」）」即是。訪談20110617；謝桃坊2004年。二郎所指對象與傳說尚不清楚。

〔註58〕目前僅剩三科（「藥師」與「渡橋」科儀），除了老人家要求現在已經很少做了；最大的不同是使用客家話（土廣東話）。

〔註59〕清代時主要有三個堂（在當地道士的觀念裡，宗師才有資格立堂）：成都南門全心堂、東門外慶雲堂，與菁熙堂。

〔註60〕也有支持的類似說法，如是他是全真的俗家弟子（如李遠國教授，20110613訪談）；或可能不是全真道士（訪談：20110514葉道長、20110621吳道長）。不論如何，陳復慧受了全真的戒，領受道名是不爭的事實；更重要的證據是他名列門派族譜《支譜》之內，是被龍門派承認的道士，本文據此肯定他（的其中一個身分）是全真道士。

〔註61〕如「念經之道士，非廟中之道人也。……其招牌則書『道寓』兩字，無家室者曰『淨居道士』，有家世者曰『伙居道士』。」（傅崇矩2006年，頁194）

然後再開著車子滿市區地移動，往來各地奔波。常常是按照日子開車帶著壇班眾（也可能他們收到邀請後，各自前往）與法器前往齋主家中，也時常先在外頭說事商談。我們當時就是隨性地約在市區一間茶館，這點很有清代民國時的巴蜀遺風。〔註62〕與川地道士們品茗傾談的日子相當悠然，每每讓我懷念不已。

2012 年我再次前往成都，正逢他成功將金堂縣趙鎮（這裡可是道教初期張天師所定「二十四治」的「真多治」所在）「龍王廟」修建恢復改為可住廟的正一私廟「真多觀」，舉行了盛大的開光落成典禮。其時真多觀新塑祖天師像（有裝臟）為主神，繼而陸續修復新增殿宇神像，逐年來逐漸翻新，成為鄰近信士（以年老女性為多）活動信仰的重要地點（主要得知於網站微博中發布的消息與私人聯繫）。到了 2015 年，他還經由與地方政府合作修復古鎮老廟子，取得經營「關帝廟」的長期承包權。金堂縣再稍往南的一處渡口是目前地方政府極力發展的觀光古鎮，位於清時通聯成都—重慶的商道上，古時因地利之便有多省移民佔居，關帝廟就是昔日山西會館所改（古鎮內其實還保留了南華宮（廣東會館）、觀音堂、火神廟等類似建築，但唯有關帝廟開放成為宗教用途的寺廟）。景區整體規劃和修復妥善，加之會館建築本身講究氣派，關帝廟身在景區庄境地域屬性薄弱，忠誠往來的信士於是較少，仍然保留了莊嚴清幽，在寬敞高挑的清代建築中舉行法事，使人大發思古之幽情，經由報導與網路傳播知名度漸增，前來委託的案子亦有增加。真多觀與關帝廟在經營策略與對象上看得出有所區隔。

這位道長的手頭上擁有一些老本子和法器，對四川正一道教的復興與地位的提升有很強的企圖心，與他對談常能習得關於科儀的知識。很可惜我對他們一脈道法與傳承還無法清楚掌握，只有有限的田野觀察與問答。他們擁有較長的在地歷史發展與深耕是毋庸置疑，很需要未來擴展田野範圍。

這些與道廟宮觀有聯繫的道士們是我田野資料的主要來源，此外也有一些與他們有關聯但不屬於這幾處道觀的個別道士。他們分別簡要地代表了全真（特別是龍門碧洞宗）道士、受聘來全真道觀裡的正一道士，以及民間傳統的正一道士──多種傳統間，雖然皆行廣成科儀，卻各自背負不同傳統與修練方式，形成有對映也有能溝通兩端的漸層光譜。

〔註62〕王笛 2010 年，頁 75～8。

第二章 《廣成儀制》的編纂

2.1 目前所見《廣成儀制》版本

　　《廣成儀制》是一套成於清中期全為科儀書的道經總集，也是現存的唯一一部號稱全真齋醮科儀的總集。〔註1〕目前版本雖然頗見流通，但其實來源相當單一，即多出於清季民初二仙菴的刊刻版。目前青羊宮還會少量販售以舊雕版手工印刷線裝的本子，現代出版（符合現代出版業流通形式者）見於1986年《藏外道書》〔註2〕當中第13～15冊，這也是它首次的現代出版發行。此外，網路資源與道士間的私下流通也存在。

　　《藏外道書》被目為當代最大且由民間發起製作，〔註3〕於1989～1994年間結合道教界與學術界的力量總結的道教經典集成，共三十六冊，由四川巴蜀書社印行。其中「四川青城山道教協會將從未傳世的《廣成儀制》也拿

〔註1〕陳耀庭2010年，頁6。

〔註2〕藏外道書：明清道書總集，由胡道靜、陳耀庭、段文桂、林萬清主編，1992年由巴蜀書社出版，全書共36冊，共收錄道書991種。是中國國家「八五」重點圖書出版計劃項目、中國古籍整理出版「八五」計劃重點項目。不沿用三洞四輔十二類的分類方法，而採用按內容特點區分類別的方法，將全書區分為11類（一、古佚道書類；二、經典類；三、教禮教義類；四、攝養類；五、戒律善書類；六、儀範類；七、傳記神仙類；八、宮觀地誌類；九、文藝類；十、目錄類；十一、其他）。（節引自《中國道教大辭典》，頁230，劉仲宇責編）

〔註3〕《藏外道書》的出版雖得到諸多國家級單位的奧援，但主編陳耀庭提出本集並非全由道士總責且已無皇家支持，認為算是「由民間自發搞的」，本文沿用其意見。（陳1996年，頁912）

了出來。」〔註4〕關於這套《藏外道書》集結出版的緣由，是想在改革開放之後力圖恢復、保存道教資料，另一方面也展現中國對宇內漢學研究積極競爭的野心。這套集子不似《重刊道藏輯要》（以下簡稱《輯要》）只將舊版新印，而是新的徵集編排，針對明清有影響力但未被收錄過的少見道經，供道教界與學術界運用。嚴格來說這也是首次既非惟官方力量也非惟教內自主的作為。與清末二仙菴時相似，在編輯出版的模式與《輯要》還是很相似，〔註5〕其行政過程主要是由一兼有道教與學術界成員的委員會規劃，然後請宮觀為主的收藏單位、藏家提供。

關於《藏外》所指《廣成儀制》部分的「拿出來」，不是向青羊宮索借雕版，而是從幾位藏書家商借來的本子彙整影印，來源不只一位，但對象並不清楚；〔註6〕雖然如此，可以確定藏本主要是收藏者購自或輾轉得自二仙菴或（現）青羊宮，也就是幾乎都是清末民初時二仙菴刻印版本的印刷本子。而當年由二仙菴發起印行的《廣成儀制》，現代發行時為什麼會是青城山古常道觀的收藏來提供，除了他們是四川道協之所在地，尚有一說是在對日抗戰躲避日軍轟炸，以及中共文革時青羊宮二仙菴遭受紅衛兵攻擊的這兩個時間，都曾將大量文物運送至青城山保存。雖然這段過往的確有其事，然而確切時間與究竟有多少文物曾被運往保存，目前都沒有資料或記述。古常道觀即今日之青城山天師洞，這也可以解釋我們在《藏外道書》的版本裡見到相當多的「天師洞」直式朱文章。〔註7〕

目前所見明顯屬於相同的來源，就是清末二仙菴刊刻的版本，科本保存

〔註4〕陳耀庭1996年，頁911～4。

〔註5〕「1984年，作為道教協會會長，青羊宮住持的張元和，與四川巴蜀書社達成協議，聯合重印《道藏輯要》。」（李養正1993年，頁280）

〔註6〕筆者嘗就此問題請教過巴蜀書社的編輯，可惜時代久遠，已沒有當時參與人員在職。只知道原件早已物還原主，亦無檔案留存。改究諸藏書章所涉人物（如「楊教遠」、「玄天道人」等），多所探問亦無跡可尋。不過，由於不同科本上有青城山題記與「鶴鳴山」戳印等（參見圖；案經詢問該印是道觀辦公室的用章），可見原收藏來源不止一處。此外，青羊宮目前所印售的線裝本明顯是更清晰精良的，為何當時反擇用舊藏影本，也不清楚。略知背景的甘紹成教授透露，這是因為當時對《廣成儀制》的收集沒有齊全，因為在商借時沒有談好。

〔註7〕所謂青羊宮不足的本子由青城山補上一點已是學界共識（張澤洪2003年，頁60），基本上是很合理的說法；但事實上青羊宮近年陸續整理又新印了不少老科目，所以出版之時是否有為此清整是有疑惑的，但目前背後故事不明。

極佳內容完整，就連經版大部分也都留存，至今仍在使用。不若《重刊道藏輯要》，關於《廣成儀制》正式開始刊刻的時間並沒有記載，但因為兩者工作性質、時間上有延續性，再加上雕版成品的高度一致，予人有像是從屬在《輯要》這個大計畫中的一個延伸子項的錯覺。當然《廣成》從不曾劃歸進《輯要》之中，以版面來看，它們出自同一批匠人與時代還是很清楚的。在刊刻活動上雖然缺乏紀錄，從經本的題識整理，時間則落在 1907 到 1917 年之間：以「申啟城隍集」（十四—20，No. 139）等最早（1907 年），「十王鴻齋奉真集」（RJ-28）等最晚（1917 年）。因為並非每一科皆有題記，有早晚個幾年的可能。比起《輯要》的 1901～1915 年確實稍晚開始。

　　從《輯要》在內容與象徵地位都更具意義，起著公開號召功能，完全不難想像，在編輯雕版上是優先發想，開始最，而《廣成儀制》主要應付內部需要，知名度與公眾重要性較低，踵續其後。兩者進行上半數時間仍是重疊的。但是，1915 年《輯要》的明確完工是能確定的，反觀《廣成儀制》則恐非如此。原因極可能是政局和經濟無法再支持，提前草草收尾。時間上可以權把《廣成儀制》當作《輯要》規劃時的擴展，是後續接著的下一個計畫。

　　《廣成儀制》不在《輯要》重刊的新選採範圍內，但閻永和在倡募《輯要》時，必然有想把《廣成儀制》連同付梓的計畫。曾收錄在《輯要》目錄中，但終究沒有一起出版的廣成專用文檢集——《雅宜集》、《心香妙語》和《靈寶文檢》，〔註8〕在流傳近百年後都又予重新雕版，並規畫要收錄進《輯要》，可以證明廣成科儀在當時已是四川地方主要的科儀傳統，知名度大使用者眾，科本的保存與需求亦會增加。此前《廣成儀制》眾版本始終缺乏有計畫的完整刊刻，科本的需求量是又要高於文檢的，躬此盛事集結刊印叢集實在也沒什麼好意外。

　　我對版本的整理提出《廣成》仍有超過 300 科的本子留下來，是基於二仙菴等諸版本，以及田野中所見的統合。此叢集有一個很大的未解之謎，是《廣成》並沒有權威的目錄留下，故要對此做精細的計數，便應先從各版本介紹比較著手。

〔註 8〕 《重刊道藏輯要續篇子目》的「張集一續」列有四種道書而不見於總目，其中三種就是此三文檢集（第四種是「青玄祭煉鐵罐斛食」；收入在《廣成儀制》之中）。尹志華先生認為這是因為《輯要》當時急於流通，而沒有等到這些書完全刊刻完畢。（尹 2012 年，頁 56）文檢集會在接下來的篇幅介紹，此不詳述。

本文在討論《廣成儀制》文本內容時，遵循傳統觀念認為它是純科儀科本的集成，故分析對象上也僅限於科本本身。支持這個判斷的主要理由是，唯有科儀本才會在版心鐫有「廣成儀制」字樣，在幾個舊目錄中亦以《廣成儀制科書》來稱呼這批「經科目錄」，承此，《藏外道書》在編輯時也是以此為標準。然而，目前尚可見的幾個舊目錄；民初或近幾年的二仙菴青羊宮發行書目；是在更大、廣義的《廣成儀制》名目底下，還有其他如教理教義、經典、戒律、法懺等項目，錄有信仰或宮觀常用經懺典籍（沒有標註為廣成，且各版本間分類書目略有差異）。雖不少典籍使用於廣成科儀之中，我以為並不算是科儀本身，在本文裡先不討論。

刊刻百年之後的今日，《廣成儀制》版本還算單一，彼此差異小。以常見的兩處主要來源分作說明，後再根據版面訊息作更細分描述。

一、《藏外道書》版（ZW）

《藏外道書》的第十三至十五冊。這個版本前面有一個自己的目錄，但編排原理不詳，從目錄統計有 288 科。由於算是流通的正版，本文主要採用此版本，取其檢閱方便，所訂各科檢索代號亦先根據此本。然《藏外》所得來源不一，根據版面還可細分。

（一）二仙菴刻版（本文若需討論科本版面時，凡單稱《廣成儀制》系指此版，與《輯要》相同）

《藏外道書》中使用這個二仙菴刻版規格的底本共有 227 部，在全集裡佔最高比例（總 288 科，故是 78.8%）。從刻書版面來看，它們都是由二仙菴聘僱的「岳池幫」〔註9〕工匠所刻，具有「刻工精獷豪邁，字體厚重渾樸」〔註10〕的風格。《廣成儀制》（與《重刊》）的雕版物質特色多數相同：梨木版，雙面

〔註9〕 清代成都雕版業組有公會「倉頡會」，其下成員按地域又組成數個幫：岳池幫、綿竹幫、成都幫等，以鄉籍為團結認同向外招徠工作。（《成都市志・圖書出版志》，頁 227）根據青羊宮道長記憶，當時招募工匠後，是直接招進廟裡擇地開作坊施工，屬包膳宿的包工。如此包工形式是契約期限式的，青羊宮並沒有常設的刻書部門。在當時他們另一個重要但非常規的工作，是為開壇傳戒活動即時刻印《登真錄》。

〔註10〕「是近代蜀刻中具有代表性的刻本。」（《青羊宮二仙菴志》，頁 193）同評價出現在《四川百科全書》之「道藏輯要」條，但引用來源不詳。百科全書中並提及 1985 年青羊宮整理再印刷這些老版子，是請「當年志在堂」的印刷師傅施工（頁 317）（志在堂資料目前闕如）。

雕刻。每面系指被版心分隔作兩頁，整面雙框作圍，一頁八行（故每面十六行），多數有細烏絲欄分行，每行十八字，使用當時流行的明體字，多數已有句讀。

　　一般最常見的情況，版本的頁首會完整題有科名與作者，如〈廣成儀制高上神霄九宸正朝全集〉（十三—9，No. 9），並下接「雲峰羽客陳仲遠校輯」，頁尾則作「廣成儀制高上神霄九宸正朝全集終」、「宣統元年歲次己酉仲夏月。成都二仙菴藏版」。但並非每科都會有如此完整的標記，可能只出現其中幾項，甚至或可能完全沒有。版心則提供了三部份訊息：上兩部份以單魚尾隔開，最先是全集的統稱「廣成儀制」，這是固定不變的，可以當作是否屬於本套書的判準之一。接著是科儀名稱，通常是全科名的四字省稱，做「○○○○集／全集」樣；如「廣成儀制高上神霄九宸正朝全集」便作「九宸正朝集」，或又見省略「集」字。底下的第三部份是頁碼。特別值得一提的是頁碼下方通常會有更小字體的「蘇州碼」，其標示意義尚不明，此在一般道經或其他印刷上也屬罕見，惟可以確定今日已不再使用。〔註11〕

　　這個二仙菴刊版就是當年二仙庵方丈閻永和組織刊刻的成果，在不少科本的卷末，都有標註「年分（不一定出現）。成都二仙菴刊版／藏版」。這個版型是目前所見《廣成儀制》的主流，數目最多。即便是這幾年陸續出現為了單頁補版而新刻（雷射雕刻，已非手工），或私人重製版本（電腦排版），也都以此為範式。

（二）生神會作「度人大齋十過」全集

　　這是一個年代稍早於二仙菴刻本的系列。在最後一科「度人十過」卷末記

〔註11〕　「蘇州碼」是一種起源於蘇州的商用記數符號，因簡便好寫，普及在眾多需要速記或密記的情況。二仙菴刻版《廣成儀制》中標有蘇州碼者比例高達 98%（以一科裡只要出現一頁就算），幾乎可以斷定是內部設定手法。其數字所代表的意義，有些能合於該頁全部字數（含版心），故當是刻工紀錄工錢的方式；另外一類還沒有找出邏輯可循。第二種則類似防微杜漸，有一個說法是昔日二仙菴收藏經版時，為防範偷盜剽學，會將少量經版抽換或隨機安插，版上標註的碼子就是給內部管理員用來歸回正確位置的對應代碼，這個說法有兩位曾常住青羊宮的高功分別對我說過。筆者嘗向青羊宮印經處負責的兩位道長分別確認：蘇州碼現已不用，經版完全依照順序擺放，現今道士已經不識蘇州碼為何物了。順帶一提，《輯要》中也有蘇州碼出現（比例沒有統計），經筆者抽樣也有合字數與不合字數兩種情況；目前還沒有被特別討論過。（見圖）蘇州碼雖然在《廣成》與《輯要》中出現頻繁，在其他四川清代刻版書中並不多見，筆者目前只在很少數方志中看過，如《民國‧溫江縣志》、《民國‧遂寧縣志》等。

有「咸豐五年（1855）季冬月吉日」（9a），證明先於二仙菴版本的刻印確實存在。〈廣成儀制度人大齋一過集～十過集〉（版心簡稱「卷一～卷十。度人一過～十過」。十五—8～16，No. 247～255）〔註12〕。「度人齋」屬於道教向來極重視的黃籙齋儀，有普渡天人之大效，廣成科儀中也運用不少。法事中要分別禮信三寶、十殿、十方神王，繼而上章表、申發符籙牒文，是為連續性的十科濟度法事。本類版型上每面以版心分隔為兩頁，版心單魚尾有集名、科名、頁碼，每面雙框圍，一頁十行（故每面二十行），每行十九字，無烏絲欄分行，亦使用明體字但風格較纖細硬挺，多數已有句讀，全無蘇州碼。此版型刊刻規模不大，應該是只刻了這一套十科。目的是作為溫江縣某地「生神會」〔註13〕長期誦經或許願圓滿，要在他們籌備已久的「靈寶無量度人生神大齋」場上使用的紀念與功德。

（三）青城山諸科本

在主體的二仙菴刻版以外，還有部分手抄本（或像是手寫形式的刻本，這點不能確定）以及其他刊本。似是各方因實際需要自寫或自刻的，多屬實用性高之單科，當中或三兩之間有關，但湊不成系列。其時代不必早於二仙菴刻版，此可能因為販售科本價格高昂並不是每個人都負擔得起，而出現的各種實用形式。手書形式的版型與字體差異多，但皆來自「天師洞」（部份版心有「廣成儀制。天師洞置」，或僅有「天師洞」；部分題為「青城山」）。其中少數幾科題記標註有光緒三十四年（1908），另也有「監院彭至國造」字樣（如〈中元慶聖集〉十三—21；案彭主其事期間約為1919～1941），可見抄寫或使用者不只一位，也有相當時間跨度。本類計有33科。

（四）其他

彼此間仍不見關聯性的手抄本。字體、謄抄人都不同，對來源尚無線索可稽。如〈報恩鴻齋集・右案〉（十四—37，No. 156）署「六吉堂陳鴻儒抄謄」，「和瘟正朝集」（十四—18，No. 137）署「光緒十二年四月朔一日楊教誠置」

〔註12〕人家版收錄同內容一～九過集（缺十集），RJ 159-167，為二仙菴刊本。

〔註13〕信仰者組成神會的一種，以誦念《生神經》為主要活動。根據題記「生神餘金捐錢六千文」（四過集，十五—11，10a），可知當是會眾長年誦經滿數，聘請道士作生神齋／度人齋來完願言功，選擇刻印十過集就是為了當次盛會使用。刻印費用主要來自神會會費的支出，其他還有新繁、郫邑、彭邑、夾江等地道會司與商賈的贊助。

等。這樣的科較孤立散置，書寫風格大體不符天師洞的作品，不過單就此來說也不能肯定。

二、網路資源：網站「白雲深處人家」（RJ）

「白雲深處人家」（以下簡稱「人家版」；RJ）是中國頗負盛名的道教資源網站，無償提供許多道教道家的資料下載。該站創建於 2005 年 8 月 15 日，主要收集中華傳統道家文化資料，是屬於公益性質的個人網站，對道教研究與電子檔案保存流通助益甚大。〔註14〕本文在使用上以《藏外道書》為主，惟版本內容不同或少數有缺情況下改使用「人家版」（加註說明）。

人家版掃描重製成有書籤功能的電子版，使用簡便。站方沒有說明收集資料的來源，從部分頁面邊側出現「藏外道書」樣，可知有部分是直接來自《藏外》，然而多數情況其版面的清晰、整解度都高於《藏外》，又零星補版情形與當前青羊宮新印形式相同，推測部分是根據此新印刷本而來，這種情況的年份便應較晚，推測可能到改革開放之後。此版排序以科名首字筆畫數，由少至多排列，故目錄序號缺乏意義。本版全總收 281 科。內容上全是二仙菴刻本樣式，但稍有版面不同，這是掃描來源（紙本）的不同。與藏外版版本相較，有多出於藏外版所無的三十一科：

	no. RJ	科　名
1	4	玉樞九光雷醮削影科儀集
2	6	九皇大醮斗姥預祝集
3	X 25	雲臺儀九龍祈雨啟師演戒全集
4	27	十王鴻齋奉真集
5	37	三天門下女青詔書全集
6	38	三景玉符禳煞全集
7	49	大放赦文全集
8	71	斗醮朝元全集
9	76	迎水府十二河源全集
10	X 97	玉清無極總真文昌大洞消劫行化護國救民寶懺
11	113	先天禮斗全集
12	136	祀供井泉正朝全集

〔註14〕網站迭有搬移，惟站名不殊，目前在 https://homeinmists.ilotus.org/（擷取日期 2022/08/10）。

13	141	祀供籙華正朝全集
14	X 154	邱祖垂訓文＋冠巾科
15	189	拜斗解厄全集
16	192	炳靈正朝全集
17	194	*靈雲儀制恭迎天駕全集
18	195	恭迎地駕全集
19	201	掩禁藏神集
20	203	救苦提綱全集
21	205	清靜朝真禮斗全集（靜斗燃燈）
22	218	朝元咒棗全集
23	222	開通業道全集
24	223	開壇啟師全集
25	230	圓滿餞駕全集
26	237	雷霆水醮關啟水神全集
27	244	劄竈安奉全集
28	251	課盆關報全集
29	253	蕩除氛穢全集
30	259	謝旛還神全集
31	267	關告龍神迎水全集

上表三十一項裡標註灰底的三科，雖與廣成科儀很有關係，但因對作者、來源有疑慮（RJ-25），或並非科儀本身（RJ-97、154），先決定不採計。至此，《廣成儀制》有可檢視全文的可稽版本共是 316 科。

　　目前已知 1907 年之前的刻版版本極少，主要以各式手抄本型式傳佈。這些雖然不像科舉、童蒙用書那般唾手可得地流通，但它並未對購買／傳鈔者嚴格限定身份或強調祕傳，我們一直都還能看到零星的本子。即便宮觀之內，在態度上還是頗為開放的——只是在「丹臺碧洞書房」販售的科本，實在是「因價昂而銷售不暢」〔註15〕。

　　以上兩種是收錄科本全文的主要來源，以近乎公開的型態供閱讀、利用。此外，還可見純目錄多種，因彼此間排序、數目稍異，能呈現時間軸中的編輯變化。這是由於《廣成》「原科版中缺少總目，亦不做分類」〔註16〕，

〔註15〕楊錫民 1984 年，頁 40。
〔註16〕引自青羊宮當代發行版本中，成套販售所附書目前的簡介（約 2010 年發行）。

所以廣成事實上沒有一個能堪稱作拍板定案的權威目錄，這個問號在史料與口傳上，都沒能得到答案。為了進一步對閱讀與理解脈絡作討論，以下稍微介述。

壹、《廣成儀制·原序》目錄（以下簡稱「原序目錄」）

　　署「光緒丁未年成都二仙菴藏版」（光緒三十三年，1907）。還收有不著撰人的〈原序〉一篇，講述祖師陳復慧生平德行，以及方丈閻永和在 1906 年寫的〈重刊廣成儀制序〉。這個版本在青羊宮還有油印舊本子，筆者曾親見過，然此版已不在外流通，也沒有再次付梓的計畫（一說或還有經版，不能確定）。有趣的是，「原序目錄」的內容像是個人人口中傳唱的熟悉往事，在道士中相當普遍，然文本來原則多數人是沒見過的。關於陳復慧的主要生平事蹟，卻幾乎是源於本序內容。道士間對於有〈原序〉存在一事都頗肯定（雖然不見得見過）。筆者推測或許稍早前（不早於 1980s）此版本有過重印或是少量舊存本的出現，目前已知有多個個人重製版本（電腦排版），可認為是祖師相關事蹟的又被重視。〔註 17〕

　　原序目錄除廣成儀制科本，還附錄有「諸品經懺」（老青羊目錄雖也附有諸品仙經，但內容不完全相同）。《廣成儀制》的部份共分四十卷，扣除非關科儀的經書，總計 273 科。

貳、清代二仙菴刻版目錄〔註 18〕（以下簡稱「老青羊目錄」）

　　封面題識〈廣成儀制諸品仙經目錄〉，「大清宣統二年庚戌重刊」（1910）。版心題作「經科目錄」，再次頁有「四川省成都二仙菴道經流通處印」大朱文章。目錄計收 275 科，分作四十二卷。本目錄紀年稍晚於原序目錄，目次雖不同，大抵相關次序近似，特別是有成組關聯的科目，若說本版是原序目錄的修訂再版（增益），是很說的通的。

　　此版目錄在版面編排上與藏外版不同，除「二仙菴」大印之外，沒有相關題記線索。筆者曾以此就教過曾在青羊宮管理經卷的道長，他明白指出他也曾看過這份目錄，不過這並不能認為是真正的目錄，而是流通處印行的「徵印

〔註 17〕關於廣成儀制的兩篇序，筆者手頭上有的幾個數位製圖版本，排版略不同，內容上與「原序目錄」皆相同。

〔註 18〕本目錄得自田野中。據知最初是有學者研究時，從北京白雲觀一位老道長得到資料，經香港蓬瀛仙館范先生慷慨轉贈，特此感謝。

單」。也就是在當時它是以書目清單的方式向外流通，開放宮外人士來請經的依據，徵印單的流通甚至是可以遠到外省的，這點可以暗合印章上標註的專責單位「流通處」。

參、當代青羊宮印經目錄

這是青羊宮重開印經院之後，所提供的「流通書目價格表／經書徵訂單」。因為庫藏的時效性，約每一兩年就會出新的書單，以即時呈現缺貨補貨的情形。這是為了要維護百年經版的壽命，油印完一批的經版必須蔭乾休息半年以上，再加上手工印書裝訂程序複雜耗時，人力不足的情況下常常出現某本經售完，短期很難立即補上，這時就會先從書單中抽掉。就筆者手上有的幾個版本（2006、2011、2012、2016）〔註19〕所見，屬於本文定義下的《廣成儀制》各有 264、276、273、277 科。〔註20〕在《青羊宮二仙庵志》中，把青羊宮印經院自 1984 年起出版的書籍分為（一）「重刊道藏輯要總目錄」，以及（二）「《廣成儀制》及其他書目錄」（頁 249），實際上這份書單中並沒有將兩者區別，而是全部收在「科儀類（木刻古裝）」之一項（另外還有教理教義類、法懺類、戒律類；不過這個分類並不精確，我們還是可以看到零星幾科廣成科儀被放到非科儀類中，反之亦有），在排目上與其他青羊宮現代目錄相似。

這些目錄有方便檢序的流水號（多與其它類別連續編排），其排序與上面幾種順序並不完全相同，還看不出關聯意義。此外，就筆者手上有的幾個版本可見，很明顯每次都有小更動，雖然基本格式不變，但箇中排序會小有變化（流水號也會；也就是說流水號並不會固定跟隨某經某科），還有些許錯字誤字。負責印經處的道長對此認為沒有什麼關係，也不構成什麼困擾。

現在四川的廣成道士壇上所用幾乎全是從青羊宮請回來的單科科本，〔註21〕目前青羊宮所販售的版本仍維持以老版子，當中僅極少數已損壞的單片再予補上，但版面與刻工（以電腦雷射輸出，版面刻槽淺且線條呆板缺乏筆意）雖遵循原式，明顯成像較差。仍以人工油墨印刷，內頁使用宣紙（連史紙），單

〔註19〕2006 年版出自《青羊宮二仙庵志》，頁 249～54，另三年的版本則是筆者得於青羊宮。書目表可向販書櫃檯或專管印刷部的道長索取，即使是一般人也不會被拒絕。

〔註20〕這四個版本科名皆只作簡稱，加上分類不確實，可能有少量誤計的情況。

〔註21〕筆者在壇上見過幾次手抄本，雖然古舊，但判斷至多是數十年前、不過百年之物。至於道士或研究者的意見，最多認為是民國時期而不早於清末。

冊作包背式六孔線裝，外用藏青色書皮紙，貼印有科名的白籤條，保持與昔日一樣的裝幀風格，成套購買還附有匣裝。如同經目持續都有增減，青羊宮印經部的出版科書也會變動。根據約是 2010 年左右售出的套書，共分為十二函，計 256 科。〔註 22〕

2.2 二仙菴版本的刊刻完成與流佈

　　本書把西元 1907 當作《廣成儀制》雕版的開版啟始、1917 年視作完工日，前面已經說明應該並不精確〔註 23〕，事實上還要有往前、後延伸兩三年的彈性，特別是結束的時間點。因為當時政治與經濟條件的迫窘，刊刻工作斷斷續續，可能本來只是不得已先暫告一段落，而沒有清楚妥善的完結。雖然《廣成儀制》以單科作冊的裝幀性質不容易發現可能沒有完整完成的事實，我們從兩份老目錄：即上一節介紹的「原序目錄」（1907）、「老青羊目錄」（1910）作比較，可以看到在科目排序上就有差異，我以為除了表示刊刻的計畫主持人對於各科間的分卷（即如何拆分成組，成為實際運用上的參考）、排序都還在考量，其數目、內容的參差也暗示了當時的刊刻勘定同時在進行中。以《廣成儀制》最完整的規模而言並未底定，甚或是說「《廣成儀制》尚未成集」〔註 24〕。權威目錄的闕如不僅是在二仙菴編修《廣成儀制》其時的疑問，事實上，陳復慧（及其弟子）也沒有傳下關於分類分卷、總目數等的明確訊息。

　　另一個反證是《廣成儀制》沒有對「完工」舉行具有紀念性的法事活動——例如興作醮儀，也是一個很重要的疑點。《二仙菴歲時文》之〈刊刻道藏輯要焚書呈天修齋疏〉（No. 19）可知《重刊道藏輯要》正式完工時，二仙菴曾舉行盛大的醮典，用以啟秉神明與祖師，這台「黃籙度人大齋」從（農曆）十月初一持續到十二月二十一日（實年不詳，疑是 1915 年），前後長達八十天的法事，規模必然極為宏大。反觀齋醮科儀科本總集的《廣成儀制》，卻完全沒有圓成的相關活動紀錄，實在說不過去。筆者亦據此懷疑《廣成儀制》其實不

〔註 22〕此根據香港蓬瀛仙館圖書館所採購的版本。其所附目錄亦作單冊線裝，內文以毛筆手書，是現代手筆，錯字誤字頗多。單以目錄比較，有如〈祈雨啟水〉、〈修真寶傳〉等藏外版與人家版俱無收存的本子。青羊宮印售的線裝版價昂難見，期待未來有機會就此版本好好比對。

〔註 23〕根據青羊宮現代出版套書所附目錄前的「簡介」，提出《廣成儀制》刊刻的工作時間卻是 1909～1914，此說法的依據不明。

〔註 24〕陳耀庭 2000 年，頁 213。

算徹底完工。

《廣成儀制》到底總共有多少科始終是個謎團，不僅因為缺少最終且權威的目錄，至今為止一切紀錄、言談也完全不曾提到過任何準確的數字。《民國‧灌縣志》等多處提到陳氏「曾校正廣成科儀數十種」，顯見當時便不曾對廣成科本的總數有個具體說法，而僅僅提及種類——然而對究竟有哪數十種，也沒有被認真計量過，當然也看不出《廣成儀制》果否有編集完成。至於持正面（有編輯完了）的考量在於陳復慧羽化時已近七十高壽，並非突然離世，後世的評論亦多有對其編制規模讚美周到，不似有所缺憾；畢竟若連同時或稍晚問世的《雅宜集》都呈現編排完整，科本理當不遜於此。此外一般咸以為陳氏之後四川並沒有出現其他科儀大師，後人踵續其志、較有規模的編修行為並沒有發生，也沒有記載。否定方的質疑在於，完全沒有過可信的實際數字宣稱，實在不免讓人懷疑陳氏其實還是有打算再做擴充，或是將對分門別類、齋醮科儀定義等再做琢磨，所以懸而未定。

即便如此，今之所見廣成科儀的篇幅仍相當巨大。畢竟以今日尚存全本的科本來說，就還有超過三百部。田野之中常常聽到道士們對其規模的描述是，當年（即全盛時期的全貌）如果科儀完全不重複，可以連續不斷地作達 60～180 天（取各說法的極小～大值）。以一天約四或五科的安排習慣，推估應該就有 240～720 或 300～900 科之譜。

我對總數的檢查方式是點算「藏外版」與「人家版」所公開有全文的科目，扣除重覆或不齊全的，再加上田野所採佚經科名（尚無緣得見內容，我們對這些內容的完整甚至是正偽都無法判斷，還有待未來的收集判讀）約 24 科以上，且還在增加中。目前已有三百科以上是肯定的，至於可以以上到什麼數量，還很難估計。

回到「藏外版」，經筆者統計「藏外版」《廣成》出版部份有 288 科。〔註 25〕對此我的判定標準是以每卷卷首有〈廣成儀制○○全集／集〉（有時在卷末還會出現〈廣成儀制○○全集／集終〉），這樣標示的科書基本可以認定為獨立一科。如果以《藏外道書》每冊所附目錄為宗，會遇到一個大集合底下還有數個子項，其實每科都獨立存在，但目錄只簡省地題了個全稱，如此我便會擴大給予每科一個序號，如〈六時薦拔全集〉（十四—60）其實是〈六時薦拔集一～

〔註 25〕研究者對有效計數各有不同標準，如尹志華認為《藏外》版有 275 科（尹 2010 年，頁 44）。

六），配合六個時辰的科事共六集（十四—60，No. 178～183）。也有一科卻劃分為兩科，雖然分別都有卷頭，但因為頁碼有所連續仍判定為一科；如〈度人題綱上部左右案全集〉與〈度人題綱下部左右案全集〉（十五—1，No. 240）。此外，我還扣除了目錄中的四科：

1. 〈中元大會慶聖正朝集〉（十三—21）：重複列入（十三—20）故只採計一科。

2. 〈祀雷集〉（十三—120）：有目錄但確無此內容（凡非可計為單科內容者概不予流水號）。

3. 〈佚名〉（《藏外》十四冊，頁43～250）：其內容雖是「行符告簡」（十三—27）的部份，它非但重複還不完整，不予計數。

4. 〈言功設醮集〉：重複列入（十四—30、十四—62）故只採計一科。

　　以此原則計數下，藏外版依總號共計為288科。另外經比對了「人家版」281科中，與「藏外版」多出了三十一科（請見上節所附表）。至此，我們可以確定有完整內容的科本起碼有300科（完整總表請參照文後附錄）。從數字來看，筆者對屬於《廣成儀制》範疇的判定較直覺狹隘，即只認定科儀科本。這可能是受到《藏外道書》集結的影響，形成先入為主的偏見，就不如老青羊版與原序版兩目錄的詳備。這點可以再討論。

　　計數加總至此，可見一般談論廣成有三百科以上，是保守但得當的估計。從這個約三百科的內容來看，也可以肯定其無所不包的完整性：上對帝王下至庶民，內起宮觀外到庶民日常，可說能滿足任何情境需要。也因此科儀本身也得到四川以外道教的重視，有向外流傳的情形。

　　還有一個與編印有關的疑問是，《廣成儀制》在陳氏校輯完了後，是否經過如何情形、次數的編修？自陳復慧編就以來，《廣成儀制》蒙清高宗皇帝嘉許為可傳世之才，直到了清末二仙菴刊刻之前，期間約莫一百多年裡，編修、刊刻情形都很模糊，實在很讓人焦慮。除了目前已知有很零星的手本或如「度人十過」般的少量刊刻，大規模的集結似乎不存在於史料或眾人記憶中。〈度人十過集〉提供的線索還不只如此，在〈十集〉中「啟聖」環節的最後一位，出現了一個非常應該注意的名字：「蘭臺亞史少微光範和光敏悟大真人」〔註26〕，他

〔註26〕 共六科：〈建壇啟師〉（十三—44）、〈斗醮啟師〉（十三—46）、〈血湖啟師〉（十四—79）、〈三十六解〉（十四—93）、〈玄科迎師〉（十五—34、）、〈開壇啟師〉（RJ223）。

就是廣成的校輯者陳復慧祖師。我們知道在世的作者是不可能把自己的封號忝列進師聖位裡，陳之後人有過修改的行為便昭然可證，並且還不只一本。〔註27〕二仙菴刊版的十回度人成書較晚，但在啟師部分內容是相同的。二仙菴本（九科皆無時間題記，時間暫定為1907～17）或可能是在刊刻採集時，直接使用了生神會版本（1855），但對於生神會版（甚或之前更早的修訂版）在更早的情形不能得知，所進行的修改人員、規模、源頭都沒有紀錄。

　　若從閻永和在光緒三十二年（1906）所作〈重刊廣成儀制序〉〔註28〕來推論，在此之前確實是有過出版，不論規模。此外，閻序中還提到：

> 是書也，由武陽陳雲峰較（案應為校之誤字）輯以成，由崇陽劉合
> 信〔註29〕搜尋而得（2a）

又：

> 在昔散見於殘篇，至今纂集為完璧（2a）

明顯可推論曾有過更古的版本存在過，然而不知何以這麼快就逸散不全了。按龍門派詩第十一到二十字輩：

> 一陽來 復 本， 合 教 永 圓明

由陳復慧到劉合信再到閻永和，彼此之間只各差一代（請注意由於支脈擴展，字輩的前後不總表示入道先後，每代間的時間差也不見得有規律），時間間距當不致造成巨大的差異（筆者認為至多不超過四～五十年，極短時可能五年十年便已揭過），卻已顯示出很大的混亂與失散，這段經過在道教史上仍然相當空白。而我從田野間的徵詢則都認為沒有更早的刻版了，認為只有抄本還留存，這裡只能暫時解釋為其他版本太稀有又不流通。至於其他文檢集更早都有出版機會，《廣成儀制》遲遲未能成套付梓；陳復慧作《雅宜集》中對雅宜文檢集曾有募刊的紀錄，更有募刊其他經書的文疏（一——21、30），卻不見對《廣成儀制》刊刻的徵求。這其中想必還有什麼因素是我們所不知道的。

　　一般認為二仙菴在閻永和刊刻《輯要》之前沒有印經處，我以為這個說法

〔註27〕另一個的例子在「開壇啟師」中作「和光敏悟陳真人」（6a）。本科有時間題記宣統元年（1909）。

〔註28〕「重刊廣成儀制序」署為「光緒三十二年（1906）歲次丙午仲春月成都二仙菴笙啺道人雖雖子閻永和謹識」。

〔註29〕劉合信生平不詳，惟見於《廣成儀制》中「光緒三十三年（1907）六月六日抄騰。漢源羽士劉合信抄。」（「保苗揚旒集」，十四—13，No. 132）。活動時間差與龍門十六代弟子相合，劉並無列名《支譜》其中，或許不是陳復慧的嫡脈徒孫（全真）。

應該再精確一點。首先，此前的二仙菴的確只有藏經處而沒有「傳統理想」上的印經院——能自行刻版、印刷流通，甚至還能自己造紙——此前此後向來都沒有。《輯要》到《廣成儀制》等一系列的刊刻都是直接向岳池幫聘請工匠來廟子完成的。也就是說雖然工程持續了超過十年，它在本質上仍是個臨時性的作坊。可以說二仙菴歷代住持都不曾設想過常設一個刻經部門，而是一直都便宜地採取有需要時暫時聘請的方式。最好的例子是光緒十四年（1884）二仙菴首度公開傳戒，我們知道傳戒就必須刻印「登真錄」，可以證明此前二仙菴也有需要刻印的時候。可是常設印經坊從來不是二仙菴的選項（即便他們的經濟實力是全川道廟之冠），不過這完全不妨礙廣成科儀的廣泛流通。所以我以為應該是說川地的道廟都沒有設置常態印經處的傳統。〔註30〕當時道門中也有其他刻印書刊的事蹟，如灌縣二王廟住持王來通，他協助整飭都江堰後刊印了三部關於水利整治的書籍，也是以募金刊刻的形式暫時設置，雖然內容而言不是道書。以晚清民國時期成都富庶的都市生活來看，二仙菴地處便利的成都轄內，長久以來有熟識的刻書（仲介）商家合作往來，工匠在人力素質上又都無匱乏，確實沒有自設的必要。比較特殊的是深具儒家教誨的劉沅一脈的法言壇，傳人設有自家的刻書坊與書店，他們的刻印出版是以劉家相關著述為中心，並非僅供應法言壇所需。〔註31〕

透過一些痕跡，我們可以發現在中國的其他地方，也有廣成刻本向外流通的証明。這可以視作四川以外的地方道教知道並想了解這套科儀，不過並不能表示他們也使用了這套科儀。

筆者在田野時獲得的一份《廣成儀制》老版目錄，題識作「廣成儀制諸品仙經目錄」（即上節討論的「老青羊版」），是大清宣統二年（1910）所印製。這份目錄的取得相當微妙，是來自北京白雲觀一位老道長所收藏；根據曾在青羊宮多年並熟知內部的道長指出，這並不是正式目錄，而像是印經處販售用的「徵印單」。它被遠帶到北京，推測應該是清末二仙菴住持閻永和北上白雲觀求戒，間中的交流時留下來的。參酌交流的原意必然是有，但北方的全真教素來自有其科儀傳統；雖然以目前來看，能行的科事相對不如廣成來的豐富多

〔註30〕然而這樣的做法並非孤例，如清時的北京諸道觀也是如此。可參見 Goossaert 2007 年，頁 211、278。
〔註31〕成都府純化街的「守經堂」，在光緒中年開業，是專門印刷出售劉沅著作，之後還增加其孫劉咸炘等的作品。（劉東父 1979 年，頁 157），關於其時的印經，可參考 Valussi 2012；Olles 2013。

樣，通篇採納或引用《廣成儀制》的情形應該沒有出現。

採借參考的作法並不限於全真教內部，民國時期的正一道也有一例。據昔日海上高道陳蓮笙〔註32〕（1917～2008）回憶，民國時期他在上海城隍廟時藏書有《廣成儀制》44冊（沒有細目，未能知道實際收了哪些科目），著者為「雲峰陳仲遠」，由「成都二仙菴」刊印；此外另有《心香妙語》與《靈寶文檢》（兩者皆登記為「綿竹陳復烜含樸」1840年刊印）。應該是僅作收藏，沒有實際使用。〔註33〕

根據研究，中國浙江、溫州地區在清末民初時曾有四川全真龍門派道人將四川全真道使用科儀傳入，例如還在使用的「薩祖鐵罐施食焰口」〔註34〕，用的還是二仙菴刊本。又以二仙菴《重刊道藏輯要・全真正韻》〔註35〕在中國的傳播，主要從道教音樂在浙江、雲南、湖南等地使用的「十方韻」來反推，都與成都道教音樂有密切的關係，彼此間有所聯繫。〔註36〕

當代台灣也有一例，現代出版的《謝土安龍全集》合採了廣成科儀之〈謝土啟壇全集〉、〈謝土真文集〉、〈謝土安龍集〉、〈酬謝火全集〉（十三—98、99、100、116，No.98、99、100、116）四科。四科廣成科儀被帶進台灣道教科儀的使用脈絡，賦予新編的節次甚至是價值，再添加了原經裡所沒有附的九道「安龍符訣」（對四獸及五方），這是與四川「土皇醮」不同的科儀設計概念；〔註37〕

〔註32〕正一派知名道士，本名吳良敏，上海人，曾任中國道教協會副會長、上海市道教協會會長、上海城隍廟住持。陳氏出身道士世家，從六十三代天師張恩溥頒授「三五都功經籙」。

〔註33〕此為陳氏舊藏的書目資料，在1961年前後著錄，所藏皆不存，惟留目錄，現作〈上海市道教協會籌備委員會舊藏道書資料冊〉。此外文稿中還收有《道藏輯要》的細目（光緒三十二年（1906）成都二仙菴）。（陳蓮笙2009年，頁324、328）

〔註34〕應是〈青玄濟鍊鐵罐施食全集〉（十四—74，No.206）。藏外版（光緒二十六年（1900）手書形式）卷末提到本經乃由碧洞堂第一代方丈親到北京白雲觀受戒時請回，故爾學者多以此科非陳復慧所校輯（人家版題識為「二仙菴方丈閬笙嗜校刊」），質疑其列入《廣成儀制》的正當性。筆者考量本科雖非陳氏親改，但因為早早被排進廣成目錄實用（人家版所收宣統二年（1910）二仙菴版，版心確有「廣成儀制」，RJ-271），四川地方還是有使用（如雅宜集一—32。目前以「鐵罐斛食」為上選），還是先列入。

〔註35〕此名稱乃根據版心字樣，事實上《輯要》當時並沒有收入。

〔註36〕劉紅2009年，頁284～5。

〔註37〕台灣的「安龍奠土」使用在廟宇興建或重建時，有重新安定宇宙界域的極慎重意涵，在情境意義上是不同的。可參考：呂錘寬，《安龍謝土》，臺中市：行政院文化建設委員會文化資產總管理處籌備處，2009年。

這裡借用四川留下的豐富科本，移用為能配合當前科儀需求的新格式。〔註38〕

2.3 陳復慧：《廣成儀制》的編定者與校輯者

《廣成儀制》每科之卷首多識有「武陽雲峰羽客陳仲遠校輯」，但對這位編校了清代兩部道教重要科儀叢集之一〔註39〕的陳仲遠，目前的了解還相當地少。除了幾則教內說法如「原序目錄」之序言，其餘只有幾則在川西（陳氏主要活動地域）方志中的片段記述。總的來說，陳是新津縣江家沱人（今新津武陽鎮），生於雍正甲寅年十二月（十二年，1735），是家中次子。在 3 歲時他便隨父親到漢州貿易，7 歲時父親客死異鄉，他便拜進漢州老君觀毛來玉（龍門派第十三代）為師，成為龍門碧洞宗第十四代弟子，他也拜過一位貢生老師學習儒理。陳 20 歲時毛師仙逝，他離開老君觀，先去到溫江縣文武宮，之後（約 40 歲）接任盤龍寺住持，直到嘉慶七年（1802）羽化，享年六 69 歲。舊刊方志中相關描述有：

> 著文制錄璉珠雅宜二集，廣成儀制齋醮科本。裕國裕民無不應驗，並符篆箋表申章詞牒不下二三百集，刊板者尚少，騰寫者尤多，蓋其間之苦心，擢髮難窮。(《廣成儀制》原序 1b)

> 陳復慧。住持溫江盤龍寺，註有雅宜集行世。(《龍門正宗碧洞堂上支譜》，頁碼不詳。)

> 陳復慧，龍蟠寺羽客，左目重瞳，博學。金川凱旋，蜀制軍文公移師駐灌，超度亡兵，聞慧名，召令依科修建，復慧作疏表俱駢體，有六朝風格，制軍器重之，壇畢欲攜復慧歸署力辭，後厭煩囂，築別業閉門杜客，著廣成儀制諸書數十卷。(《嘉慶·溫江縣志》卷 29 仙釋 1b〜2a)

> 陳仲遠青城道士也，淹博能文，校正《廣成儀制》數十種，清乾隆間，邑人患疫，仲遠為建水陸齋醮，會川督巡境臨灌，聞於朝，敕

〔註38〕此處僅就此新編版本（1997 年出版）而論，筆者在台灣未曾親見以此為本所做的安龍科，是否真有使用情形或科本新出造成如何影響，有待未來的田野發現。

〔註39〕另一部是婁近垣（1689〜1776 年）所編《清微黃籙大齋科儀》。婁為清代正一派道士。雍正時受封為龍虎山提點（四品），欽安殿住持。創立正一道支派正乙派。

賜南台真人，別號雲峯羽客，著有《雅宜集》。新采。（民國《灌縣志》
卷十二，人士傳下，35b）

羽士陳復慧字仲遠新津縣人。少時即好黃老，學從漢州老君觀道士
毛來至，受玄門奧旨。後來溫江住龍蟠寺〔註40〕羽化。著有廣成儀
制連珠集等書。（民國《溫江縣志》卷四風教，宗教）

陳氏欲「效法古仙而救世之心惓惓於懷」（《雅宜集·序》1b），於此他的
方法是發揚科儀道術。我們知道陳仲遠精於齋醮科儀，除了既有的傳承，他必
然還多方尋訪採集；由他造作的豐富文檢內容可知，當時他已為四川地區的道
廟道士與民眾編排設計好了這套縝密多元的集子，足以應付人們所需的一切
情境。至於搭配儀式撰寫的文檢《雅宜集》與《璉珠集》（已不存），更是「特
恐人之祈禳不知禁忌，尤慮世之邀福及受災愆，故擇日必趨吉避凶，建醮克祈
天永命。」（以上兩則引文皆出自《雅宜集·序》卷一1b，張銑〔註41〕撰）當
與《廣成儀制》同時問世，搭配使用。從《雅宜集》的內容歸納，可以看出陳
的活動範圍以盤龍寺為根據，主要來往於成都、溫江與灌縣等地方。他曾為灌
縣青城山的（古）長生觀、上元宮等主持許多法事，其中又以長生觀留下的紀
錄最多，計有 7 事 11 通，齋醮事對聯與春聯 3 事 19 聯 10 區，可見法事之盛，
互動之繁。

《廣成儀制》其名之成立背後也有個傳說，典故來自《廣成儀制·原序》，
該序作者不明，或是光緒年間人。文中說到陳仲遠大真人編集了齋醮科本「廣
成儀」，乾隆四十三年（1778）受命修建水陸大齋以安慰超度此前四川兵亂亡
故的軍民。〔註42〕因有神驗於是制憲（官名）將此科本

恭呈御覽，始荷皇恩，增添**制**字，書可傳世，論為翰院之才。（原序，
2a）

於是後世道人更遵以為範本，《廣成儀制》其名由是確定。至於陳復慧如何決

〔註40〕 本段與《龍門正宗碧洞堂上支譜》有兩處不同：a. 師名「毛來玉」；b. 住「盤
龍寺」。師名部分筆者以為就來源性質而言當為「毛來玉」；寺名部分雖然縣志
應有較高權威，不過這邊卻是個孤例，他處皆呼作「盤（蟠）龍寺」，本文權
以常用名稱為準。

〔註41〕 由題記知張銑乃茂州人氏，官議敘功貢，與陳復慧是知交好友，其餘生平不
詳。時維清乾隆己亥年（1779）。

〔註42〕 據陳仲遠氏《雅宜集》卷一〈為灌邑武廟請建水陸稟敘〉，舉行時間為乾隆四
十三年（1779）農曆 2/28～3/9（恰逢清明時節）。雅宜集全四部中，與此次水
陸大齋有關的文檢總有六通。

定以「廣成」定名，從原序所載其所啟支派「蘭臺派」〔註43〕的三十二字派詩，可以稍微揣測：

> 光開蘭碧。仲紹體純。妙元自溥。化理維新。**圓融大洞。了悟上真。**
> **領依正果。乃曰廣成。**（4a）

「廣」字所欲博取者乃「大洞」與「上真」，也可以理解為至道，是道教玄之又玄的本義根髓，精於齋醮科儀的陳真人憑其專長開基立派，自許藉由儀式操持來體悟正道和累積功德，以求得最後領依正果，此即圓「成」。

目前所見《廣成儀制》的分科題記多自署為「武陽雲峰羽客陳仲遠校輯」，可知作為這套科儀書集大成者的陳仲遠，心中給自己的定位是它的纂輯校訂者。那麼他到底編集了什麼？又校改了什麼呢？我以為陳仲遠應對當時在四川傳播活躍的諸道派都有深入認識，他兼採各家所長，盱衡當時宗教活動的需要，總集科事。如劉沅曾指出：

> 正一科愚下未曾看過，看過廣成科，倒是很詳備的。（劉咸炘 2010
> 年，頁 102）

劉文此後沒有更做說明，但我認為這裡所謂的詳備，除了指廣成科篇目類型的詳備，必然也指涵蓋道法、傳統的詳備。所以陳氏編整了廣成科儀後，來自各種傳統的四川道士都能且都已大加改用，取代原本各行其是的傳統。至於纂輯方面，表現在科儀架構的一致性，在書寫編排上來說，就是他賦予科本內容統一的格式，再加上了使用相似曲牌與壇場配置，不同背景的道士容或傳承、學習有異，登壇演法時外顯的表現也可以顯得很形似。當然除了安進一個架構之外，當中做了多少刪節添加，目前還不太能明確析分出來。這個架構成型之後，廣成科儀的當代樣態可能便已形成，沒有太多變化地延續到了今日——道士們都相信科本或科儀自此後或許規模不同，但並沒有改變。

相類的例子發生在稍微晚的《心香妙語》（相差僅約一甲子）〔註44〕，同樣屬於四川全真龍門派的道士陳復烜（1773～？，綿竹縣人，曾主持真武觀，生平不詳）。他並沒有列名在《支譜》中，或許不屬於碧洞宗。〔註45〕在每卷

〔註43〕其傳承未知，有一說是正一「廣成壇」道士的法派，又或說是行廣成科儀高功專有的一派，將在第四章作進一步討論。

〔註44〕《心香妙語》自序作於道光二十年（1840），而據《雅宜集》序成書在乾隆四十四年（1779）。

〔註45〕民國《綿竹縣志》卷十七宗教有「真武觀。在城西三十里，清乾隆四十四年（1779）道人李來儀（此名亦不見於《支譜》）建修，嘉慶十四年（1809）道

頭下的自署同樣也用了「綿竹退隱陳復烜含樸**校輯**」的說法。自序裡他對於他所作的校輯工作的說明是

> （因緣收到了金宵版《靈寶文檢》與呂元素《定制集》）……雖有志行而力不逮也，但不忍遺棄，謹按原書親手抄錄，**脫略者補之，錯謬者正之**，俾歷善本付梨棗而公海內。（卷一，1b～2a）

陳復烜當然是使用廣成科儀的，所以他沿用「校輯」二字必然有其體悟，很值得玩味。不過他的自序對文本來源交代得很清楚，這是《廣成儀制》相當闕如的，所以在討論廣成科儀匯整的職責分布上，就顯得揣測較多。

　　雖然我們還是不能釐清陳復慧對廣成科本做了多少比例的刪改新添，就科本間都有規整的行進架構，以及相似的曲韻文辭使用這些特點上來看，我相信陳氏在內容本身（體悟）與段落調整（實踐）上都有深厚的掌握。且《廣成》雖然篇幅碩大，弟子同儕的文書支援必然會有，造作決策方面筆者是傾向由陳氏一力為之。細讀科本文詞，多處能發覺他適當並巧妙地使用相同概念甚至文字，以整合功能相同或有連續關係的科目。如相似功能的〈款駕停科集〉與〈款駕停參集〉（十三—33、55）裡，不但採用了一樣的「衛靈咒」，在說文上也幾乎相同：

> 今宵略伸回向，明晨薰香啟請，念信人歸向之誠，赦弟子冒瀆之咎（十三—33，3b～4a）

> 今晚略伸回向，明晨薰香又啟請，念道眾皈依之誠，赦弟子瞽狂之咎（十三—55，4a）

此外，陳氏還把這種凸顯語意上連貫活用的整體感，進一步延伸到文檢的寫作上，如〈川主正朝〉（十五—36，No. 275）以及自作《雅宜集》之「古長生觀顯英王壽會疏」（二—2），共同有一小段的重複：

> 治事田疇，資諸水澤。千支萬脈，源源之灌溉何窮。四境兩川，浩浩之涵濡甚廣。

然後分別接上

> 續由蜀守，位鎮萬天。（川主正朝。9a）

> 續由蜀守，位證英王。（古長生觀顯英王壽會疏。6a～b）

人陳復烜補修，道光十一年（1831）增修。」觀「烜」與「煊」之相似，又於同時間點在綿竹真武觀，應是同一人。就時代與字輩推算，屬於全真龍門派道士也是無疑慮的。

顯見其巧妙地利用對同一神祇的讚詞，接續轉折出不同目的的段落。我以為很可以證明陳氏對科本內容掌握記憶上，深入而細緻。

　　當然我們不可忘記，陳復慧之前的道教科儀傳統早就相當成熟，各種節次安排更已各有傳統、定見，不容太多踰越造作，陳氏所做校輯實際變動可能不大。「校輯」一用法應該在表示他兼採了各家的優點，並且還背負、雜揉了各家的傳承，經過添加潤飾，使《廣成儀制》有著相當統一的形式架構。這個外在骨架之下，骨子裡還是繼承著數派數代人的智慧結晶。

　　對於陳復慧的師承，特別是指科儀上的傳承，雖然一般常謂陳復慧肩祧多家傳承豐富，在術法上吸收很多來源，目前所知相當不完整。若僅從可稽的事實來推論，陳氏出身龍門丹台碧洞宗，確然為全真道士，早晚課、經懺的能力無疑是從此時扎根；〔註46〕陳名列碧洞堂《支譜》其中，經中部分秉職裡借用到了全真龍門的邱祖，都是重要的證明。再則他開創了正一火居的地方道壇傳統「廣成壇」，傳下一脈正一弟子，本身自然有正一身分。至於原序裡提到他曾拜過一位儒師陳貢生，大概是想強調他思辨文采的能力。至於本文多所揣測的其他傳承，其實反而沒有留下太多端倪。

　　目前嘗試過的推測，如以〈開壇啟師〉科中完整的請師來倒推，可以看到從「分門請聖」以下（以上是三清以下神祇），自靈寶三師開始，接混元、正一、淨明到全真南北宗等等凡三十九份位（4b～6b），確有名諱的就有四十二位，還不包括以列冪、群真帶過的諸院宗師，開列師尊及其門派之多，令人咋舌。然而種種啟師又存在「以後分門請聖如式」（4a）這樣的指示，雖然能夠當作是陳復慧對師脈傳承的認知，於理我們不能必然當作他本身的師承看待。又在不同科事裡還使用了「清微」、「神霄法召」、「延請正一道士」、「正一之盟威寶籙，……文昌之大洞真經」〔註47〕等語句，又或是〈太清章全集〉中對眾真三獻皈命段落中唱誦了「總師寶誥」〔註48〕（34a），這個引用究竟是過度客氣的浮誇，或的確涵蓋了這麼廣袤的範疇，尚不能得知。此外，或許也還能推展到佛教，在〈傳度引籙〉科中提到了「玄宗儒宗梵宗，同歸信向」（7b）（不過請聖的聖位沒有明顯佛教神祇），到了「觀音正朝集」便確實出現了多

〔註46〕陳復慧之前的四川全真道人當然也行使科儀，然而我們並不知道他們的使用內容與情形，記載或傳說裡沒有特別精於科儀的道士，包括引進武當科韻來蓉的陳清覺祖師一行，或陳復慧的師父毛來玉。
〔註47〕例子頗多，試舉例如〈十王轉案〉、〈玉帝正朝〉、〈血湖大齋〉、〈年王八聖〉等。
〔註48〕「宗壇立極，道統心傳。清微靈寶及先天，道德混元兼正一。」

位神佛的聖號（5b～7a），更不用說陳氏曾多次為僧人朋友行章醮。〔註49〕然而線索雖多都極瑣碎，彼此間又沒有理絡勾聯，還不宜貿然肯定。

　　最後我們還應討論《廣成儀制》與杜光庭天師間有怎麼樣的傳續關係。首先是「廣成」一詞的使用，雖然有些道士也會解釋為廣博、圓成的寓意，但對道教史稍有了解則必然會立即聯想到唐五代時高道杜光庭〔註50〕（850～933）號「廣成先生」，於道教科儀的修正創發極有貢獻，世尊為「科醮三師」之一。他晚年隱居青城山，是四川道教歷來極受推崇的高道，是以本套科書祖述杜天師之名是相當合理的。這樣命名除了致敬，也很有道法傳承的寓意。〔註51〕這個看法是很普遍的，筆者在四川期間多能從道士（無論本身行科儀與否）聽到這樣的說法。民間道壇法言壇傳人，清末四川地區著名學者劉咸炘（1897～1932）也曾提到：

> 五代後蜀時期青城山有個道士杜真人名叫光庭，道號廣成天師，也有功侯，傳出一個壇門來，便叫做廣成壇。嘉慶年間青城山陳真人名叫復慧，號仲遠，訂正一部《廣成儀制》頗為流行。（劉咸炘 2010 年，頁 101～2）

今之學者尹志華也持相同看法：

> 陳復慧……取名《廣成儀制》是為了借重唐末五代道士杜光庭的科儀宗師名稱。……是想表明他所匯集的科儀書，乃是淵源於杜光庭，同時也有以杜光庭後繼者自居之意。（尹 2010 年，頁 44）

權威的《中國道教史》中也持同樣看法，在說到廣成之〈皇旛雲篆〉科本時便以「杜翁所傳皇旛一事」來論證：

> 故知《廣成儀制》的主要內容為唐末五代隱居青城山的廣成先生杜光庭所定齋醮科儀，而為清代青城道士陳仲遠所校輯。《中國道教史》（冊四，頁 527～8）

這樣的過譽到了民間更不惶多讓，習慣將所有科儀成就附麗其上，程度甚至到了：

〔註49〕如氏著「為覺乘寺僧人禳星疏」（雅宜集，二—28）等。

〔註50〕杜氏於神學科醮著作豐富，於後世影響很大，現代研究評論可參考 Verellen 2001、周西波 2003、孫亦平 2004 等。

〔註51〕如《廣成》使用的文檢集之一《靈寶文檢》命名源自道士金允中、甯全真的兩部靈寶金書，有承其教之意。（《靈寶文檢》原序；森 2007 年，頁 363～5）

> 昔人謂道經多為蜀道士杜光庭所撰。（民國《巴縣志》卷五，頁799）

> 今道家經典，多光庭所定也。（劉咸炘2010年，頁12～3）

這樣的程度。但事實上，道教科儀與四川道教的傳承早已多有改變，杜氏與陳氏在處理科儀的選擇與風格上亦有著結構上的不同。筆者先前已指出四川在此間遇到巨大的接續斷裂，造成人口和文化的重整，在道教的地方發展與道士上亦然。當然以宏觀的中國的道教史來看，這只是一時的挫敗。新的道士移入帶進新的道法道經，很快又可以補上了地方道教的需要。但是，基本的道教信仰不變、地方祖師不變（特別是於地方情感連結如此之深的杜光庭等），並不等於交流雜揉後的道法不變——特別是深具地方性的傳統。好比行廣成科儀的全真道士無法與北京白雲觀道士搭配登壇行道，但不影響理解彼此的架構原則。杜氏《太上黃籙齋儀》或金、甯二師的靈寶金書等，於《廣成儀制》雖然在節次、重心上已有改動，今之廣成道士自我深造時還是會好好研讀。以此精神，筆者以為宏觀而言道法一脈相承，傳續常在；而科儀書中實踐的鋪排，於《廣成儀制》內容上直系嫡傳的授受上，還必須做更細緻的比較討論。當中不僅是道士在情感或精神、祕法上自認的一脈相承，不能驟下結論。

　　廣成科與杜天師的間接傳承無庸置疑，那麼是否有可能有直接傳授關係呢？陳復慧在《雅宜集》裡寫道：

> 依按廣成天師杜真人**金亭序儀範**（卷一，36a）

文檢集《心香妙語》的編寫者綿竹道士陳復烜在〈重刊道藏輯要・心香妙語序〉同樣提到：

> 五代時廣成先生編立**金亭儀制**，而始有表詞箋奏疏狀關申用文字（1a）

這是部未曾見於記載的經名，我們不知道其內容為何。無獨有偶，我們從《廣成儀制》中也發現兩處這樣的說文：

> **金亭**廣序，而後載定元儀。（〈九皇大醮關告集〉1b，十三—76）

> **金亭**啟教，北斗儀昭。（〈九皇大醮迎駕集〉1b，十三—77）

雖然這些文字明示了杜光庭曾編撰「金亭儀制」，或他可能還有一個字號「金亭」，可惜目前都沒有資料可以支持這點，甚至連《廣成》中啟師諸科也不見此稱呼。「金亭儀制」是部佚經或是某經的省稱代稱（或說不定只是誤稱），都須有新資料來解答。

　　杜光庭在蜀地名號響亮，陳仲遠使用了「廣成」之名固然有附麗之意，但同時也受杜氏之盛名之累，反過來造成後人的錯誤攀附，對道教史理解錯誤。如光緒年間的《增修灌縣志》、清末彭洵（1825～1896）〔註52〕所著《青城山記》等，對杜光庭的敘述便有所誤會：

　　以道德二經註者雖多，皆未能演暢其旨，因註**廣成儀**八十卷，已術稱是，識者多知。〔註53〕（青城山記，事實記下‧方技）

我們知道杜光庭對道德經的注釋其實是《道德真經廣聖義》，這裡的「廣成儀」恐怕是作者將「以術稱是」的杜天師的著作記偏了名字，與作為科儀本的「廣成儀」做了太巧合的聯想。正充分反映了一般民眾對杜氏的觀點：精於道法科儀的廣成先生，自然太可能是廣成儀的編撰者。

2.4 諸文檢集

　　目前所見與《廣成儀制》直接搭配使用的文檢集有四部：《雅宜集》、《心香妙語》、《靈寶文檢》、《二仙菴歲時文》。《廣成儀制‧原序》中提到陳仲遠的另一部作品《璉珠集》已不存世。

　　現在這四部經都可以在青羊宮請購得，從版面型制來看都與《重刊道藏輯要》相同，且前三部的版心都標示有「道藏輯要」，光緒三十二年（1906）重刊。《二仙菴歲時文》則單標記「二仙菴」，雖未有刊刻年，但據內文判斷可知當晚於光緒丁未年（三十三，1907）。梗概介紹如下（因為版本取得緣故，本節都以二仙菴重刊版為討論）。

一、《雅宜集》

　　《玄宗通事雅宜集》是「武陽雲峰羽客陳復慧仲遠著」，是他唯一傳世的文檢集。全集共四卷——分名以「靈」、「機」、「暢」、「達」，表現出作者對文檢功能的期許。以類型分卷：序記與榜意、表疏、雜文與事文、敘聯，計文書

〔註52〕彭洵，清季灌縣人，生平不詳，還編輯有《灌記初稿》與《彝軍記略》。
〔註53〕目前所見《青城山記》的兩個版本：1.《道藏輯要》所採用光緒十三年（1887）「彭洵敘於種書堂」，與 2. 光緒二十一年（1895）「彭氏玉蘭堂刻本」；此外民國彭襲明（1908～2002）《青城近記》也採其說，「因**著**廣成**儀**八十卷」。雖然是三個不同的刻版，但此部份內容一致，可見作者們確實抱持、承襲此意見；也可以衍伸認為熟知地方文史的四川文士，長久以來很可能就是這麼理解的。筆者按，該段引自《五代史補》，而原書實指《道德真經廣聖義》。（附圖）

158 通，敘聯及匾 30 類。根據〈序言〉（撰於乾隆四十四年（1779））與〈募刊雅宜集敍引〉（一──22），可知本集在陳氏有生之時便曾刻版發行，然該版今已不見，今之所見者皆來自二仙菴的重刊本。集中記有參與者陳之嗣派徒、門人「本」字輩（龍門派第 15 代）八人、嗣教孫「合」字輩（16 代）一人，與刻工一人名字。

　　文檢集的編集通常有留用範本的意思，《雅宜集》中半數以上文書都保有部分的時地人物訊息，參考價值之外，作為本人文集的意味濃厚。對此陳氏對自己作品的評價是「俱因事立言，雖詞語未工而循真就實，幸免虛浮之弊。不慙鄙俚，欲付棗梨。」（卷一，19a），這很能反應廣成道士活用且堅持自寫文書的態度。又因為「章表詞箋啟申疏牒遂有定式，其間清簡切約固為萬世法，而臨事措詞達人意念，則未之及也。於戲，修崇既異，事理相殊，若執一定之辭，則失之者豈淺鮮哉。」（卷一，19a）對自己之所以大量撰作後保留、流傳供參的心情，做了清楚交代。

　　我們也從此取得了一些陳氏當時齋醮活動的痕跡。如《廣成儀制》序中提到讓陳復慧博得帝王讚賞的，金川大戰後所打水陸大齋，即是乾隆四十三年（1778）於灌縣武廟所修「太上玉籙鴻齋水陸廣濟道場十一晝霄」（農曆 2/28～3/09，正好在清明前結束），這場「玉籙齋」等級的法事，由四川道州府滿漢官員、灌縣地方善信與二王廟道士王來通共同請託（任齋主）；集中留下四通文書、一則規程，〔註54〕還有專門寫就貼在武廟內外地點──各師聖壇、使者神位、寒林法橋、監齋堂所等三十處的對聯四十二對，可見齋儀安排宏大豐富。為同一目的所修水陸大齋，還有戰後四年（實際年份未標註）於汶川桃關，11/25～12/4 之「太上水陸大齋冥陽普福道場九晝霄」，亦留下了文書三通與敘聯十對三匾〔註55〕。

　　從《雅宜集》中述及的地名宮觀名，可以看到陳氏主要的齋教活動範圍以灌縣為中心再向外延伸，從：灌縣青城山的長生觀與上元宮、武廟、伏龍觀、

〔註54〕分為：〈為灌縣武廟請建水陸稟敍〉（一──1）、〈為武廟設建水陸鴻齋都意〉（一──32）、〈為武廟水陸道場會立書記榜〉（一──49）、〈為武廟水陸道場會立經員榜〉（一──50），與規程〈特建水陸廣濟道場序並附條程〉加附〈文制臺遣官致祭文〉（一──2、3）。敘聯〈為灌縣武廟修設水陸鴻齋聯句〉（四──5）。

〔註55〕分為：〈為桃關設建水陸鴻齋都意〉（一──33）、〈為桃關修建水陸道場疏〉（二──3）、〈為桃關修齋剩餘銀兩繳廟疏〉（二──25）、〈為桃關修設水陸道場聯句〉（四──11）。桃關位在灌松茶馬古道其中一條的岷江左岸大路上，金川大戰時是很重要的軍糧與公務往來要衝。

龍溪廣福寺、龍溪天官會，到成都龍潭寺、綿陽楠木園等等。當時他在溫江縣主持盤龍寺，但究竟青城山與成都的道教活動興旺，彼此相鄰不遠，還是需要時常往來其間。

《雅宜集》還能反映其時社會信仰與經濟的復甦。首先是關於廟宇修復興建的文書很多，關於募金、各種廟宇設施的開工與圓滿慶賀，捐款主要為了塑神像、鑄造鐘、爐、磬〔註56〕等，可見當時川西地方的道教信仰場所正逐步翻新修復。為宮廟或是神明會行法事的疏文不少，公眾法事主要有例行賀壽、慶祝或是濟度；神明會也多賀壽聯誼，兼有組織朝山。〔註57〕民間活動方面，與農事相關的有祈晴禱雨、謝桑蠶等活動。和經商有關的有祈求船運順利以及對失竊、結夥時明志的賭咒幾大類，看得出當時四川社會與向外省連絡經商的模式（特別是如木材、鹽業等與鄉籍結合的行業）〔註58〕，富有移民色彩。當然個人的種種謝罪求福也存在不少。還有數則與都江堰修築相關文疏，留下清代水利督工的紀錄。全集文檢中訴及的事件豐富，對了解陳氏當時四川民眾的生活很有幫助。〔註59〕

因為系出同作者，本集是最可以契合專用於廣成科儀的文檢集，其編排擘畫科儀的本意亦當最與廣成相合。從文檢的詳細陳述，可以了解更多儀式施行或準備的細節，特別是主要節次，與對供物、誦經等的設定。就以〈為桃關設建水陸鴻齋都意〉為例，內文對九天道場中的主要節次、諸真符、點燈、施食、供物等都有條列，安排也完全呼應《廣成儀制》。如首日節次的安排為：

　　一之日　　發申文字，勞符使以遞傳。開啟道場，迓宗師而降鑒。迎

〔註56〕如對同一宮廟勸金文疏最多的古長生觀為例，單就鑄鐘、爐相關文檢便有八通，還不計在長生觀舉行各種法事的文疏。（因類別分散在：一──4，5，6，7、二──41、三──13，14、四──16）

〔註57〕如〈靈巖會朝丹景山榜〉（三──48）。按丹景山在今四川省彭州市，距成都西北方50公里。

〔註58〕清代的四川是典型的移民社會，各省移民與居住區域、工作類型常有專利獨占；如廣東人的蔗糖、福建人的煙草、陝西的鹽……（曹樹基1997年，頁113～8）向外貿易於是有如〈木商答謝神恩疏〉（二──42）、〈糧夫酧願疏〉（二──18），是商人外出經商平安的謝恩；也有的是不同行業對風調雨順、水利、禳火等的祈求。

〔註59〕《成都通覽》之「成都迷信神道之禮節」中收錄各式文疏87通（頁229～43），對我們了解其時崇拜神明與訴求都有幫助；但該批文疏出處不明，僅部分標有出自《家禮改良書》（其書不詳），還需要進一步梳理。善用碑文與帳記也往往有意外幫助，如歷來對妙峰山的研究、陶金2010對北京舊日民俗活動有很好的復原。

水汶江，挹靈源之玉液。投詞丹界，蕩凡宇之妖氛。特宣勑牒，播
告攸司。

上行的疏文文雅講究，將此節次轉換成廣成科目，便可能是：「申發三界」、「開
壇請師」、「迎水蕩穢」、申（土地或城隍等）攸司、「安奉竈君」〔註60〕等等諸
科。〔註61〕可惜的是雅宜集中同一事件所收文檢並未詳全，不足以復原全貌。這
點上就不如《靈寶文檢》對編排與內容上保留的比較完整，更堪籌畫時參考。

二、《心香妙語》

　　署為「綿竹退隱陳復烜含樸校輯」，根據序言是在清道光二十年（1840），
陳復烜六十八歲時初版。全篇非陳氏親作，而是搜得《心香妙語》（原作者姓
名時代皆不詳）殘卷，苦心修補脫漏而成。二仙菴重刊版分為四卷，471 通。
先以功能簡單區分，之下再有文類別，實用但略顯瑣碎。如卷一的類門就作：
慶祝類、平安類（再分榜、疏誥）、星辰類（榜、疏誥）、工役類（榜、疏誥）
等七項。人、時、地等處留白，內文則重點精簡，兼具提示性，容易使用者代
換套用。卷四記有「本」字輩（龍門派第 15 代）嗣派徒二、姪徒與門人各一、
派徒孫、姪徒孫「合」字輩（16 代）共三人姓名。

　　本集所行所有科事皆設定在廟宇之外，由地方善信或家戶請齋，沒有專
為宮廟內使用的文書。所收民生相關項目更細，很難統整綜敘。公眾事多以
地方太平、氣象相關，如晴雨驅蟲、四季平安；私人家內概有平安類（以還
願為多）和白事，還有經商、官司、水火等。就名目與數量來說，有幾項民
生反映極有意義，如疾病中或痊癒之願謝有 82 通（特別的有對眼、足疾和保
產、得女），白事薦悼 62 通，且其對象極廣，從父母兄弟子女等常見近親到叔
伯丈人都有，也有薦夫或妻，最特別的是「薦牛」（四—151），從細微處看到
了重農；「水火類」40 通，多為火災之後的醮謝；此外「獄訟類」有 26 通，也

〔註60〕如可能選用：〈建壇啟師〉（十三—44，No. 44）、〈開壇啟師〉（RJ-223）、〈敕水
　　　禁壇〉（十四—49，No. 167）、〈申啟城隍〉（十四—20，No. 139）、〈箭灶安奉〉
　　　（RJ-244）……等。請注意這個節次是筆者從文檢描述中代出最直覺最簡單的
　　　安排，並非陳復慧實用；當中可能的變化大大不止於此，科儀安排的巧妙接下
　　　來會陸續討論。
〔註61〕在壇場用度上有「奠告。元始符命金籙白簡救苦真符，元始符命金籙白簡長生
　　　靈符，東極青宮九龍遷拔丹靈惠光等符。宣演元始度人經旨內義題綱全集。加
　　　持。大梵神咒。點放。紫陽破暗九幽神燈，清微濟危河燈。判施。西河薩翁鐵
　　　罐無礙法食一筵。傳給。幽魂戒帖一萬五千一百四十四張，生天冥衣一千件，
　　　金銀錢山四座，排點路炬三百六十莖。」（36a～38a）

算是印證蜀人負氣好訟〔註62〕的印象。《心香妙語》中文疏短小精簡，所以數量較大；但各文之間往往沒有關係，加上對象多屬家戶內私人請事，規模上較諸宮觀內是小而簡單的——科數（甚至天數）與用度皆是。

文檢中的項目很多是可以直接判斷出，其對應可使用的《廣成儀制》科目為何，此很好地增強我們對清後期四川地區廣成科儀活動的想像。比如之前提到的「放生會」（使用〈放生會集〉（今不存）），根據〈放生疏〉（四—74）可以知道，地點要選在河邊，重點在對「本境河伯龍王水司真宰、沿江水府諸司三界神祇」信禮，然後放生鳥禽或魚類。卷一慶祝類的〈觀音〉兩則（一—9、10）都選在農曆六月十九日的觀音成道日，本日較諸觀音聖誕來得更被重視，這是四川對觀音（道教稱慈航道人）崇奉較有特色之處，目前川內仍行廣成的宮廟對此依然重視，於其時安排「觀音會」（使用「觀音正朝」（十四—11，No.130）；當然不少地方是聖誕也會慶賀。此時科本相同，但祝禱和文疏內容會變動）。

如陳復烜所自命，盡其所能復原殘書，所以很多文疏他也忠實地將作者保留，當中不乏川地小有名氣的文人手筆，如程宗洛、彭韜、彭賓、梅信天〔註63〕等。請地方鄉紳撰寫科儀文疏相當常見，但這種情況多見於專門為了某人某事撰作，似不見成為公版留用。與文士作者很大不同是，道士造作的文檢通常更能反映信仰與靈機的奧祕，這方面陳復烜的體悟透過注釋，即透過小字旁註的方式交代典故、出處，很好地向我們做說明。如讚太上老君：「金液鍊形（清靜經）。玉英孕秀。得一二三生生之道。（道德經）顯八十一化化之靈。（啟聖集）……」（一—1，2a）括弧內的經名典故是陳氏所注，顯然有對後世道士提醒教育的意思。

三、《靈寶文檢》

署為「靈寶中盟祕籙南曹執法真士金體原編輯。古零步雲房重修。晉熙後學陳復烜含樸重校。」《靈寶文檢》雖在道光庚子年（1840）初刊，但陳復烜在道光五年（1825）便已完成（據自作序）。根據序言，陳氏仰慕高道金體原

〔註62〕批評如「州境訟獄極煩，雖箕帚豆觴銖金尺帛之微，罔有不訟。」（《涪州小學鄉土地理》卷二政治門第二十課訟獄，頁416），案例又可見《清代巴縣檔案彙編》等。

〔註63〕程宗洛夔州人，明嘉靖鉛山知縣；另三位生平尚不詳。

繼承金、甯真人的《靈寶文檢》與呂樸菴的《定制集》多年，終得真本，於是加以勘正行世，以濟利世人。晉熙是綿竹縣的古稱。金體原可能是明洪武年間浙江道士金法銘，〔註64〕至於「古零步雲房」其人則尚不清楚。

今青羊宮出版《靈寶文檢》共十四卷，〔註65〕末四卷其實是後人所添，原本《重刊》時期的子目裡唯有十卷。全集以科事性質分卷，有齋與醮兩大門類，分有：黃籙大齋、九皇大醮、祈安保病醮、土皇醮、祈嗣醮、酬恩答款醮、答報天地醮、平安清醮、禳煢謝火醮、祈晴禱雨醮、殄禳蟲蝗醮、謝雷霆醮、玉籙血湖齋、金籙受生齋等等，地方與民間所需，大致都能照顧到。後添的四卷多是符篆類，是搭配文檢（或本身就是一通文檢）的道場必用。

陳復烜之於《靈寶文檢》既非原創又不是修訂的第一人，但他的貢獻並不僅在讓書本修復重新問世。他制定了「重刊道藏輯要靈寶文檢凡例」（總目錄，9a～13b），這是陳氏綜合《定制集》與自身經驗寫成的注意事項，這個加強版既周到又細緻，至今仍相當有參考價值。此外他也參與了部份的編修，將《靈寶文檢》調整形塑成適合四川當地《廣成儀制》使用（甚至是專用？）的文檢，如凡例中提到「今採雅俗以及陳公仲遠作述，刊入備用。」（11a）；卷二〈黃籙大齋正告牒劄〉之「城隍關夫牒」題目底下註明有「見雅宜集」（31a）。另外本集對齋與醮的定義直接區分在白事與清吉事，即「陰齋」或「陽醮」，取消了從前「先齋後醮」的意涵，這點也與《廣成儀制》的使用習慣一致。可見若陳復烜對《靈寶文檢》的內容或編排做了哪些改變，那就是使其更適合於廣成科儀的運用。可惜還不能夠據此析分出陳氏的貢獻度。

《靈寶文檢》雖是舊物，原編輯者也非來自四川，但二仙菴版的刊本可能是清晚期唯一流通的版本（私人傳鈔或宮觀密藏不計），如現代台灣進源書局出版，題名為《道教文疏牒全集》為例（原抄本在民國十四～六（1925～7）大泉普濟壇抄本，抄寫者背景鄉貫不詳，是目前二仙菴刊版外另外可見的出版版本），除了幾處手誤，在內容上（特別是包括「陳復烜」與「雅宜集」的標註）是一模一樣的。很可能這個版本在清末就已向四川之外傳了出去，且可能演變成已不必要與《廣成儀制》搭配使用。

〔註64〕尹志華 2010 年，頁 45；MORI 2007 年，頁 371。
〔註65〕《靈寶文檢》有十與十四卷本，今青羊宮版作十四卷，卷頭中有七卷印作「重刊道藏輯要上清靈寶文檢」，餘下多標為「重刊道藏輯要靈寶文檢」。關於卷次的增補，可參考森 2007 年，頁 368～78。

　　《靈寶文檢》是四部文檢集中篇幅最多的，也因此它對單一科事所收錄的文檢類型，比其他都來得豐富。這個數量還遠遠不足以完整，對於有實用需要且有經驗的道士來說大概已足夠；一方面是重要不可少的部份大致都保留，另則是其實也可以在全書其他章節找到參考，這是道士養成中，講求貫通、聯想很基本的訓練一環，凡例中便提醒「文奏箋申狀牒有『同前』二字者，留心細玩自能聯絡。」（9a）這需要經驗與熟讀。〔註66〕

四、《歲時文》〔註67〕

　　題識全名為《二仙菴常住應用歲時文》，署「成都二仙菴住持閣永和沐手抄錄」，顯見其首次集結刊刻時間就在清末民初，〔註68〕與《輯要》工作同時，版面特徵亦相同。並且直到新中國時期還有少量修訂，是1949年後川地維持行科儀很重要的證據。全書共收28通文書，內容概分做兩部分：前15通為二仙菴與川內宮觀使用，一如其名歲時，是按照一整年的節令祝日例行醮事排序——與四川傳統的年俗多吻合，錄上科儀所用文書範本；後半部（13通）則分別為川內民眾（公眾事）或私人請託。就所行科事來看全為陽事——惟二的例外是為中元祭孤與軍後修齋，但兩件都是追薦類的公眾事，還是屬於冥陽兩利；這點與青羊宮等全真宮觀至今保持不在廟內做喪葬事相合。常行科事除了諸主神、祖師壽誕，民眾請託主要以禮斗、祈禳解厄與皇經為多，也與今日相似；另外尚有各種香會組織（如太陽會、月斗會等）、年俗活動，表現二仙菴作為一方信仰重心提供信徒的服務。

　　本冊供正統的全真宮觀二仙菴內使用，故文中秉職就會使用「嗣教（小）兆」、「無上混元宗壇」、「臣係祖師龍門正宗大羅天仙狀元邱大真人門下　玄裔」等。但回應現代封面所示書名《靈寶歲時文》，還是忠實地反映出全真原本不善科儀，借用他派傳統的背景。實際執行之下，使用他派道法便必須請該派祖師臨壇，如請「祖師三天扶教輔玄體正靜應真君張　主盟」（26b），這

〔註66〕當然還要包括本文一直強調的傳承，因為即便如文檢也藏有隱晦陷阱，必須要取得了傳授資格才能得窺真正正確的堂奧。

〔註67〕本書影本得自森教授（2005年購於青羊宮），特此申謝。

〔註68〕文中自陳部份有作「大清國四川省西道成都府成都縣西門外五甲二仙菴……」、「中華民國」，後又有補版作「中華人民共和國」（5a），顯見成書後起碼有兩三次的更動，本經刊刻當在光緒三十三年（1907）之後，最後一次修改則不早於1950年。

種情況在《廣成儀制》裡屢見不鮮。此命名回應全真科儀源頭的說法之一，也呼應底下將要談到的，四川道士對科儀很普遍的看法——「天下科儀出靈寶」。

第三章 「廣成道士」：從科儀的角度看道士養成

3.1 傳統分類裡的四川道士

　　道士的修行養成具有多面向，歷來都有不少分類方式，如最常見的從外顯特徵：住廟或在家、全真或正一──請注意，這組分類並無絕對的類比關係；而這些粗略的區分，主要是從居處、生活飲食、服著、蓄髮等簡單的外顯特徵來看，常有不得當且誤解之處。〔註 1〕四川的方志〔註 2〕裡也能看到幾組不同的二分法，如：

> 巴縣羽流居道觀者，以「正一」、「龍門」二派為最多。正一出於天師，龍門出於邱真人。(《民國・巴縣志》，卷五 62b。文中有註解「採自巴縣道教會」)

> 分兩派。以鍊丹求仙卻老為主者，曰「丹鼎派」；以祈禱符咒療病為主者，曰「符籙派」。……大概分住各廟，斂財唪經司香燈鐘鼓而已，別有火居道士，率為人修建齋醮誦經禮懺，以超度或治符水禁咒以

〔註 1〕外顯特徵固然有助於區辨道士，也往往造成誤解。學界近年開始出現對這些成見的反省，如 Goossaert 2013，黎志添 2013 年。

〔註 2〕此四例皆成於民國時期（初版年各是 1939、1929、1936 與 1909）。明以前四川方志留存極少，今之所見率以清、民國為多（何金文 1985 年，頁 3），此處資料雖成於民國時間，但由於其編寫很多是承襲清代，在人物、釋道部分多為沿用改變不多，與清中後期差別不大；至於《成都通覽》則是作者在清末年的見聞，反而或更能代表二十世紀初期的情況。

祛病降魔符籙派之遺也。(《民國‧合江縣志》，卷四 38b)

敘永道教有「隨山」、「龍門」兩派。隨山派分住廟內司香火者約數百人，道姑數十人；龍門派有住廟者，有住家而為人禳災祈福者。實為職業之一，無所謂教也。(《民國‧敘永縣志》，卷四 15a ～b)

(成都)無室家者曰「淨居道士」，有家室者曰「伙居道士」。(《成都通覽》，頁 194)

這些分類無法直接使用的原因，主要還是因為判斷隨意，其指涉考慮都不夠明確。並且道士的整體生活、訓練學習是相當廣泛多面向的，很難只對他們賦予單一的標籤。究竟科儀也只是道士養成不可勝數的云云志途裡其中之一項，不可能兼及所有發展。在本文專注於探討行持科儀甚至是專精科儀的道士，或許可以暫時不旁及其他，而只特別針對此一面向。齋醮濟度是一門辛苦又專門的修煉之道，並非為所有道士所好，此外對有志於此發展的道士也有些先後天稟賦的要求，一路上有不少門檻必須突破，所以最後往科儀鑽研甚至進而有心得成就者，比例上並不高。

以今日成都周圍為例，受過基本訓練，起碼能夠上堂的全真道士約佔全數的十分之一(有能力行科儀的宮觀其比例會高一些，有的地方小廟還沒有獨立操辦的能力，可能僅有少數幾個，在這個基礎上請別的道士過來搭配或外出支援，慢慢累積實力)，至於高功則又約是能行科儀道士中的七～八分之一了。正一的比例則要高得很多，特別是近年年輕道士前來拜師，幾乎就是為了學習科儀(當然也有少數最後選擇了鑽研醫、命、卜、道樂等專長自養，或因為分工而改事後場籌備及打下手)。民初之前由於識字率不高經師〔註3〕人數又更少，以二仙菴來說，行科儀的道士也就只有一個班子(推測約就十數人上下；保守估計約是總人數的二十分之一)，要應付宮內及各方蜂擁而至的邀約，幾乎是天天都背著箱子出宮作法事。正一方面(以及其他道派的火居道士們)作法事的情形應較全真更活躍許多，不只是因為人數上的優勢，還考量了業務對象範圍涵蓋更廣。但由於資料不足，尚不宜對行齋醮的正一(及其他火居)道士的規模驟下評論。不過全真不承接七七內喪事的規矩，在昔日基本上還是被

〔註3〕成都道士對上壇參加科儀道士的稱呼隨意，並無固定，「經師」「經班」「龍虎班」這樣的叫法我都有聽過。

切實遵守，全真與正一經班的儀式服務還是有清楚的劃分。〔註4〕

　　這批在四川行道教科儀的道士，傳統研究上對他們主要有兩種分類：「火居」與「住觀」、「行壇」與「靜壇」；這兩對二分法基本上可以完全對應到正一與全真。住廟與否的區別很明顯承自民間的普遍看法，並不拘於能行科儀與否。至於行壇與靜壇，這組稱法也見於川外的一些地方，看起來有泛用的一面，然而在四川這裡的用法卻是歷史悠久且指涉明確，針對行科儀的全真與正一道士，所以這裡我認為可以直接把它們當作猶如專有名詞般來區辨使用。〔註5〕根據道教音樂的研究者們對此下的定義是：

　　　靜壇音樂〔註6〕〔註7〕：又稱道觀音樂。川西道教音樂的流派之一。
　　　即四川西部地區全真道觀中那些以觀為家、頭上挽髻、身穿道袍、
　　　不娶家室、注重清修的出家道士（即全真道士）掌握的音樂。

　　　行壇音樂：又稱道壇音樂。川西道教音樂的流派之一。即四川西部
　　　地區城市、農村中那些身居家中、平時如俗人打扮、有妻室兒女、
　　　注重行藝，並以齋醮活動為業的在家道士（又稱伙居道士）掌握的
　　　音樂。

　　這個分類主要以道樂的風格演繹、壇上做動的文武表現來區分。靜壇派是在宮觀裡作法事的全真道士，所以「其風格典雅莊重，殿堂氣氛濃厚。」至

〔註4〕 本段所描述融合多位道長口述，清末民初的情況則是根據道長們轉述聽來的師祖輩們的回憶。二仙菴雖然經師不多但工作量大，所以民初時有「二仙庵肥死人」的說法，暗示民間對僅僅一隊經班承接了大量法事，帶來豐厚進帳的想像。（楊錫民 1984 年，頁 40）

〔註5〕 「靜壇」與「行壇」這組詞彙確實看來普通常見，論文口試時諸位老師對也提出豐富的田野經驗，提醒我這不是罕見的用法。然當我重回到成都，試著在多種情境下交叉詰問，得到的回覆都顯示，在川西的道士有意識地以此分別全真與正一，使用時貼合語境方言，清楚表現出視作分類詞彙的態度。我相信名詞使用必然有許多情境，這組詞彙應有擴大比較的價值。

〔註6〕 此兩段引自《中華道教大辭典》，撰寫人川音甘紹成教授。該詞條雖以音樂為主，但解說清楚明確，門派與音樂可直接等同，故採用之，亦可見道樂研究對四川科儀研究的先驅與貢獻。使用此詞條主要是因為其說明雖簡單但精確，沒有有疑義的衍義；當然後續還是需要補充其他學者的意見。道教音樂研究自成一個領域，實非多看多聽即可貫通，特別是樂理與風格分析，並非筆者強項，難以清楚甄別，在書寫上會較依賴現有的音樂研究。

〔註7〕《中華道教大辭典》中還有一條「善壇（或「堂」）音樂」。是指川西地區城市、農村中一部分信奉道教的慈善會成員掌握的音樂。（頁 1600）案此條惟出現於此，未見於其他四川道樂研究中。

於屬於正一的火居道士展現的是「民間道場音樂，其風格較明快活潑，有濃厚的民間世俗色彩。」〔註8〕在道樂成分來說，靜壇派以清代從湖北武當與北京白雲觀傳入的「十方韻」〔註9〕（在此又稱「北韻」）為主，行壇派所傳音樂則是被認為由創始人陳復慧所傳下，以細膩見長的「廣成韻」，又稱「南韻」。南韻由於原本是清代川西流行的地方韻，吸收了許多地方歌謠戲曲、清音、川劇等（也融合有各省移民帶進來的曲調），很為四川民眾接受，後來靜壇派也部分採用此調，便漸成為十方韻與廣成韻共存兼用。〔註10〕目前的使用情形仍是如此，各廟各壇有自己傳下來的習慣，十方韻與廣成韻仍然兼用，但使用比例略會不同。〔註11〕

到了實際上壇行儀，兩方道士都使用《廣成儀制》，除了服著（法袍、髻式與冠）的不同，觀者臨場多少能感受到些許「靜」與「動」的區分，可能是動作的秀雅與豪邁，或是樂曲的徐緩與響亮。固然每位道長在演禮上會帶有自己的特色，如嗓音動作表現等，這裡的區別是基於整體傳承和教學上形塑而成的風格，相對來說的兩種壇場氛圍。此外，入壇、秉職與壓朝版等步驟，也是較容易看出差別的細節。

就樂器演奏來說，靜壇的壇場上只以「細樂」（或叫「小樂」）呈現，通常以笛子、鐺子、鉸子為主奏樂器，或再配以音色柔和音量較小的樂器。〔註12〕壇上視人員多寡可能有多工分配，概分為：笛子曲牌、法器牌子、鐺鉸牌子三種。行壇上除了使用「細樂」〔註13〕還會使用強調大鑼大鼓剛勁洪亮的「大樂」（有嗩吶、鑼鼓兩種牌子）。〔註14〕樂器中值得注意的是「二星」，它是將兩個厚薄不同的鐺子並排綁成一對的手持敲擊樂器，因為敲擊起來有高低兩個音而得名；筆者在田野中常常聽到道士們說起這是廣成獨有的法器，允為區

〔註8〕蒲亨強2012年，頁191。
〔註9〕「十方韻」主要指在宮觀傳唱的全真道樂，現流行的約有60多曲，其中就有56首出現在《重刊道藏輯要‧全真正韻》之中。（劉紅2009年，頁290～1；蒲亨強2012年，頁191）另外音樂形式出版可參考李豐楙編輯導讀之《全真道教經典音樂全集》。
〔註10〕劉紅2009年，頁290～6。
〔註11〕已目前的青羊宮為例，做早課時用「南韻」（如虧子韻、二郎神……）而晚課則用「北韻」（如下水船、單／雙吊掛等等）。有的常見曲牌南、北韻都有（如最常見的小贊韻），這時就看當堂怎麼決定，不過多用南韻。
〔註12〕概有笛子、提鐺、鉸子、二星、小吊鈴、碰鈴、搖鈴、中／小木魚、堂鼓等。
〔註13〕在「行壇」中則分作鐺鉸、笛子套打、絲弦套打、絲竹套打樂隊四種。
〔註14〕劉紅2009年，頁303～4。

分廣成科儀的一個特色。〔註15〕（圖5）

「靜壇」與「行壇」的區分從名稱上就很有鮮明的既視感，容易讓觀察者理解：靜對動、文對武、肅穆對熱鬧、宮廟對市井等等，這可能就是最初命名的靈感。樂曲樂器作為區辨的重點，得益於中國道樂研究累積的豐碩成果，也大大助益科儀研究本身。好比靜壇／行壇這樣的稱呼在早期學者們的田野工作中即已採得，並非當代研究的發明。事實上，這組稱呼的歷史可能與正一「廣成壇」的生成一樣久遠。在《廣成儀制・原序》裡提到有「光緒十一年有溫邑行壇弟子董圓青」〔註16〕這樣一位傳人，顯見在當時已是個既定的稱法。目前，靜壇行壇的使用似乎多在道樂學者的論著中出現，以筆者的經驗，道士之間很少使用（若再細究，則「行壇道士」使用機率則稍多），但若試著在言談間使用起來，也沒有感到遲疑困擾，但一般信仰者或居士就會感到陌生。

在科儀裡，「靜壇」與「行壇」這組比較詞彙並不罕見，在其他的省分也曾以不同意義脈絡出現過，略有指涉不同。〔註17〕然而本處除了指承襲既有四川道樂研究的觀點，我確實也能夠從口語閒談間，並且是貼合語境方言，確認靜壇行壇作為傳統、群體分類被使用著。此使用方式或還不到專有名詞的程度，然作為有意識劃分兩個群體：全真宮觀與廣成壇道士上，還是很清楚的。

另外，在民間的火居道士還有「廣成壇」與「法言壇」這組重要的分類，他們雖然都是火居道士，在道法上的差距反而要大過於全真與正一之間。一般認為廣成壇道士即是受陳復慧廣成科儀傳承的正一派道士或是俗家弟子，他們尊陳氏為祖師，以溫江蟠龍寺為根據地，並在每年陳氏誕日返回蟠龍寺謁祖塋（此習慣現已不存。陳氏塋墓據聞仍在，但乏人管理可能已頹圮不容易尋找。有聽聞整修復原的規劃，但還沒有付諸行動）。「廣成壇」雖然是川內

〔註15〕事實上四川壇門法言壇也有使用（感謝徐菲提供資訊）。在台灣，筆者僅見於展覽圖錄中，（名為「雙音／陰陽鑔」，《道教文物》，頁195），但多方詢問都沒聽說有在使用。

〔註16〕董圓青生平不詳，僅知為廣成壇的行壇派弟子，曾致力恢復祖師陳復慧的墓塋，後來可能管理溫江蟠龍寺。廣成壇道士的道名行字亦採用龍門派詩，其名以時序來看（1895 A.D.），與全真「圓」字輩（第十九代）確實重疊。

〔註17〕特別感謝論文口試時諸位老師分別提出豐富的田野經驗，提醒我這絕不是罕見的用法，讓我有機會在返回田野時，針對這點加強細緻的區辨。如「行壇」除了作為群體認同的詞彙，或也可當作「我行這個壇的傳統」動態的自謂。文字使用變化多端，很值得細細玩味。

規模最大的道士科儀群體，在組織和傳承上其實卻可能很鬆散，或是說缺乏強制的認同組織；所以是否已自成一個有規模組織的「壇門」（特別是相比於法言壇）〔註18〕還需要更多釐清。在四川行廣成科儀的正一道士，雖然會稱自己是廣成壇的道士，但他們卻不見得以此作為最基本（常用）的自稱；〔註19〕他們其實還各有壇號，壇場佈置無使用「廣成壇」，啟師秉職時也不見得使用。〔註20〕即使如此，「廣成壇」一名的起緣卻很早，一般相信它除了承接陳復慧的道術傳承，其實更可以說是被陳氏統合四川道教科儀的所有對象；也就是說，有一個會行使廣成科儀的正一道士群體應該是早於這個名詞出現。「廣成壇」成為一個專有名詞可能要到了區別「法言壇」的時期才出現。

「法言壇」一支獨秀於四川道教，在於它有非常獨特的創立與訓練背景。創始人劉沅（1786～1855）是清咸豐年間雙流人士，得過舉人，劉家在當地是極負文名的仕紳大戶。他在因緣際會下接觸道教，建立了以儒學為本的門派：「劉門」。法言壇在行使科儀上用的是劉沅自己造作的科儀書《法言會纂》〔註21〕，也就是這個壇門命名的由來。劉沅修習內丹、博覽道經後以擅長的儒學文學背景，發明了科儀書與文檢集，基本節次架構、科儀行持、祕法上多借自道教，也帶有些許佛教色彩，但特殊處更在於他們有自成一派的授籙、請師〔註22〕與修練教訓，所以並未獲他派道士的認同；只流傳在川西川南地區，沒有再傳出去。

〔註18〕「壇門」或有其他民間宗教的定義，在此援用歐福克的用法（Olles 2013 年，頁 64）。

〔註19〕如同道士修道之路多元，他們的自我認同隨著不同情境也是多變的。在言談間，筆者所記下較多的自稱有「正一道士」與「行廣成科儀」。當中所能反映的脈絡還不能很肯定。筆者在田野中所遇的廣成壇道士並不多，可能尚無法充分反映事實，另則，我還以為 1980 年代之後宗教恢復，在認同與傳承方面仍有斷層，新的認同和定位正在形成。

〔註20〕以筆者報導人的正一道長為例，他說一般主要以嫡系親傳的祖師為主，再來就是要看法事的性質請相關的神祇祖師，當然還有科本上所開列的神明。以壇號（指「廣成壇」或私壇）用於壇上、桌圍等裝飾作為判斷，在四川大概不是個慣習的認定條件（這裡不能肯定，不過筆者所見壇上僅使用全真「混元宗壇」與正一「萬法宗壇」還是確實的）。

〔註21〕卷首題「清訥如居士撰」，共五十卷。內容為劉氏撰造之科儀與文疏。現代商業出版見於《藏外道書》第三十冊。關於「法言壇」的研究，請參考 Olles 2013 與徐菲 2013 年。

〔註22〕劉沅在造作科儀書時，把從他自身起以上劉家列祖賦予神號，甚至還有神誥。對《廣成儀制》的校輯者陳復慧也給予了「天仙門下五品仙官陳真人（陳電師）」的封誥，此等尊崇在廣成科儀反不得見。（Olles 2013 年，頁 198、204）

劉沅在編造《法言會纂》時曾大量參考當時已廣為流行的《廣成儀制》，加之以吸收一般道樂與科儀規範，在臨壇的節次架構上頗有幾分像是簡化了的廣成科儀。〔註23〕民初以前法言壇在川西川南部分地區頗有發展，有些縣份的聲勢甚至還高於正一或全真。又因著劉家歷來政治、文學上的影響力，能夠進重要廟宇如青羊宮、青城山諸道觀作儀式，甚至有扶鸞活動，〔註24〕現在在這些地方還存有一些劉家所題贈的碑匾墨跡。行廣成科儀的道士們（正一或全真）皆表示知道有法言壇的存在，但自己是不讀不用《法言會纂》的，若有需要可以登壇支援法言壇的法事（任經師不任高功）──主要是在道曲上可以配合，而且法言的科儀比較簡單，但相反過來法言的道士是不可能上得了廣成科儀的壇場。〔註25〕目前法言壇以新津老君山劉家祠堂〔註26〕為祖庭中心，除了每年九次的例行法會，也會受邀為人齋醮。

從上面多組分類可見，對四川道教科儀的研究，因為從不同觀點切入，所以得出不同定義。其涵蓋範圍雖不致稱作盲點但仍顯得顧此失彼，或不夠細緻或不夠全面。「道士」這個身分是多元的，不論是道士自我認定的門派，清代官僚對這群奉道之士的理解，或從道樂方言來區分，研究者怎麼對之下定義，都是既對又錯的。所以我認為既然在此聚焦於廣成科儀的研究上，不妨先關注更大但明確的群體，即所有使用《廣成儀制》科儀本的道士們為對象，暫

〔註23〕 《法言會纂》其科儀書在內容上對《廣成》有諸多參酌之處，除了劉沅之孫劉咸炘（上引不再重複），法言的研究者歐福克也持同樣看法（Olles 2013 年，頁 62〜4；2020 年，頁 14〜16）。這點從科本上來看其實無庸置疑，不論是科目設定或是內容架構都可見痕跡，筆者還無緣親見法事，所以不了解實踐上的差異。

〔註24〕 劉家作為地方世家對宗教活動頗多贊助，所以他們可以進如青羊宮來做法會，但應不使用《廣成》科本。扶鸞活動則比較像是借用場地，青羊宮本身的道士是不參與的。對道士簡單的詢問得知，大概是都知道從前（1970s 之前）會有往來，但現在則幾乎沒有接觸了。

〔註25〕 廣成道士們對法言壇的評價，來自田野中的閒談，由於並未深入所知較淺。惟特別對法言道士不能上廣成壇這點，是所有曾詢及廣成道士（起碼有五位高功）的共同堅持。此外，關於法言壇與這些道長們的宮觀或祖筆有往來，他們都表示好像有這回事，如青羊宮的扶鸞（從說明聽起來有點像是借場地，供當時頗時興的文人扶乩活動，至於有無道士參與目前沒有證明）或曾與劉咸炘（指標性的文學人物）有唱和，但都只有印象淡薄的簡短幾句話。相較起來，當前與法言道士間互動可能已經相當稀薄了。

〔註26〕 劉家家廟之一，應位在名剎老君廟旁或其內。劉沅及其後人歷來對老君廟多有捐貲贊助，也是劉家昔日行慈善的據點，淵源一向深厚。（徐菲 2013 年，頁 108〜9）

時放下較小差異上的伕求——彼此間的不同當然重要，但目前更需要先描繪一個可能更有意義更完整的圖像。

3.2「廣成科儀」與「廣成道士」

本文提出以「廣成道士」來概括研究對象的詞彙為手段。主要是認為道教內道派、支派眾多，師承、傳統等雖都是必須要考慮的，但這些資訊往往隱諱不易詢問，而且這些又不一定與科儀有關。現階段對廣成科儀的理解還嫌薄弱，可以先不須過度地拘執在對門派細分。當我們專注強調四川道士們行廣成科儀的面向，將其他特質相對地忽略，可以發現因為共同使用一套科儀傳統，的確將他們圍出了一個（暫時）可以超越門派與其他修行考量的共同體，是一個在實際操作時自然便凝聚在一起的群體。這些有能力有資格行廣成科儀的道士，又特別是高功——有師承、有籙有戒（授籙或撥職借職）〔註27〕能秉職為基本條件，可以皆視為「廣成道士」。

所以我給「廣成道士」所下的定義很基本，凡被認可能行《廣成儀制》科儀傳統的道士，皆可以視作其一員。最寬鬆的人員認定，大概就是有作為經師（兩側龍虎班）登壇資格者。所以在能力上來說，他／她起碼須習得多於早晚課內容的經韻能力，使用簡單的音樂法器，口說流暢的四川話，粗識《廣成儀制》科本內容。在習道資歷來說，無論道派，涵蓋經師到高功的一切成員，道士之外甚至也可能擴及到訓練良好的居士。

「廣成道士」一詞還沒能成為既有使用的觀念或專詞，筆者認為是因為對《廣成》的研究尚少，其獨特性還未被充分重視。在本文脈絡裡很可以表現筆者所欲呈現的對象全體，既不只是全真或正一，還包括目前所知或還待細分的道派，也不可能以住觀／火居來簡別。更重要的是他們就是要在惟視廣成科儀的學習與實踐的目的上，才最能清楚理解之。畢竟就如本文所強調，成為一個道士及其養成都是多元而深沉的，無論從哪個方向切入，只是先側重一個面向作為逼近手段，都不完整。科儀的範疇下，我選取以認同「廣成科儀」為出發點，力求以最單純的方向，即實踐本身，逼近理解科儀活動的核心。

〔註27〕籙在田野中得到的訊息很少，簡單僅知，全真之中由於並無授籙，只有接受「撥職」，即借邱祖的職（表現在「秉職」與文檢上的花押）。正一道士往龍虎山授籙不多，川地普遍只由家門師門傳承（俗呼「受私籙」），主要根據〈天壇玉格〉。

　　「廣成道士」雖非既有研究理絡，也不是已約定俗成的說法；但筆者相信以此凡四川行廣成科儀道士為全體，暫且放下過分探求門派傳承時（請注意，並非是不探問），可以較多地呈現以地方需要形成的人事聚散，從實踐面來看儀式實踐的真實情形，百年來累積作用在四川形成的真實結果。

　　這個定義完全是站在專注於使用《廣成儀制》科儀書及其所規範的廣成科儀與否。簡單來說，可以想像成帶有屬地主義色彩的「本山派」〔註28〕概念，強調這套科儀固著在川內的流通使用。地方之內，道士不論門派，共同服膺這套能為大家共同承認，作為富含地方特色，又能滿足地方需求的科儀傳統。當然在以「廣成」作為最大公約數底下，也容許箇中表現不同傳承與風格的小差異。由四川地區行科儀道士共同鎔鑄，取得最多道士與信仰者認同。

　　「本山」派的概念其實並不獨特，如作為容易被聯想的「武當本山派」專有名詞之外，常常也帶有對某地有所本所依的意涵。當然以武當山道教來說，就是個完美的例子。武當山範圍之內的道士，為了共同行持科儀，形成一套兼採而獨特的統合作法。如對「武當韻」道樂研究的評論來看，在風格上它吸收了南方與北方的風格，所以既不生硬也不呆版。從門派來說，「武當道教就以博採眾家教理教義顯其特徵」呈現為全真、正一（此兩種合稱為「山上宮觀派」）、伙居（音樂風格稱為「山下伙居派」）的「三派合一」〔註29〕綜合體制。與四川道教內的交流情形很相同，武當山的道長們，無論全真或正一，不但可以同住宮觀、共演科儀法事，道場上配合良好，在生活上亦是交往深厚的良友；彼此間合作的表現上可視為「融會貫通的交往關係」。〔註30〕

　　帶有明顯地域色彩的「本山」概念，主要就是藉由風格建立與排他性的產生，取得劃定勢力範圍的優勢。此作法並不罕見，在各地都會出現各有的勢力範圍。類似的例子可見北京白雲觀，白雲觀作為十方叢林，雲水往來頻繁，常有留不住優秀科儀人才的苦惱，清末時住持孟永才為降低游方道士習得科儀便離開的問題，放棄原本使用的各地通用「十方韻」，改用不同於其他地方的

〔註28〕這個解釋的靈感來自與南投太和山張道長聊天。張道長學自武當山，他解釋整個武當山有這麼多的廟子這麼多的山頭，門派各異，教誨和修練也不同，但是為什麼還是可以合在一起作科儀，就是因為總的有一個稱作「本山派」的科儀傳統，亦即道眾平日可依各自傳承有不同修習，但說到科儀就只能做「本山」（可理解為以我武當山為本）的東西。

〔註29〕在史新民1990的研究中，他把「本山」的所有成員還細分成：全真—應付—火居，以居住位置、作法作出有階序性的層次。

〔註30〕王光德等1999年，頁51、64～6。

「北京韻」，如此道士便因為無法適應其他地方而專心留在白雲觀。〔註31〕

　　四川之內的「本山」也可作如是觀。以川內的《廣成儀制》為主要（甚至是惟一）文本的所有道士，彼此間互相認識，可以共同上壇行持廣成科儀，共有一定搭配默契與對科儀的理解脈絡，便是本文認定的「廣成道士」。在本文脈絡裡，「廣成道士」確實是一群可以辨識的，川地行道法科儀的道士們。這個身分識別雖在狹義的脈絡之下才有意義，即專對在廣成科儀上，但恰恰能展現本地儀式活動的特殊性。

　　確實，事實上其他的認同標籤，如全真／正一，靜壇／行壇，龍門／龍門碧洞等等是遠高於此的，因為這些涵蘊著道士長期多元的養成。科儀既然只是修道之一途，其實廣成道士也只是道士諸多群體認同之一種，而且這項認同劃分側重的是實踐面向上，因為需要的聚合。然而反過來說，因為它專對著行科儀的角度，此團體便完整地反映著所有實踐廣成科儀的觀點、做法。所以提出一個「廣成道士」作為一個（臨時的）認同的共同體，是很實際的。確實我們在田野間找不到自稱「廣成道士」的道士，然而在口頭上道士會說「我們行廣成的……」如何如何；壇班成員的挑選，不是根據親疏、道派，而是考量能否一同演法。很清楚顯示道士們接受屬於四川這塊土地上以廣成科儀為共同科本的認同，所以在實踐上可以組成跨越門派傳統等等的科儀認同群體，彼此合作沒有窒礙。本文提出將「廣成道士」作為一種群體認同的詞彙，雖然論述還不夠成熟，然而我們可以清楚感受到，這個觀念的提出，是很自然地從田野中與道士的互動觀察裡浮現的，因為事實上他們的生活確實如此。

3.3 廣成道士的互動交際網絡

一、「廣成不出川」

　　在前面的小節已經說明筆者之所以提出先以「廣成道士」為整體討論對象的原因，實在於《廣成儀制》這套科儀書確實為不同門派傳承的四川道士共享共用，他們不但都使用這套科儀傳統，在表現上也大致相同，彼此間並不因門派有別而無法互相了解，往往還互相合作。

　　我將這樣的理解方式，類比作帶有屬地主義色彩的「本山派」概念，強調

〔註31〕張鴻懿 2001 年，頁 410。

一套科儀固著在特定區域內流通使用的現象。該地方之內，道士不分門派，共同服膺一套能為眾門派共同承認，富含地方特色，又能滿足地方需求的科儀傳統。這個過程很可能是呼應著前面提到湖廣填四川所帶來大量移民在地化過程的一環，各省移民從一開始強調原鄉群居與守護神，慢慢拋下太原鄉以致格格不入的特質，尋求融入大團體的新共通點。移民信仰者也努力找出符合四川風土需求，能合作互通的模式。當然結果就極可能是由道法深厚豐富而深孚人望的高道陳復慧，統整集結留為範式；在神祇崇拜上，深具地方特色如川主、梓潼、楊泗等也取得更高的地位。當然在廣成的最大公約數底下，也容許箇中滲入不同傳承與風格。由四川地區行科儀道士一起鎔鑄，取得最多道士與信仰者認同，讓廣成科儀在四川扎根普及。如果說造成此現象的手段是類似於「本山派」的約束意識，那麼其結果，可以套用當地的一句俗語「廣成不出川」以完美具現。

這種內聚而成的地方性是中國常見的現象。其優勢是構成當地道教科儀的統一性，團結使聲勢壯大，成為主流。就廣成科儀來看，可以說整個川西除了法言壇傳統之外，道教科儀咸行此法。這個認同除了科本的限定，主要還有語言（四川官話）、道樂（北韻、廣成韻），當然還需要四川之內廣成道士長年互動合作構成的人際網絡，逐漸形成的同一性與默契。

如此不但道士們承襲這套科儀書的操作與分類，甚至信眾也已熟稔、接受它們。道教儀式並非只存在道士言談或方志筆記，日常生活中大批的信仰參與者，也用自己的方式解讀、記憶著，肯定廣成傳統在川地維持本山的堅固地位。特別是年長退休的老人家，他們會花較多時間留在廟子裡，從不錯過附近的任何法事活動，甚至會拿板凳喬一個好位子觀賞整場法事，熱心地交流信仰與靈異的經驗；也常常經由引述道士的說明（如介紹法事性質，說服信眾參加）、預測法事接下來的步驟（如在「貢天」時算好時間自動地上前來幫忙點大量的小燭；在「開光」後急切地上前爭取壇上用剩的水），甚至是評論該場高功的表現（說唱、手勢、精神等），來展現自己對廟子、科儀的嫻熟，很能感受到年長信眾對法事有較多的主見。〔註32〕

據知在 1949 以前的廣成科儀的確不離開四川的範圍，極少數聽說過的例外，也只外徙到四川周邊（如隔鄰的雲貴陝鄂，但靠近四川的縣份），這些據點

〔註32〕主要是筆者參加法事中的觀察（相對來說在正一道廟反應較熱烈），老人間的意見交流緊湊多元，相當值得繼續延伸討論。

（壇口道寓）的師承來歷多少還說得清楚，最重要是方言可通之地方。可見有語言與道樂的共同背景仍是被接受的主要考量。宗教改革開放後的九十年代，四川地方由於恢復有成，吸引許多其他省份的道士前來，也使不少學成道士改往其他地方。新血道士一旦學習廣成科儀，並使用四川話，便可以輕鬆融入，一般不見有什麼排擠問題。肩負著廣成科儀傳統的道士們，去到了其他的地方則開始面臨不同的選擇。道法與資歷深厚的道長可能是受託到其他地方主持道務，他可能會試著將廣成科儀帶進當地，也很可能因為缺少能配合的經班，孤掌難鳴，還是選擇配合當地原有的傳統；後者的情形也往往是未來計畫返家鄉的外省道士的擔憂。另一種傳播則是取經式的學習，如台灣本沒有全真道的傳統，科儀更是完全空白，﹝註33﹞上個世紀末開始有道士前往中國拜師甚至出家，在當前道教發展的現實情境下，恢復良好的四川是很多台灣人的選擇，較諸中國其他省分比例高。目前台灣已有多個道廟團體、道院道壇自四川學習歸來，有多年累積在地方小有發展了，當然他們使用的也是《廣成儀制》科儀。﹝註34﹞

二、「對馬口」與「合經」

　　廣成科儀極為重視唱誦表現，道士們上壇演法觀眾首先注意到的也是唱詠曲韻的合諧優美。對於有能力培養自己經班、樂隊班子的子孫廟或正一道壇比較不成問題，若是成員來自四面八方的十方叢林，或不同來歷的道士間有需要互相配合，便會因為彼此傳承的差異，在曲韻（如起韻或選擇曲牌的習慣）上有不同。為了避免實際登壇時出現不同調的窘境，事前就需要討論、確認，針對流程變動、起韻、曲調做的事前確認、彩排，昔日有個專門的稱呼——「對馬口」。

　　「對馬口」一詞由來不明，最直覺的聯想可能是因為一般將正式科本之外，道士暗記標註、抄寫誦咒祕法的本子叫作「口工本」。此外，應該也是跟

﹝註33﹞蕭進銘 2009 年，頁 240〜1。

﹝註34﹞如關帝廟的高功道長約自 2007 年起往四川老君山學廣成科儀，由於時地限制改為每一兩年只能過去數週時間化整為零地學習。他負責廟中經班的訓練，由於廟上歷史發展與成員幾是居士的原因，壇上使用國語並唱十方韻（廣成道士是贊成應該使用方言來展現語韻，然而實際表現上並不總能順暢。用十方韻是早期發展所致）。關帝廟現是高雄市全真道教會會址。高雄關帝廟並非筆者田野重點，由於地緣關係開始有接觸，是有意義的對照組。關於它的發展背景可參考彭嘉煒碩士論文，2013 年。在台灣已陸續有廣成的經班出現，雖與地方的連結較弱，亦開始得到聲量展現影響力。

四川的方言有關，特別可能與民間戲曲用語，如就甘紹成對「行壇音樂」觀察研究，「熟記各種法事中的音樂起止叫作『記馬口』」（甘 2000 年，頁 496）可知這項步驟是關於道場上音樂與行動進止急緩的確認。這個舉措其實並不常見，今日則似已不使用。主要的原因是從前（口語指涉不明，推測是 1960s～70s）四川從事科儀的道士並不多，彼此間常早就熟識，建立好合作默契，甚至是全真與伙居正一間在曲韻上也很有共通，所以很正式地彩排一次實在不多見。所以若是沒有特殊安排，通常只需在兩班人馬第一次合作時稍加討論安排對馬口，之後也沒有必要。

　　既然對馬口是不曾合作過的團體內的預先討論彩排，那麼發生的歧異要怎麼決定？自然是由高功來決定。高功在諸多段落會起到起韻、丟腔、領唱、獨唱的角色，加上高功是整場科儀行進的主導者，也最能掌握科儀精神，理解最深刻，理當由他來定調。當然有時高功也會少數服從多數，特別是受聘到別人的場子上，就會尊重對方的偏好，「人多決定，嗓門大」。不過一旦登壇，高功站在了面對神明的位置而背對經班，此時若出現失誤亂了套，指揮的工作常常就落到了龍班（左）首位打大鼓的道士身上，他通常也是壇上的第二把手，藉由他敲擊鼓聲的節奏，提醒並重新引導道眾回到原軌。

　　說到現在道士間已經不再「對馬口」，除了因為行廣成科儀的道士彼此間多已熟識，主要是 1980 年代起宗教改革開放，當時復興科儀的指導師資有限，初期又多採取集中教學，使得目前的科儀表現較諸以往顯得貧弱又統一。但即使一開始重新傳授的源頭有限，經過時間空間的傳遞，特別是口傳心受這樣的方式，慢慢還是出現了一些小傳統的恢復，在各自山頭或個人表現上難免開始有了不同，〔註35〕這只是使用習慣的問題，幾乎不會造成困擾（因為最大的差異還是在於於高功自身的變動）。一般以為，搭配上最需要協調的還是在唱腔，但也不需要太嚴肅的調校，稍有經驗的道士到了第二場時就可以變得過來，甚至「靠經驗，音樂一下便知道」。筆者便多次見到不同來歷的道士在私下閒談間，就彼此所習唱腔、動作討論、比較，過程常常是大家聊著聊著就唱作了起來，熱情地比較交流、印證所學。

〔註35〕近年隨著各地（不同派別；跨省份，甚至跨國的）道教間的交流，以及各山頭間潛在的競爭心態，近幾年的科儀又開始出現差異。較外顯的特徵在服裝、佈置器用文書，動作走位，到花腔樂器，開始變得華麗繁複。這些證明了近年道教的投入人口、注意力增加，也出現新的詮釋的爭議。其牽涉的範圍更廣、細節更多，值得長期觀察討論。

「合經」在概念上與對馬口相當相似，都是指行經班成員聚集在一起針對當中的樂韻、步驟等討論調校。然而合經更強調日常間的訓練，班眾進行排練、加強整合，使臨壇表現上更嫻熟有默契。整個的過程大概是經班或有志學習的人員齊聚一堂，針對常用曲牌複習，加強不夠純熟的部分，也需要學習排練新的內容，接著將要上場的科目，當然是加緊練習的重點。

固然有道士是出了家／拜了師終其一生都在同一個廟子／壇班裡活動，但也有不少道士曾經各方雲遊、掛單過多個道觀，有多個師父的傳承。因為不同道士們在法事配合上可能會遇到各種問題，於是曾經合作過的道士間，很容易組成潛在的人力支援網絡，是當一個道觀壇班需要臨時人力時的好選擇。比如曾經在青羊宮與鶴鳴山都修道過的某位道長，目前雖然遠在重慶鄰近主持一間小廟，卻很常可以在成都周邊多間廟宇的法事上見到他的蹤影；為了維持道觀生計，他經常往來成都一帶支援法事需要，總是在大節日來臨前提前在自家廟子裡先做儀式（照顧地方信眾），到了正日子（節慶當天）就受聘來成都幫忙，在這幾個地方登壇對他與其他經班成員而言都沒有適應上的問題。另外如青城山，山區內有多間道觀在師承上相近，加之道眾較多，道觀間通息密切，便傾向山內人員整合來滿足需要。山里的道士們很容易就能因應需要組成不同規模的經班，甚至可以臨時接到電話就信步前去支援。

正一的廟子也會請全真的道長、或受全真科儀訓練出來的居士一同上壇幫忙，除了搭配上沒有問題，主要還是彌補目前正一道士不足的情況。相較之下，由於四川境內並非所有正一道廟都行廣成科儀，某些情境下他們也可能會請正一的師兄弟來行正一的其他科儀。如報導人之一的正一派道長，在他的廟子開光典禮上，也邀請了幾位這樣子的師兄姐（來自蒼溪縣西武單（或西武當），他們往龍虎山受籙，也使用龍虎山的科儀科本），醮典上雖然主要行廣成科儀（由他本人與另一位外聘的全真道長任高功），也規劃了請他們作正一的法事（該堂以三法師形式登壇，該道長親自司鼓，有後場樂師搭配但在場其他廣成道士則未上場），兩種傳統分別登場的時候，就可以看出道樂、經師後場準備都不相同。至於與民間壇門法言壇雖然儀式有所不同，但若「（法言壇）需要道士比較多，也會請廣成的來幫忙。」〔註36〕；不過相反情況下，廣成科儀並不會請法言道士幫忙，實在是因為兩者在科儀的繁簡與對道士身分的要求仍不同，一言以蔽之，「因為傳承差太多了」。

〔註36〕徐菲 2013 年，頁 119。

三、道士間的人際交際網絡

　　無論出家與否，作為修道之士以外，他／她也還是個食人間烟火的社會人，必然有其互動的人際網絡。道士作為一個人生活交際，與行科儀道士間的彼此往來，是他親友圈裡的一環。「廣成道士」是道士身分的其中一環，以此觀察，就是他還有多於一般道士的一層交際網絡；即可能因為行持科儀，帶來一些新的標籤，產生與各方道友或齋主善信等的互動聯繫。人際往來多重複雜，相交的友朋五湖四海並不封閉，如陳復慧生平與儒士官宦甚至是僧人都相往來，代行科醮或文字唱和，這種情況相當平常。本段嘗試以科儀活動的角度，提出以廣成、儀式為關鍵字的「廣成道士」的人際往來，這個關鍵詞固然凝聚了一種交遊網絡，並不是功利或單向度呆版的結合。

　　最直接的交往圈子就是共同行使廣成科儀，特別又是曾經一同登壇的道士夥伴。基本上能夠彼此認同為廣成道士的一群人，才是有法事需要時會互相支援幫助的夥伴，這點在屬地主義明顯的四川廣成傳統情況就是如此。以上一節提到的正一道長為例，他同時擁有廣成與其他正一的科儀傳承，當要行一場法事時就可以選擇以廣成或正一的型態，一但決定性質，就決定了他可以／必須與那些成員搭配。如果將行的是廣成科儀，他組織經班成員可以來自他的弟子、熟識的全真廣成道士，到來自全真宮觀訓練熟練優秀的居士，（他絕對也可以請來習廣成其他派別的正一／火居道士，不過這樣的例子我還沒有見到），因為有著共同的儀式語言，在搭配上不會有太大的差異；相反的，同是正一的師兄弟姊妹，因為沒有習廣成，即便過從甚密，也沒辦法在這場法事上幫上一把。這就是科儀傳統認定的重要性。

　　以廣成科儀為關鍵字構成的群組，很實際的幫助便是構成了科儀人力供需網絡，在有需要的情況下，知道向哪裡尋求支援。其中成員也並非如派遣工那般惟身分能力是認，彼此間還是多為熟識互有往來的，曾經愉快合作過的，甚至起碼是經由信得過的道友介紹，我認為信任感在其中還是重要的。經過長久合作，在搭配上顯得融洽的夥伴，則是最令人滿意的選擇對象。

　　群組之內多半以地緣關係最被看重，交通方便或能夠快速前往，對敦聘者或受聘方都是重要的成本考量。拜今日交通便捷所賜，我認為聘請廣成道士的移動範圍有所擴大，如以陳復慧主要往來於成都、溫江、青城山一帶（目前這些地方即使是公共交通也縮短到僅需兩三個小時）來比較，現在常見的移動範圍恐怕大了數倍數十倍不止。因為能力因素，高功又尤其是優秀有名望的高功，

往往還會受聘到更遙遠的地點（這裡指的是川內有需要時的支援移動，省際國際性的宗教交流暫不討論；事實上高功受邀外出演法的頻率是很高的）。以我所見，川省之內多個城市間，又特別是成都—重慶間往來情形頗為不少，第六章所舉事例禮請整團道士到外省打醮（私人非道協活動）索價較昂但偶有發生，或已移居外省的知名廣成高功，也常能看到應邀回川為齋主行道上章的消息。

這些道士在不行科儀的平日，作為道友良朋，其實也有交際聯絡，其互動言談當然常有經驗交流，不以科儀為限。有關法事的話題極多元，從個人閱歷到傳承比較，但多屬閒談，不存在較勁刺探也不太有系統性。平時間除了一般的往來走串，我發現或許還有一種更深刻的結盟方式——「結親家」。所謂的「親家」是擬親屬式締結關係的方法，就像是傳統漢人的拜乾爹乾媽，在道士間指的則是收徒（也包括俗家弟子）或收彼此孩子弟子為徒。如同人類學親屬制度的研究向來複雜難解，層出不窮的可能性讓「結親家」這種擬制難以定義。以筆者在成都的見聞，最寬鬆的解釋是，讓家裡／廟中子弟拜道士為師，如此師父與弟子一家（／弟子的本師）便有了一層親屬的關係，師傅與弟子的父母便會互稱「親家」〔註37〕。

較親密、資歷深對象的增加，也意味著得到指導、資源的來源可能增加。我便見過數個例子，作為弟子的道士從師輩或乾爹那裡得到新的傳承、道法，內容也不見得侷限於廣成，同時也有助於他擴展交際圈子。有一個特殊例子想再細緻地描述，這個擬親屬締結時弟子還很小（約國小低年級），就是雙方「家長」做主的意思。兩方親家背景頗特殊：正一派道長家的兒子拜了全真龍門派的道長為師（兩位道長雖同姓氏，並沒有血緣關係，都是知名高功）；兩位道長原本私交便好，平常時也有往來，更聽說兩邊在從前的師輩子就有交情往來，若談及專業交流也不見遲疑或避諱，不過我並不確定在科儀上有合作。

從我第一次見到這位小朋友時的活潑幼稚，到後來雖還不能上壇卻已長成對儀式活動頗有見地的小大人，與其他師兄相比，跟在父親身邊的訓練明顯較細緻。〔註38〕兩位親家道長曾經有分享過彼此在廣成科儀上的收藏，雖然因為各

〔註37〕擬親屬的成立固然是兩方關係的聯結，但是否所有這樣的關係下，師父——家長間都會如此互稱則不能確定。本節所舉的例子（即筆者在田野間所有見到的情境）其實都是出現在長輩決定而非徒弟自主的狀況下。

〔註38〕誠然這個例子最吸引人的就在「親家」雙方來自兩個不同的四川道教科儀傳統，但這個締結其實是很私人的，完全是基於雙方私交甚好。兩個傳統間無芥蒂的自在交流，也表現在四川地方道法合作和科本流佈的開放素習。目前還

負傳承，其實並沒有使用對方贈送的資料，我想兩方關係已經是較諸多數情況來得親密信任；雖然這樣的深厚交情不一定會以結拜、結親家的方式締結出來。

此外，我還認為行科儀的廣成道士與信眾有較多的互動。行持科儀時需要面對齋主與一般信徒香客，道士們常須面對信士的種種徵詢，給予法事建議或解說。歷來舉行齋醮法事對宮觀道壇都是極大的收入，[註39] 維繫長久往來的大功德主是很必須，道士也常需要擴展自身的追隨信眾（當中不乏發展成為拜師、結親家的關係），藉以得到更多的支持。特別是近幾年政策法規鬆綁，一些有志復興營構新廟子的道士，對此比較積極。近年網路訊息發達，高功道士利用網路（網站如微博，通訊軟體如微信）預告通知信眾即將舉辦的法會，線上接受報名，由於傳播廣遠提高不少收效。更有甚者，利用即時的消息傳布更新，提醒信眾趕赴過來，或是提供無法親到會場的委託齋主觀看法事的行進直播。新型態的互動方式，成效明顯，對信仰型態有所改變，很值得持續觀察。

3.4 壇班成員：職司與養成

承續本文中對「廣成道士」的定義與關注，這些被認可能上壇的壇班成員，是不究身屬道派法脈、籍貫師承的各方道士（居士的問題先不討論），因為登壇的標準是專注在能行廣成科儀與否。道士學習科儀、成為經師是自願的，或許存在經濟等現實考量，但道士們主要還是因為興趣、對科儀的認同而開始接觸。不同傳承，也包括其時廟宇道壇的實際情況，教學與進度會很不同。大抵初為道士（其實應該說從身為道童，或拜師後冠巾前的考核期）開始接觸的科儀以早晚課、朔望日為主，這時還不具備有能登壇的資格，然後逐漸增加對道曲道場運作的了解，直到了可以任經師的基本能力，所需時間大約是好幾個月，甚至半年一年以上不等。

廣成科儀中，壇上兩側經師除唱誦經文，隨著次第、節奏運用法器樂器，

不清楚在四川類似的案例有多少，但不是首創也沒有忌諱。至於若干年後小道長一方面浸淫在父親正一（傳統自師爺繼承來的，與近年往龍虎山學習來的）氛圍中成長，又從全真的師父耳濡目染另一種作法，將會有什麼新氣象令人期待。又後續簡單補筆，筆者很偶然聽說了這位正一的道長，還又為孩子結了另一門親家，是另一位全真的廣成道士，也是高功。

[註39] 目前因為中國新政策的改變，可能出現一些例外。如青羊宮現以門票為主要收入，相形之下科儀增加收入的需求便不強；青城山除了收入因素之外，還又要配合自然景區的形象，以及山林中對煙火的管制，也會減低頻率。

往往還有其他職責，或是配合行進的動作，或監督、支援，以協力完成整場法事。他們的工作一般稱為「六職」〔註40〕：高功、監齋、督講、侍經、侍香、侍燈。簡單的職權設定依次是職事之首總攝要務、糾管典法、唱讚引導，以及主管經文科本、香爐香案、燈燭用具。

在廣成傳統裡，我們也能從《廣成儀制》〈臨壇受職簽押集〉（十三—80，No. 80）一科看到職能的劃分。更有甚者，陳仲遠對操辦一堂盛大齋醮，是有更完備也更華麗的規劃編制。受職簽押一科通常是安排在五天以上法事的前一夜或當日頭科「宣榜」時，法事規模雖宏大但本科做法其實很簡短，由高功帶領禮敬三寶、五師及列冪師真後，使所有負責內外壇、前後場的負責人敬來神前起誓，藉由逐個點名出列畫押，再次說明工作叮囑職責，俾使眾人法事期間盡忠職守、恪守規定。各職司的劃分及其職責依次開列引述如下：

「內壇」人員

<u>高功</u>（在此又稱「都壇法師」）〔註41〕：深明道義，默契真宗。德行優隆，統一壇而為首；科儀練達，合六職而居先。威禁甚嚴，恭承當謹。

<u>副科</u>：官守有恆，庶務亦資乎佐貳；壇宗定制，典儀爰設乎副科。

<u>津濟</u>：內鍊玄機，外明梵咒。變食度魂，默運坎離之用；遷神攝炁，宜恭造化之宗。

<u>都講</u>：贊助典儀，佐宣經籙。肅壇場則嚴淨攸司，按節次則題稱所繫。戒警眾職，命令大魔。允為利益之師，當秉威嚴之範。

<u>表白</u>：職在代宣，功司啟奏。字句詳明，勿犯差說之咎；聲音調正，須分清濁之宜。必盡虔恭，庶臻孚應。

<u>知磬</u>：禮儀備曉，節次洞明。雅韻悠揚而不違其序，清音振響而恰應乎中。遙聞三界，妙協一如。

<u>主經</u>：職掌琅函，專司寶笈。嘯咏揚音，勿使爭差字句；誦持演教，

〔註40〕道經裡也不乏對壇班的分類與定義，如《無上黃籙大齋立成儀》（洞玄部威儀類鳳～食字號）之卷十三「知職榜」與之十六「文職與威儀」。一般或謂「六職」乃正一說法，不為全真採用，不過在功能類似的《廣成儀制》「諸品大齋醮告符啟壇集」（十三—43，No. 43）中亦提到「臨壇闡事，六職同升。」（3b）

〔註41〕經中提及的所有內壇人員職司，咸敬稱「〇〇法師」，可見慣例上內壇人員必皆為道士。外壇則否。

必當嚴整衣冠。

主懺：稱揚聖號，敷衍靈文。一念皈依，必如臨而如在；千聲讚詠，宜勿怠而勿荒。

書記：一切文緘，皆經繕錄。點畫分明，毋混魯魚之跡；文辭通暢，美分江筆之花。天真鑒允，聖澤榮加。

侍職：玉符龍泉，預備行持之劍水；寶瓶獸鼎，經司作用之香花。

掌禮：引導為先，朝恭以序。禮歸雍肅，正儀度於皇壇；意注寅恭，凜操存於性地。

散侍：整理壇儀，協恭法會。

「外壇」人員職責如下

齋主：既崇善事，應體玄章。必存誠而存敬，貴有始而有終。

証盟：撿閱文詞，革除俗語。肅清內外，其致意於端嚴；奉祀神祇，當存心於寅畏。

總管：總司善務，協贊齋修。事無巨細，俱歸之於經承；職在壇場，悉聽之於警策。

侍香：香燭是司，神祇所鑒。

莊嚴：經承蠟燭，整飭壇場。

典作：職在庖廚，工調品味。

揚旛掛榜：布綵懸旛，備員從事。

焚疏淨壇：焚函灼楮，當壇有司火之人；潔地拂筵，在會設清塵之職。

司樂：雅韻五音，亦法筵當奏。……務嚴章節，莫亂規條。

在陳仲遠活躍的清中葉時期，「受職簽押」可能不是太罕見的一科，但凡五七日以上的齋醮便可能施行，以示慎重虔心。與此相似的科目如《廣成儀制》〈諸品大齋醮告符啟壇集〉，也是強調法事中「分門任事，領職當虔」（3a），使逐位入壇上香。文檢集《雅宜集》中有兩通關於使法師簽榜的文書，分別是〈為武廟水陸道場僉立書記榜〉（針對知章表、申狀、榜意、疏牒事等四員）與〈為武廟水陸道場僉立經員榜〉（主經、副經、龍虎單多人，與執殿、知磬）（一一49〜50）。這兩通榜文所針對的成員與「受職簽押」科並不相同，科本裡主要分內壇道士（事前籌備不登壇者也要）和後場事務信士，而所見文檢只針對登壇與不登壇的道士，合理相信完整所需的僉榜不只這兩件，顯見領職一

事有可能的繁瑣慎重。〔註42〕雖然已不易想像當時操辦的盛況，應該還算常見於科儀次第中，並且有相當科儀可供搭配。〔註43〕至於這類開壇領職的科事間有什麼差異，或如何選擇，僅從科本來看還不清楚。

　　相形之下，本科在當代的使用則幾乎沒有。雖然曾有高功表示五天以上的法事就可以安排來做，但實際上不論筆者待在成都期間或其後與多位道長保持聯繫，這多年的時間，並未得見或聽聞過有舉行。偶有聽說過某次規模宏大如何如何，多次計畫將這科排了進去，而往往雖然符合情境，卻因為時間與花費諸多考量而擱置，不確定成功恢復果否。「受職簽押」的縮減並非孤例，現今科儀在安排上的確顯得簡省，如在「開壇」緊跟著「簽榜」一起作。

　　傳統上對廣成道士〔註44〕在科儀中的職權分類，還有一個來自民間技藝與音樂知識的標準。其中概分七項能力，即七種在壇場上講究的技藝：吹、打、唱、念、扯（拉）〔註45〕、寫、做。能好好掌握五門〔註46〕以上技巧的便可稱為「全掛子」〔註47〕或「五皮齊」道士，即可以擔當高功、掌壇師的重責

〔註42〕其他可能有關的還有《雅宜集》〈醮事禁止屠沽約條事〉、〈壇門禁條事〉（三—16、17），是關於齋醮法事舉行時地方內外的注意事項。

〔註43〕如同以「諸品齋醮」開頭的多科：〈諸品齋醮建壇啟師集〉、〈諸品齋醮請經啟事集〉（十三—44～5，No. 44～5。這兩科不但在序號上有所相連，內容上也可視作接續），又或是〈齋醮懸幡昭告集〉（十三—2，No. 2）、〈大品齋醮關告投文全集〉（十三—34，No. 34），在內容上有承續或通用的可能，不能確定是否有必需成組而不能單用的限制。

〔註44〕或許此處要專針對為「廣成壇」道士，因為這是根據甘紹成對「行壇派」道士所做的技藝研究。這些分類項目多數與民間音樂和在宮觀外作法事之技藝需要有關；然而不能說在宮廟內的全真道士不需要這些技能，或許要說他們不使用這套分類（不這樣自謂）。

〔註45〕劉紅教授曾根據其實際經驗指出，道壇有音樂搭配其實是約近二十年開始的事（即約八〇年代），此後道士受到影響才開始多學音樂。（訪談20141026）此說法在其他地方亦可見，如北方的太清宮、無量觀原本在各類法事中「從無樂器加入」，要到了八十年代宗教活動恢復才作了一些改變（《中國民族民間器樂曲集成·瀋陽分卷·瀋陽太清宮道教音樂》，頁15）。

〔註46〕最基本的五皮齊指的應該是：吹、打、唱、念、做。這五門是凡上壇的道士都必須操持的；相對於可以事前代勞準備的寫，與不見得必須的扯，更要基本許多。筆者以為此五門無論對行壇或靜壇道士而言當然都很必要，惟靜壇道士在訓練學習上可能無此稱呼。筆者在田野中沒有聽聞這樣的詞彙使用，不過這並不能表示已經不再使用。

〔註47〕「全掛子」：重慶方言，形容一個人很能幹，多才多藝。（簡摘自中國網頁：百度百科）原本只是個非道教專有、民間常用的辭彙。並且，全掛子雖然是四川方言但似乎不只川人使用，一些清時小說和早期白話文小說裡也能偶見。

了。當中並不存在必然的先後順序，而可能是跟入門的時間點或師父的專長有關。初入門的道士便是從這諸大項之一開始修習，若能掌握了一到兩門技藝便稱為「單片子」，努力讓自己兼及最多的功能，朝著足以擔任高功的通才式全能的「全掛子」為目標。〔註48〕道士們漸次取得各門知識的訣竅，在壇班上也會更加受到重用。

目前的壇班狀況主要是維持七或九人的基本配置，即一位高功加上龍虎班各三四位、數目對稱的經師。壇場上所有成員的職等可簡單分為高功與經師兩階層，〔註49〕高功在科儀上幾乎具有絕對的權威，經師間撇開入門的先後長幼，在壇內運作上基本上是平等又可互相支援替代，沒有明顯的高下或階序關係。不同的工作分配或使用何種法器樂器，工作量上雖略有輕重，功能安排主要考量是根據嫻熟程度，以「全掛子」為目標，各道士在學習過程逐步操作過所有法器。不同法器樂器講就不同韻致，不同職責在過程裡需要穿插提綱、唱和等效果，可以幫助道士們更細緻全面地理解且實踐廣成科儀，累積足以擔當高功的各方面能力。

至於登壇前如何指派或自願擔任職務，除了經驗與能力考量，以筆者觀察到，還有些很人性的有趣因素。全壇經師大概都有足以彼此間支援／替代的能力，人員職位容易流動的情況下，自然會形成兩兩一組的默認搭檔——通常在師徒授受或同期練習的學習過程間，慢慢已形成了默契，這樣的組合在儀式中往往最能展現順暢的好氣氛。所以常可見某些不成文的安排慣例，如分別站在龍虎班的提科、表白，常是固定地一對搭檔〔註50〕指派，因為他們在默契、音調與聲量上往往最是均稱。又或是擔任高功的師父，常常令其（青眼有加，特意訓練繼承高功的）弟子上前宣表，或是準備香煙法器。成員間還是可見有相對較緊密、有默契的班底。

〔註48〕甘紹成 2000 年；甘紹成、朱江書 2013 年，頁 96；同氏 2009 年，頁 77。
〔註49〕其間或許可以加上一層司鼓的二把手的指揮角色，但這並非總是存在或重要。高功與經師的區分除了所站立位置不同（面向神位或龍虎班），收取的酬勞（紅包）也不同，但是經師間則都是一樣的，並且經師間的工作內容彼此間也很有替代性。
〔註50〕這個組合也反映在廟中的日常生活，兩兩成對的分組常常出現在日常工作分配，如守殿的正、副殿主；或如朔望日雲集分別擔任擊鐘、鳴鼓職責的夥伴。

第四章　高功與科儀的基本形式

4.1　如何成為一位高功

一、成為經師／高功的先天與後天條件

　　前面的章節曾經提到，登壇演法僅是修道的一個選擇路徑，並不是所有道士都會選擇這條路；相對的，也不是所有道士都可以選擇這條路——雖然限制不多，但要成為一位經師，乃至於高功，還是有一些先天與後天的門檻。

　　首先最基本的生理條件，是身體外貌的形象完整。即，要求行法道士的身體必須四肢健全，此外五官俱全，不得有嘴歪眼斜等明顯殘缺，是基本的「威儀」講求。其考量是在登壇的道士需要展現道場的端正肅穆，有其行止上的威儀。此外，道士需要唱誦，所以若有口吃的情況也要盡量避免。這是一般性的生理限制。

　　又對全真道士而言，必須束髮出家，所以還要考慮到是否能斷離塵緣。師父會推算弟子的八字、觀其手面相，最好是無感情線、無子嗣婚姻、孤獨的特殊八字，如「若是命中有兩層『華蓋』〔註1〕者最佳」。

　　經師們長期浸淫，對唱韻與法器操作逐漸純熟，不免欲往高功學習路子上走的，無論是有意被培養的或自主爭取來的，會被慢慢加以重用，從中觀察其適任性。對這些高功學習者主要的觀察與訓練重點，首先有步伐與儀態，比如上壇的走路、腰板等。其他的動作，特別是詳細的分解動作，比如正確地使用

〔註1〕華蓋：中國古代星官之一，也是八字神煞。為僧道之星。命帶華蓋者頭腦聰慧，喜愛藝術，但性情乖僻捉摸不定，一生多憂少樂，即貴亦孤。

朝版、令牌，如何捻香、上香等；有洪亮的聲音、清楚的咬字發音，能使唸白與誦唱清晰優美、斷句正確，腔調動人，也是很加分的項目。這幾項評估較有表演性質，所以也常常會成為一般信眾評價高功的重要依據。

雖然高功不一定要兼任書記官，具備書寫章表文檢的能力還是相當必須。高功要會撰寫各色文檢，熟諳撰寫、製作時的規範禁忌，懂得不同文檢型式的使用情境，知道如何查找翻閱文檢集與必用集等。除此之外，壇上臨時用度，特別是紙製的各式吊掛、文書筒子、旛、牌位等也都要會製作。也需要知道幾種不同類型的壇場佈置規矩，如起碼知道斗醮、雷醮、祈雨等基本常用類別。

在「術」的部份，重要的是內祕的學習。高功必須發動許多術，所以平素就需要練氣養氣。高功修煉氣功幫助自己的內祕發動，每天都需要自發規律地練氣、打坐。廣成科儀中與雷法有關科事多，也考慮雷法立應效果強，往往能雷厲風行，所以修練雷法者亦多。〔註 2〕〔註 3〕

二、兩年出師

一般來說由經師到成為高功，大約是兩年左右功夫。兩年時間裡，訓練歷程沒有明確的時間表或規程，受訓練中的道士在身份、職稱上也沒有不同，不過漸漸地大家會開始放手讓他接觸更多細緻的知識與操作，要求也被提高。這些知識雖然也對所有經師開放，由於不少是牽涉到實作上的講究，不是人人都有機會碰到或是有興趣。

已為經師的道士可能因為個人選擇不想向高功繼續修習——請注意，由經師到成為高功，其學習內容上固然有大致的循序深淺，但不存在目標志向這樣的必然關係，不欲成為高功者大有人在；事實上，多數經師終究並沒有成為高功，此完全沒有不知進取或負面的意味。但若是他本身極有意圖，機會基本上是開放公平的。多數的老——青高功間仍維持師徒傳承，彼此有很強的師徒紐帶，畢竟高功養成不易，有師長點撥與長時間浸淫成功度又更高。但也是有自己的恩師並不修習科儀，其弟子還是可能憑藉個人意願與積極成為高功，特別是在十方叢林裡（以目前情況來說，十方叢林才可能接受較多道

〔註 2〕 以上段落說法綜合多個田野資訊，約統合了三位高功的看法，當中互相補充沒什麼歧異。

〔註 3〕 科本對祕法提及不多，但部分署有「全真演教某雷壇」，可見雷法在行使科儀上頗獲重視。如在保苗相關科目（十四—12，15～6，No. 131，134～5）。

士人數）。筆者在田野中也見過幾位恩師並無習科儀的道士，因為志向堅定最後為高功。此外，受廟裡推薦參加地方道教會公辦的「高功班」是當前很重要的一個途徑。

兩年的磨練期說來也很平常，除了照常參與科儀（有可能被委以重任而次數增加），知識長進或加強練習，還是要利用平常時間自我增進。筆者經綜合理解，歸納有三大類型的進修方向：首先是經典、文檢的知識，前面提過《廣成儀制》基本上是公開任閱的，即便如此，與大部分道經科本一樣不易理解，再加上沒有放進科本正文的內祕、符文等等，甚至有刻意作錯疏漏的地方，都要靠師父口傳、補正。

理想上師父會鼓勵弟子平常多看書，一則多識繁體字、增加國學能力，能更好理解科本內容，培養日後自造文檢的能力，一則培養常用語句咒文的熟練，最好還能做到觸類旁通。如同俗諺「師父領進門，修行在個人」，師父開列了書單，指點了資訊應當如何吸收何處搜尋，但最終弟子能怎麼程度的深廣知識，或文檢可能自創或照抄，甚至是書法的好壞，還是得看弟子在當中下了多少功夫心思。

其次是高功唱作的身段手勢。從入壇這個關節起，觀眾目光主要都聚集在主導儀式行進的高功上頭，高功的一舉一動，步伐手勢莫不深蘊象徵，從怎麼壓朝版，怎麼叩拜、秉職，到步罡踏斗、推掌捏訣，再到諸多祕法，都是登壇前必須好好掌握的。實習者除了乘機對高功多加觀察，平日最好也要多練習。有時師父見時機成熟，也可能利用法事終了的內壇，在事事具備的難得情境下允許弟子有較正式的練習場合。生活中，成都的道士還喜歡聽戲，甚至是票戲；適當的訓練嗓音、沉浸在傳統戲曲（特別是與富含地方音樂特色的廣成韻有關的樂曲），對道士行科儀是很有幫助的。

最後，我們知道所謂的「演法」絕非照本宣科，科儀中所謂的「法」雖然不過分強調神通，仍含有必須溝通天地神鬼、役令風雷自然的「術」的層面。高功能擁有過人的法與術，靠得是平時累積的練炁打坐。不同傳統對取炁練炁有不同著重，比如對日對月，或強調雷法等。打坐的時間也有不同講究，通常是剛過子時的十一點或三點（生活規律的道士一般在晚間九、十點便就寢了，然後夜起打坐約一時辰又回去睡）。三大類的修行，練炁打坐最講天份，資質悟性上佳的道士進展往往快速，但成就的累積同樣靠的是每天鍛鍊的堅持。

經典理解、科儀作動與內煉，此三者可謂兼備了文武講究的全面修習。能

在三門學習都交出好成績當然最是理想，不過在評比上講求的是綜合均衡，而不宜大好大壞，當中一門表現特別優或劣反而不佳。比如，有位資深道長認為自己中氣不足音色不夠宏亮，作動陰柔缺乏氣勢，所以不太擔任高功；所以雖然他已擔任高功多年，一般只做一些小科，較大的特別是朝科就不曾接過。

兩年過程講究的是在一般正常的道士生活中，涵養浸潤其中，逐步加深學習。當然對有志高功學習的道士而言，兩年不是個絕對的數值，牽涉到許多實際的人事背景。最直接的因素便是需求，曾有位高功的高足因為廟子上人員充足，加上本身性格閒散不爭，雖然屢屢被認可有任高功的能力，直到真的登壇演法已是（任經師）六七年之後的事了，當然期間他的經師工作很被倚重。相對的如果需人孔急，一位具備基本經師能力的弟子，也可能藉由密集訓練，快速地推進其成果。根據老經驗高功的估計，若是以一對一緊湊的密集進度，每天都專門給予四小時的教學與練習，本質優秀的弟子有可能在兩三個月左右的時間，特訓成足以登壇的（初階）高功。

三、初登場：晉身或退回

如同訓練與篩選，晉階也沒有明確的考核標準：沒有學分點數計算，也沒有畢業考之類的機制。一般來說，往高功路上努力的經師，時時都受到師長檢驗評分的眼光，在三大項的才能：經典掌握、身段唱腔與修煉的綜合成績達到師父的標準（再次強調沒有現成的客觀量表，很多時候更取決於師執輩的私心，或當時的環境條件如人才缺乏）。當然成為高功靠的絕不是運氣人脈，個人有多少實力，周圍的觀察還是雪亮的。

當一位「準高功」在三大綜合評比成績表現平衡且達至標準，且本人已有意願，就可以準備迎來他的初登場了。師父（或掌壇師）在數天前便給他預告，說明即將舉行的科事如何如何，將由他登壇主持。準高功得到授命，若自己早就信心滿滿，便摩拳擦掌進入準備狀態。師父這個決定除了要確定自家弟子在身心上已準備好迎接挑戰，在科事的選擇上也會特加斟酌。安排的項目都是較為簡單、簡短的小法事，且是廟內的陽法事。這是基於幾項考量，首先當然是讓新手高功由簡易入手，循序漸進；其次，還考慮民間齋主的請託責任重大，當嚴謹看待不容冒險（請注意，並不是師父對弟子信心不足，這裡要突顯的是受託於信眾所要抱持的莊重心態），廟子裡的陽法事又多是吉慶朝賀，當中發生遲滯小差錯，神明較不會見怪（又或是自己廟裡較可以承受？）。這些小規模清吉法事，大多是朝觀或賀壽等一類，節奏平緩，需要的術法動作也少，對

新手高功來說容易掌握，臨場較不會手忙腳亂。這個選擇同時還有一個重要原因，就是往後的日子裡，這些科事將是最頻繁一用再用、必得嫻熟的科事。

就算事前準備排練得再充足，正式登場仍說不準會出什麼差錯。除開怯場生嫩這樣的新手心理，還是可能不幸地發生準備不足的失誤，如無法好好地起韻，行進步驟顛倒卡住，此時旁人會盡量不著痕跡地從旁暗示協助，但仍需本人有始有終地完成這場科儀，無法暫停。筆者在田野中曾遇過這樣的情形，法事數天前高功有事必須離開，但剛好有一科正朝，他的弟子（當時在他手下學習，但其實是學道中途由原本師父轉介過來學科儀的；原本的背景不清楚，來廟子上才幾個月）於是有了稍稍提早上場的良機，由於師父隨機提出的幾個口頭試題都答得頗中式，弟子又表現得自信滿滿躍躍欲試，師父便允了此次的登場。該日的法事據說不太圓滿，此後數天師父督促還要好好努力的叮嚀不絕，配合的經師也私下有些小埋怨（主要指出年輕人太自信，準備不足。但是沒有對法事的不圓滿表示生氣或擔憂）。這個挫敗讓年輕的準高功悶悶不快了好一陣子，師父方面也對此更加仔細管教。師父做出的處分是弟子必須回過頭把訓練補強，基礎紮實。至於弟子什麼時候可以再獲肯定得到第二次重來的機會，還在師父更嚴格的把關之下等待時機。

這次談話讓我印象深刻的是師父的態度，他雖然對弟子的錯誤予以責備，但對已造成的事實卻意外地寬容。他認為，的確是弟子準備不足，自視太高，而既然這次不完滿，那就回去再來過。我私下也小小質疑了對弟子誇口自己能力，為什麼沒有在事前多些考核，這未免不夠嚴謹。師父正色地回答我，作為一個道士，本來就應該在這方面自己負責，因為他面對的不只是自己還有道與神明。所以道士不會隨便懷疑另一個道士的說話，這是對他的身份、認知種種的尊重。我也曾在針對科本真偽的討論裡從另一位道長聽到這樣的見解，我認為這不只是一種高潔的情操，也反映了他們事神的態度。

四、「過經」

高功登場之前，特別是他第一次任高功或第一次行持新的一類型科儀之前，還有一道小小的手續，那就是請師父為他「過一次經」。

所謂的過經就是請師父針對即將首次行使的廣成科儀，預先帶領他瀏覽一遍。這堂教學可長可短，視高功的經驗與已把握的程度而定，看是可以簡要地提綱挈領，或是必須從頭到尾不缺漏地順過一遍。過經的必要性在於，我們

都知道坊間一般流通的純刻本並不完整，又特別是針對高功之所需，很多該提示的地方是隱藏空白的，比如祕法、符訣、文檢提示的闕如，還有印刷時有意的減省或錯筆，甚至是同一科儀安排要因應時間（早晚、四季）不同有微調等等，實際操作上的注意事項，〔註4〕都不會紀載在上面（一般認為該部分約佔總量之 20%，如此分割收藏的習慣，至今仍謹慎地沿用著）。於是過經時新手高功將完整、系統地接觸到這些平素不開放給所有人知道的專門知識，漸有經驗的高功則是再次確認其知識。過經此一行為亦表明了師父對弟子程度的認可，承認弟子得到正式的傳承，並且給予信心加持。

　　最細緻地過一次經，是師父從第一頁第一行開始，逐字逐行地解說、唱誦加作動到結尾，就是說最多花費一整堂科儀的時間。細緻講解的優點是確保每個冷僻字的讀音、段落的句逗起伏正確，採用的曲韻也會好好唱誦，情況較餘裕時，還可能會旁及到對經中典故與相互參照的解說提示。然而其實師徒朝夕相處間，多數的知識能力早已逐步奠基，過經作為最後確認與象徵的意味要更濃厚。科本沒有標明的部份，特別是祕法部分，就是師父需要特別說明的部份，師父要確定弟子有確實掌握足夠的知識，甚至會就弟子之所學為他篩選決定適用的術法（若弟子有其他傳承），讓新手高功能好好地筆記在自己一份的本子上。論理上過了經後高功就能完整、靈活地理解、支配這堂／類科儀。

　　畢竟《廣成儀制》科數實在龐大，實際上不可能做到每一科都能／需要過經，當然也是因為在陳復慧成熟的編寫下《廣成儀制》的節次結構極有規律，況且以實用角度來說，並不是每科都用得到，再三重複類似的教學對師徒來說都顯得畫蛇添足。所以正常的作法是，除了基本的「平科」每一科應該切實掌握，餘下的眾科目則根據性質分做幾大項類，每一個類型擇一科代表教授即可，其他便任學生盡量理解、觸類旁通；當然以本地師徒關係的緊密，很容易隨時補充請益。這個做法也暗合於《廣成儀制》的幾個大類分類屬性。

4.2　廣成科儀專有的秘密支派：「西竺心宗」與「蘭台派」

　　本文之所以將高功專門提出來談，也幾乎將重點擺在高功身上，實在是因為在廣成科儀來說，高功的功能至關重要，甚至能一人身兼多角，比起其他

〔註4〕錯筆最經典的例子當屬「靁」一字，「不同地方有不同的寫法」。又如〈靜斗燃燈〉在平常應該選有「七」的陽日來做，中元時則該在上午九時作。（甘紹成 2000 年，頁 290～1）

地方可能還要再更被倚重。

　　以當前的狀況而言，對登場經師的要求其實不高，除了他最好是道士，最低限度的要求只是能操持一項法器，會唱誦（合唱）再稍多於早晚課的韻曲即可。這也造成高功一個人可以承擔整場法事多數的（甚至達一半以上）的工作。雖然沒有具體事証，但以識字率和高道闕如的現象來看，我以為在清代、民國到八〇年代以前的情況不會差太多。高功對法事的高度掌握支配的獨大現象在廣成科儀行使應該是一直都存在。

　　筆者在田野中獲知兩個與秘法傳承有關的秘密支派，民間說法也常稱之為「暗派」，可能主要專對高功開放傳授。

一、西竺心宗

　　「西竺心宗」是龍門派底下一個很特殊的支派。他的創始者世稱「雞足道者黃律師」，自稱野怛婆闍（？～1790？），西竺月支人，精於西竺斗法。清順治十六年（1659）至北京白雲觀受戒於王常月（崑陽），獲名黃守中，為全真第八代律師。後返雲南雞足山傳弟子管天仙等。此派傳世時間極短，又因重視神通，弟子極少。西竺心宗各人的記載主要來自閔一得（1758～1836）〔註5〕《金蓋心燈》，一般認為這支域外斗法的旁支之所以加入全真之列，與閔更是有極大的淵源。

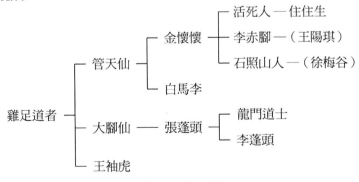

西竺心宗世系簡表

　　根據《金蓋心燈》，雞足道人在進入中原求取道法之前，已懷有精湛的斗法（即「西竺斗法」），本身是個深具神通的術者，行事隱密且極高壽。他到白雲觀只為求取戒律，所以從王常月受了大戒便離去。閔一得在清乾隆五十五年

〔註5〕閔一得乃浙江金蓋山高道，所撰《金蓋心燈》收有豐富道譜源流，當中對龍門諸派重要傳人的事蹟記載較詳細。

（1790）前往拜謁，以大戒書向道人換來了堪稱西竺至寶的斗法，即其後所改纂之《大梵先天梵音斗咒》。道人同年尸解後，相傳嘉慶三年（1879）復現於四川青羊宮（卷六上，1b～2a）。其傳人如大腳仙、王袖虎、金懷懷等亦往來於雲南四川之間（5b、7b、9b）。當中尤其是王宗師金懷懷，他從管天仙得斗法後往蜀遊歷，也在青羊宮待了一段時日，並從李泥丸（其人不詳）學了黃白之術（10b～19a）。

　　根據現代研究，「黃守中所傳『西竺心宗』這派其實是道教中的佛密派，其法多採用道教符籙派的『雲篆』，和佛教的真言，佛祕色彩濃厚」。〔註6〕這點與向我透露西竺心宗的道長的認知類同，他本身雖然沒有繼承到這塊祕法，但就他的了解，這派的特點就是有很多斗法，所以特別擅長作斗醮，其中諸多祕法來自西藏，目前不多地流傳於四川和雲南。我循著這條線索詢問過青羊宮熟識的高功，答案是否定的；不過由於青羊宮是十方叢林，常住與往來道士多，再加上黃守中與金懷懷兩位都有於青羊宮佇留的記載，我對接下來可能有新線索還是懷有期待的。另一方面，鶴鳴山的道長則給了正面肯定，他們對雞足山還有印象，記得師長輩曾提過昔日（可上溯到清光緒時）與雞足山還有互動，約莫幾年前廟子裡還有人回去掃墓，記得墓碑上寫著「祖師　蕭○○」，但也僅有模糊印象，這條支線雖然可能涉及師徒傳承，但已不清楚是否亦關乎斗法的祕法。一如《金蓋心燈》所述其派傳承飄忽，我們也暫時無法從鶴鳴山處詢問出西竺心宗的明確傳承（當然包括是否有所謂特殊斗法），稍可附會的一點是，鶴鳴山道觀目前在做拜斗法事時確實有一套獨特的作法，是將多門斗科融合為一的巧妙作法。〔註7〕當然此點尚不足以證明必是得自西竺心宗所傳，還需要有更多的佐證。

　　此概可知西竺心宗在黃守中之後確實在四川留存下來，且不只單傳一脈。不過畢竟只是關乎行科儀的高功祕法之中（但由現狀可知也不是絕對必要，此外也沒有證據指出只有高功才能夠修習），且保留程度還不清楚。然就溯本而言，它與陳復慧編纂《廣成儀制》或許沒有直接必然關係。

二、「蘭台派」（或「南台派」）

　　「蘭台派」顧名思義便是《廣成儀制》的編校者，受封為「南台真人」的

〔註6〕《中華道教大辭典》（胡孚琛版），頁70，本條目由曾召南撰寫。
〔註7〕較詳細的說明請參考第五章5-5的討論。

陳仲遠所創立的宗派。最直接的証明是《廣成儀制‧原序》中提到了陳氏後來自行開枝立派創立「蘭台派」〔註8〕，留下派詩三十二字（4b）。原序內容中並沒有明確提到這是專給高功所創的門派。

檢諸歷史，無論是教內外的記載，即便是以專務蒐羅全真支派，寬鬆到沒有太多考據的《諸真宗派總簿》〔註9〕，仍沒有找到相關痕跡。陳氏的幾段生平——特別是《灌縣志》、《溫江縣志》與《碧洞堂上支譜》於此亦隻字不提。這些事實莫非是推翻實有此一支派的絕佳反證？其實或正好相反，它或正暗示了蘭台一派的建立，設定只專對高功而成立的秘密性質？

據筆者田野所見，主要的意見多同意，所謂蘭台派可以視為專屬於高功的秘密支派。這個限制可能說明了何以民間與一般道士對此一無所知，而少數知情高功對此說明則很保留。目前稍微可以掌握的梗概是：蘭台派具有師徒的傳承與派詩，但由於限制在高功的資格與能力，認真來說，也不能視作一個完整的道教道派——它不具備完整的理念與教訓，我有時不免認為可以把「蘭台派道士」權視為指涉最精密嚴格的「廣成道士」。蘭台派道士並不以此門派自稱（請注意這並不表示蘭台派的存在是被禁止討論的，畢竟筆者在田野就有幾次討論機會，雖然有時的回答避重就輕），雖然是專屬於高功的支派，但並不是每一位高功都有參加（或聽聞），且其加入的時間點、有無儀式或評估等，都不清楚。此外，雖然知道蘭台派是一脈廣成科儀的師徒傳承，當中帶有怎樣的祕法，彼此間是否一致也不知道。接受的條件便是能行使廣成科儀的高功，全真龍門（靜壇）與正一（行壇）的道士都有人加入，不過都不是全部，可見沒有強制性或必然性。當然若在此有了多一重支派傳承，在儀式「啟師」上會有不同。

不過也有一派意見認為蘭台派其實就是廣成壇（正一）道士的傳承，持此觀點的是與筆者有較不相同的田野對象的研究者，如甘紹成與郭武，〔註10〕

〔註8〕如本段開頭的說明，若考量命名當本於陳氏封號，則應該稱作「南台」；這裡又與原序使用的「蘭台」出現分歧。實際上兩者在四川官話的發音上是一樣的，或許在更早之前口語上便已混用；至於是刻意採用與本名同音字為字號的可能，由於是文士常用的文字遊戲手法，亦未可知。

〔註9〕載有全真道士所屬門派的簡要資訊，據說是昔日在北京白雲觀對前來掛單道士詢問累積而成。計至清宣統年間共有八十七派。

〔註10〕如甘紹成 2000 年；郭武 2016 年。根據甘紹成的研究，蘭台派應該是等於廣成壇（即民間正一道士）；然而這與我的田野所知不能相合，因為這排斥了蘭台派作為高功獨有／獨享傳承的說法。但他同時也承認所見廣成壇道士全依龍門派詩起道名而不曾依據蘭台派詩，可見當前實際上蘭台派的流傳確實相當隱沒模糊。（甘 2000 年，頁 52～3）

他們提出蘭台派就是廣成壇道士。我認為不同田野經驗相當有參考價值，值得擴大關注，然而確實有全真道士宣稱得到蘭台派傳承（有道名，傳承內容不論），且實際上廣成壇道士亦使用龍門派派詩。

尚不能知道蘭台派成立這一百多年來如此低調，是出自陳復慧的訓示，亦或是有其他因素而沉潛低伏。高功抱持著這個身份並不示人（但若被詢及也不會否認，惟其中涉及諸多師承與密法不欲多談），彼此間似乎沒有專門的組織（會員組織或祕密會社），科儀的學習交流並無擁有額外專屬網絡；總的來說，恐怕就是一個在知名度、實際影響力上都顯得稀缺的支派。尤其到了今日，經歷過上個世紀六十到八十年代對宗教的摧殘後，更難有進一步的探尋。曾有道士肯定地認為，南台派沿傳至今約是第十一代，可能已經沒有新的傳承，未來一旦負有派名的道士相繼退下故去，恐怕就再不復存。〔註11〕

4.3 廣成科儀的基本架構

《廣成儀制》的裝幀向來是以一科為單位，不論厚薄多少（最厚的是110面〈玉帝正朝〉，最少是只有3面的〈送太歲科〉）〔註12〕都獨立裝訂為一冊發行，這不但是出版販售的單位考量，實用上也是，因為每一個科事都可以獨立施行，方便道士任意取用。《廣成儀制》在使用上本來就是設定為（幾乎）每一科都可以單獨應用，各科彼此間也多是獨立而互不干涉。

每個單科因為功能目的與請神的不同，有規模上的差距，以今日的常見科事〔註13〕來說，約在10～25面（一面兩頁）之間，所需時間約以45～90分

〔註11〕 田野所識中有兩位高功自稱屬於第十一與第八代傳承。對於未來感到悲觀即出於其中之一位；但相反另一位高功在不置可否下，近年卻開始在文書中使用「蘭台」二字。後續發展究竟如何，唯有待時間解答了。

〔註12〕 〈玉帝正朝〉（十三—56，No. 56），〈送太歲科〉（十三—90，No. 90）。關於最薄一科如何發行，由於青羊宮的現行發售中沒有這本（據2011、2012、2016流通書目），所以不能確定，只能肯定在民間仍有在使用。（據行廣成科的民間正一廟宇）現在的做法頗為簡單，「上個表然後在每年太歲神像旁邊貼道符，寫上姓名住址八字（每人一道）；在那（廟的偏殿）貼一年，每天燒香祈福燒長明油燈，做法會時都要幫他們祈福」。由於次薄的一科〈揚旛昭告〉（十三—2，No. 2）四面確有單科出版，裝幀方面應該不是問題。

〔註13〕 目前宮觀常用約30～40科左右，各處稍有不同。以青羊宮為例，除宮中歲例朝科祝壽等外，其公告主推的陰陽法事約二十科（根據年份稍有不同），細目可見圖。

鐘〔註14〕最是常見。廣成科儀由於段落節次設定得很有規制，若無意外（可預見的有「請神」多則耗時長，難預測的有「存思」），時間的花費算是很容易推估的。

　　實用取向的《廣成儀制》對每科科名的命名，走的也是清楚、明瞭路線。每科都會「集」或「全集」作結尾呼應了單獨成冊的獨立性，科名（特別是版心上的四字簡稱）中所透露的，可說就是科儀的中心德目，使觀者一目了然。根據名稱所示訊息，大概可以看出廣成科儀命名時考量的幾種重點：

1. 「正朝」：用於對特定神明的朝科，或是賀壽或是朝觀。如：〈川主正朝〉（十五—36，No. 275）、〈文昌正朝〉（十五—38，No. 277）、〈觀音正朝〉（十四—11，No. 130）等。

2. 歲時、節氣相關：通常配合常年行事舉行的科事。如：〈祀供太陽〉（十四—2，No. 121）、〈上元慶聖〉（十三—11，No. 11）、「九皇醮」系列（十三—63～79，No. 63～79）等。

3. 面對神祇、星斗為主的請求行事：主要是依據神祇或星斗所具職司神能的專門呼求。如：〈（北帝伏魔）祛瘟告符〉（十五—43，No. 282）、〈南斗祝文〉（十三—82，No. 82）、〈北斗正朝〉（十三—83，No. 83）、〈祀供匡阜〉（十五—41，No. 280）等。

4. 功能目的：開宗明義表明本科所欲解決事項，也是《廣成儀制》裡比例最高的命名法。如：〈斗醮迎駕〉（十三—50，No. 50）、〈禳蟻判散〉（十四—21，No. 140）、〈六時薦拔〉（十四—60，No. 178～183）、〈接壽全集〉（十三—89，No. 89）等。

　　以上的命名原理各有不同，有的根據神祇、神能、歲時活動，有的標明功能、目的，總會浮出一兩個關鍵詞，觀者得有初步了解與印象。

　　這四類分法雖然足以涵蓋所有《廣成儀制》科目，但此歸納設定完全來自於筆者的閱讀、對簡單功能判定，以及名稱的關鍵詞，此固然可以讓讀者對《廣成儀制》有所了解，在學術文章的分析上也算成功，對道士而言卻不是這樣想的，因為兩者的理解背景和思路很大不同。一般而言他們會將科儀分成

〔註14〕這是以筆者田野期間所見法事紀錄的平均，基本上各宮觀（全真與正一）相差並不大。不過根據其他研究，如「貢天」在青城山需時兩小時（甘紹成 2003 年，頁 93），2006 年以前的青羊宮平均要 90 分鐘（青羊宮二仙菴志，頁 143）；以我之所見（最早一次已是 2011 年），沒有超過 70 分鐘的。箇中是否是時代的差別，還需要進一步探究演變。

陰、陽、斗、土、水、火、瘟醮等（這裡羅列並不完整，我試過幾次與道士討論於此，答案各有不周全，我以為類別數可能向來沒有定論，這點與《廣成儀制》沒有目錄一樣並不困擾他們。此外，或許有一種可能，是一些科目會因應情境有性質的更動，不是那麼的絕對）。廣成科儀雖然以單科型態存在，每一科並不是徵印單上冷冰冰缺乏感情的名單，在道士心裡，從這些名字／關鍵字出發，自能聯想勾串成一張細密的關係網，從每個單科出發，可以拉出相同、相關、相生、互補的科儀多部，基於各自的知識系統決定出如何設計科儀。可以說對廣成分類的理解沒有絕對對錯，完全在於每個人對理解背景與實踐形成的不同觀點。

關於歷來對節次的分析，向來最簡扼的看法是「請神─神人交歡─送神」的三階段說，或是作為模仿朝覲儀節的帝國的隱喻。〔註15〕《廣成儀制》的常用科儀除了每科具有獨立性與容許單獨使用的完整性，在科儀結構上都相當類似，進行的節次有很大的類同。這個很有規制的模式，表現在場上，即便是一般民眾，若有多次觀看經驗也能感受出當中的重複性。所以不只一位高功告訴我說，即使是沒做過的科儀只要有（廣成的）本子就可以做，「科儀沒所謂拿不拿手」，或是「也沒什麼擅長的（科目），都可以做」。這個態度並非狂妄，實在是模式相同之下，很容易複製重現，對他們來說顯得差別不大。經班成員也有經驗多少之別，偶有遇上科儀是資淺經師所新遇，開始前高功或其他經師可能會給他一些提醒，如有配合上的問題也會提出來討論（意義上有點類似簡略版的「對馬口」或「過經」，但再要隨意些）。因為流程大架構已經深植道士心中，有固定模式理路可循的段落已成習慣，稍加思索便容易融會貫通，那真的是只要有本子就可以上場了。

至於廣成科儀的架構如何建立，沒有定論，甚至可以說每個人都有自己理解的分段意義，基於各自體悟、詮釋，不妨礙儀式進行。這套大致約定俗成的規則，雖然會因型態有變動，約可得出幾個高比例出現的常見節次，以及幾乎不變的固定節次，我將之歸納成十個步驟〔註16〕：起壇→贊壇→說文（或三皈依）→上香（＋蕩穢）→請宣科咒→秉職→請神→入意→化表→送神、回向。

以時序來說，最開始的步驟是「起壇」，即全體經師依序排班出戶步入壇

〔註15〕如劉枝萬 1974 年，Feuchtwang 2001 等。

〔註16〕此處乃依據閱讀與田野而來，對多家說法各有參酌。各家意見比較請參照下節對「貢天」所作分析，在表中可以清楚看到無論如何分段，本意與固定節次其實差距不大。

中，由執手磬經師領頭，高功押後，各就定位後法事開始。科本對這一連串進場動作經常省略或僅以「法事如常」帶過，然意義上必須快速進入肅穆的態度，並不輕忽。各宮廟對此表現彈性，往往因傳承或習慣有異，行動上主要以朗云對句、唱韻轉換壇場氣氛，昭告伊始，引導齋主叩拜就位，高功薰手捻香。接著眾唱「贊壇」，以主要是「小贊韻」〔註17〕曲牌唱贊，贊辭科科不同，皆巧妙呈現該科目的、對神祇的崇敬。小贊是常見道樂，在廣成尤是如此，《廣成儀制》中以小贊為伊始者的比例有 25.3%（73 / 288），若是算上被以「法事如常」〔註18〕帶過的科目（即，扣掉確定不以小贊開頭的科數）比率可高達 67.75（195 / 288），小贊在內容其他部分也常出現，相較於其他道派傳統，小贊在《廣成儀制》中可說是相當出風頭的特色之一了。

　　高功「說文」常以「伏以」、「恭以」「原夫」云云開頭，是表情達意的提詞用法，陳意內容有固定的說理、對神的讚辭，再接著說明齋主基本資料（○地方人士○，為○事），「隨門分事」〔註19〕也多出現在這個環節。陽法事裡常常加有參禮三清或作「三皈依」〔註20〕。隨後「上香」，香煙供養在道教科儀向來極度重視，四川還有「不會燒香得罪神」〔註21〕這樣的俗諺。儀式進行到這裡，通常會作「蕩穢 / 解穢」，原則上每場法事都要蕩穢，特別是性質或齋主不同時一定要每場作。多日法事就可以簡省，或是直接使用（必須是當天）前一壇解穢好的符水，但一天起碼要有一次，超過的話如果科書上沒有標明可以選擇省略。《廣成儀制》經文中並非每科都標註有蕩穢（此處可單純視為書寫或刊刻上的省略，對高功經師而言都不會有困擾），高功自能區辨，在適當的地方會補充起來。「請 / 啟師」的情形也是這樣，在灑淨之後一定會有的步驟，而且同樣必須根據法事類型變化，但在科本上標註的頻率更少了。

〔註17〕道樂曲牌之一，廣泛用於各種經懺齋醮科儀，且在不同傳統中有不同唱法，表現多元，唱句式（依字數）是 4-4-7-5-4-5 的長短句。其音樂抒情優美，速度和緩。（部分參考劉紅 2009 年，頁 346）

〔註18〕編寫科儀本時將固定不變的起頭部分簡省，常以「法事如常」帶過。嫻熟法事的道士自能明辨步驟，就廣成科儀而言，有「金鼓交鳴，神祇共鑒，羽眾如儀，宣行法事。」（〈上元懺悔〉，十三—13，No. 13），或是「表白引領信士上香作禮已，功披服上香作禮已，振尺云。」（〈斗醮啟師集〉十三—46，No. 46）等。

〔註19〕即同一科事可以被區分作多種不同功能情境裡使用，又因為目的不同在陳事與詠讚等情節便需要不同的說法。廣成儀制在這個環節上依照分類給予不同內容，供法師選擇使用。詳細討論可參考蔣馥蓁 2021 年。

〔註20〕分別皈依道、經、師三寶的參禮，作三禮（三跪九叩）或一禮（一跪三叩）。

〔註21〕黃尚軍 2006 年，頁 653，「諺語」部門。

「請宣科咒」多是指宣「衛靈咒」〔註22〕，依情狀不同招請神靈功曹臨衛我身，是了為接下來的秉職。「秉職」是高功的自報家門，為了迎請神祇下降的慎重，高功作為依科闡事的法官，必然擁有道職（所以《廣成》中會說「恭對瑤壇，秉稱法職」），在此就要周全地自我介紹，也有藉著抬出祖師名號請神祇多多看顧之意；以《二仙菴歲時文》為例，（全真）廣成道士就會自稱：

> 臣係，祖師龍門正宗大羅天仙狀元邱大真人門下，玄裔參受太上無
> 極大道玉冊經笥寶籙混元紫府選仙上品秉東華演教臨壇奉行○○科
> 事，臣○○○，誠惶誠恐稽首頓首百拜上言（29a）

為主，〔註23〕內容與韻調因個人師承傳統會有變化。緊接著「請神」，祈請相關神靈下降法場，請聆聽心願，更請曲從寬赦更賜福佑。攸司神祇通常數目龐大，請神的步驟往往高功要（也包括身後一同跪拜的齋主）一神一拜，或多神一拜，不容輕慢，花費很多時間與體力。

恭迎神祇降真的主要目的，是為了完整但簡扼地說明心願的「入意」，由表白代為宣讀文書。文書宣讀完了，放回文書筒子闔封好，逐付燒化，即「化表」。文書在科儀開始前就會準備好放在神前，登壇後引領齋主（宮廟內的公眾歲時會則由道士甚至是當家代表之）三跪九叩完了，就要由齋主一直端著盛裝文書的盤子，直到此時表白取走宣化。燒化表文有一些小規矩，如應用明火而不可用伏龍火或香菸點燃，應先點燃一張襯在盤子底的黃表紙為引，再從文書筒子的頭部開始點燃，燒化的地點可以是舉行法事的大殿內，又或是殿外的專用香爐（此時則面朝外向天），燒化時齋主或道士要盡量保持筒子直立並注意完全燒盡。除了引燃用的黃表紙，燒化文書時也會順便多燒幾張〔註24〕〔註25〕

〔註22〕衛靈咒通常在壇中禮師後持誦，有淨穢與納靈的功效（《道法會元》卷二四五），隨科儀不同有各種咒文，通常以招諸神靈備衛各方、保神安鎮、衛我身形為主，也有部份是對仙真祖師的讚頌。

〔註23〕其他全真傳統或自言：「臣係太上無極大道玉清金笥寶籙選仙上品，秉東華演教龍門正宗邱大真人門下，叩科闡事○○○」。（閔智亭 1990 年，頁 134）

〔註24〕約莫八開大小素白無紋的黃表紙，在壇場上常常直接當作紙錢使用，面額不明但應該不大，凡是燒化文書或紙紮品都會隨手燒個幾張犒賞功曹、龍神。在燒化表文時可以看到兩個階段的使用，首先是引燃表文，這裡作為單純的助燃介質，沒有意義；到了表文燃燒，當作助燃開始添加的紙，特別是表文快燒盡時加入的，則有了紙錢的意思。相同的物質在沒有經過明確轉換步驟，具有了不同身分，這個象徵轉換雖然微小但非常有意義。

〔註25〕科本其他段落偶亦出現「化楮財」標記，便須有道人配合動作；然現今多積累在此環節一併燒化。

作為答謝功曹的小費，對上的上表朝科還要準備開天符命、紙馬架具等。最後是「送神、回向」，隨著表文燒化上天，科儀完周便要恭送神祇回駕，此時當表達感激之情，懇求留恩降福。回向或言功，〔註26〕是將法事功德和表揚神明貢獻之天酬也反饋給神明，是利益天人、普福的概念；類似的做法還有如以「所謂道」〔註27〕這個簡略註記的收尾，給高功靈活補充的空間，或是以發十二大願〔註28〕表達懇切之心。

4.4「平科」

「平科」顧名思義就是最基本、常用、泛用的科事，在這裡它非但不是平凡無奇，相反的，它可說是廣泛運用到一種極度方便的地步。

「平科」可能還不算高度的專有名詞，不過根據道士們頻繁地使用可以知道，並不是每一個可以單獨使用或簡短的科事都能被叫作平科，因為不夠符合基本、泛用的標準。雖然對於哪些科目有資格得列「平科」沒有定論，一般所指的「平科」不脫有四〔註29〕：〈表章總朝〉（十五—47，No. 286）、〈貢祀諸天〉（十三—6，No. 6）、〈拜斗解厄〉（RJ-189，青羊宮印經處現也有出版）、〈鐵罐斛食〉（十四—73，No. 205）。指的是高功應該掌握的知識，這裡的基本不但展現在必備能力——通曉平科便幾乎足以應付所有需求（惟「皇籙」相關例外，這是需要另外學的）；更實際的面向來說，平科還是大多數宮觀承接法事次數最多的項目。並非巧合，上世紀八〇年代四川道教最早開始恢復的廣成科

〔註26〕將法事功德回饋／分享給神祇功曹，以示感謝與不忘恩情。

〔註27〕其行文方式是回向、下壇後立即接「所謂道」，之後常以一組兩句（少數有四句）與主題呼應的七言；如「所謂道。九轉功成登蓬島，一元復始上丹天。」（〈九宸正朝集〉十三—9， No. 9，11a）到了實際使用上，有高功認為這裡可隨己意添加曲或偈來結尾，有的直接照文字誦念，甚至會直接終止不說。實際怎麼做端看高功決定或壇班既有默契。這部份目前的歧異我以為較可能像是保存或復興時不夠仔細所致，而不見得是不同傳統造成。

〔註28〕以誠心發下各種善行的許諾，作為宥罪蒙福後至心向道的表現。十二大願內容在各科裡不盡相同，但本意不殊。

〔註29〕所謂的平科究竟有哪些，由於沒有書面或傳統上的定論，這裡提出的四項，是綜合根據田野訪談。甘紹成的研究中則提出「平朝（即「普通法事」）」一說，乃指演禮時間一小時內，內容簡單，儀禮、經韻、說文相對較少的小型法事（計六科：告符啟壇、開壇啟師、關召符使、正啟三元、靜斗燃燈、朝真禮斗）（甘2000年，頁508）。這個定義和指涉與「平科」相似，但文中並不強調其具有核心且重要的價值。

儀，就是「貢天」與「鐵罐」兩科，再一次印證平科常用、必用的性質。

平科之所以被高功視為入門款之必用／必學，除了其節次方正規則，時間不長（無意外情況，約50～70分鐘），更重要的是它們極其泛用萬用的特質。因為它們所關涉的對象涵蓋廣泛，能解決的問題便能無限延伸，再加上《廣成儀制》在「隨門分事」上向來細緻，對解決信眾各種疑難雜症，實在是再適合也不過了。如《青羊宮二仙庵志》對這幾門科儀所做的簡單說明：

> 貢天：這朝法事也就是從報答天恩以迎福佑的目的出發，從而祀貢諸天帝君的一朝科儀。祈求的內容包括：謝恩祈福、預禳厄度、求財利運等。（頁144～5）

> 拜斗解厄：因人的命運災厄全在星宮之掌，故有災有難需投告北斗眾星，方可祈福福至，禳禍禍消。此科能解人間一切苦厄，主要用於祛病除邪等。（頁145）

> 章表總朝（又名「正奏三清」）：此朝法事的場面極為隆重，僅高功秉職請聖都要一個小時左右，因為請的神靈最多，道場的設壇方式也不同於一般；對高功也講求要德行深厚，擔任三職的法師都要行科至少三年以上的道士。這朝法事一般都是為信人奏表申文，祝願某件事情可以在神靈的庇祐之下，順利地完成等等。（頁149）

這三科目前在青羊宮也是常被信士請事的科目（又特別是前兩科，因為各種花費又要再少一點），僅就簡介來看，它可以解除齋主已經或尚未發生的憂患，消滅災禍，並進一步求財求福，關照直到許願成功的謝恩酬答。對有不同考量的齋主來說，都可以是上加的選擇，自然不意外會成為常用、泛用的科目。

在青羊宮最早一批提供信眾請託科儀中，平科中惟有「鐵罐」沒有出現，這是因為鐵罐斛食一科在設定上雖然是獨立的，但理想上需要有其他法事搭配，最起碼應該要「安寒林」（當然這個安排並不是絕對，如果在拔度部門只排了鐵罐一科，也可以在鐵罐一開始加強「攝招」；這邊的見聞還是指一天或以上的安排。筆者並沒有見過聽過只單作一科「鐵罐」的）。不過鐵罐的本質在於化解、超度各界幽魂，無論公眾或私人法事都適用，處理面廣又功德紅大，但凡一日以上的多日法事無論紅白，「鐵罐」向來不會缺席，特別是三日以上是當然必排的。

平科之所以常用，除了好用、泛用，在神學立場來說，它反應了道士事神

取慎重與四平八穩的態度：大凡科事可以作平科就要作平科，避免「小題大作」恐為神所不喜。

例子：「貢天」

這裡以平科裡極為常用的〈貢祀諸天正朝集〉為例，做簡要的精義和節次說明，節次之外，想要突顯出這一科到底有多好用，多被重視。

「貢天」，一言以蔽之就是供奉《度人經》裡的三十二天上帝。這句解經可以很精扼地說明本科的重點，即以「天道貴生，無量度人」為精義的《度人經》一卷本（《正統道藏》洞真部本文類天字號。No. 1，*The Taoist Canon*），藉由朝禮讚禮三十二天上帝，祈得福佑。以供養「大羅太上三十二天上帝中央梵天帝君」（東南西北各八天上帝，各居領在九、三、七、五炁天之中）為核心，讚詞中提到三十二天上帝：

> 視聽自民，具鑒觀於在在；栽培及物，篤化育於生生。凡此有形，
> 沾恩無暨。（1a〜2b）

對萬物有覆育生成的恢弘之恩，恩澤與庇祐無極。對天崇敬酬謝，是列為「四恩三宥」〔註30〕的第一大恩。供養之法是敬陳寶燭一堂〔註31〕，藉由宣揚離德、陽精，以「發祥光萬道，在在同輝，上徹重霄」（7b）。

「隨門分事」部門，貢天概分做三項：醮、齋、願，也就是它可以應對公、私的陰法事陽法事到私人祈願，可以說涵蓋了信人的所有委託可能。從分門的陳詞來看：

> 醮：星度效和，乾文協泰。欃槍〔註32〕斂迹，永消無妄之災。地境
> 鍾祥，常納有餘之慶。一方清吉，眾姓平安。
> 齋：亡靈受度，凝溟滓以生神。孝信承恩，集禎祥而蒙慶。凡在冥
> 陽，均霑利益。
> 願〔註33〕：印籙願忱，益增泰覛。衍新福於一門，眷緣永泰。錫繁
> 禧於四序，居處惟安。（4a〜b）

〔註30〕四恩即得自天地、日月、皇王水土、父母的恩惠，《廣成儀制》中另有專門〈報
　　　　答四恩集〉（十三—88，No. 88）；廣成韻「二郎神」中有「四恩三宥均利益」
　　　　句子，三宥在廣成中則無詳細說明。
〔註31〕一堂為 36 根蠟燭，第二堂以上每盤作 32 枝，也就是總數為 36＋32*X 枝。
〔註32〕彗星的別稱，被視作災異不吉的凶星。
〔註33〕「願」之俗字，取由心而發之意。

更清楚其冥陽兩利，萬物均霑的巨大效能。

貢天的科文中大量與《度人經》有關的段落，最直接的是引用其「原始靈書中篇」（雖然有幾個字不同，多在部首差異，想是手民之誤，暫可以忽略），此外還出現「宛若始青懸黍米」（1a）、「元始威章」（7a）、「光明會上」（9a）等，明顯受其影響。事實上，《廣成儀制》中還有不少科本字句可以看到《度人經》的影子，反應廣成科儀強調以科儀濟世度人、冥陽兩利的精神。

在行進節次上，基本也與多數科儀相同，保持端正可期的次序。劃之於固定格式，可以下表理解：

節次 A (高功視角)〔註34〕	節次 B (道樂視角)〔註35〕	人員	《廣成儀制》對應句摘	頁
起壇	催班、雲集更衣、排班出戶、登壇、分班序立	全	X（法事如常）	
贊壇	說文、上香、行三跪九叩禮	功	〔小贊〕「禮崇清祀，嚴肅華筵，凡儀寅奉表微度，供養大羅天，上格重玄，覃恩應善緣。」	1a
	說文、奏樂、起贊、奏樂	全		
（八句）	說文、奏樂、舉贊、奏樂	全	「寒光肅肅夜方濃，對越惟嚴禮帝宗。香靄三雲騰寶鼎，音揚八會協金鏞。彩霞影裏輦輿下，銀燭光中珂珮從。宛若始青懸黍米，微臣何幸賭慈容。」	1a～b
	說文、舉天尊	功	舉：「金容感應天尊」〔註36〕	1b
說文	奏樂、說文、三禮、說文、舉天尊	功	舉：「香林說法天尊」	2b
上香	說文、三禮、說文、舉天尊	功	舉：「香林定想天尊」	3a

〔註34〕此處綜合了兩位高功的說法，基本上差異不大。

〔註35〕根據甘紹成的分析（甘 2003 年，頁 93）。將節次與 Type A 為對照的劃分乃筆者自作，文責自負。

〔註36〕「舉天尊」在道士行科儀與生活中經常使用，作為讚揚或呼求神祇。依形式又分作：文、武、舉、浪天尊四種，依據情境語調與神祇來區分；所以有些情況只是在表示讚美或感嘆（如「金容感應天尊」），就不是真有其神。其區別甚眾，運用情境也廣，還需要更多理解甄別。

	奏樂、說文、奏樂、舉贊	功	隨事分門：醮、齋、愿	4a～b
蕩穢	說文、請召解穢、宣符、焚化、奏樂	全	請：九鳳破穢宋仙官 執九龍水灑淨	5b～6b
	說文、踏罡、誦咒、舉天尊	功	（灑淨） 舉：「常清常靜天尊」	6a～b
	奏樂、宣文、喊禮	全		6b～7a
請宣科咒	奏樂、持燭、書諱、密咒、奏樂、舉天尊、宣文	功	持燭；慧光咒、金光諱、小金光咒發燭 舉：「太光恒照天尊」	7a～8b
	禮懺、（誦咒） 奏樂、禮誥	功	志心朝禮（東） 原始中篇之東方八天〔註37〕	10a～b
	禮懺、誦咒、奏樂、禮誥	功	志心朝禮（南） 原始中篇之南方八天	11a～b
	禮懺、誦咒、奏樂、禮誥	功	志心朝禮（西） 原始中篇之西方八天	12a～b
	禮懺、誦咒、奏樂、禮誥	功	志心朝禮（北） 原始中篇之北方八天	13a～b
	禮懺、誦咒、舉天尊	功	舉：「紫清介福天尊」	13b
	奏樂、宣文	全		
	奏樂、舉贊	全		
秉職（請稱法位）	具職啟聖	功	（聖位前）「具職。上啟」	14b
入意	奏樂、宣文	全	「拜進心詞。謹申宣奏」	15a
化表	舉贊、宣奏、喊禮、送化	全	「宣關。遣關。送化」	15a
回向、送神	說文、奏樂、回向皈依、回向謝神、三禮	功 全	「謹申回向」〔註38〕	15b～16b
	下壇、入戶卸衣	全		

〔註37〕此咒出於《度人經》中之「元始靈書中篇」。此四方八天之文即是「大梵隱語」，相傳能齋而誦之者，將可保舉上仙；同時其音無所不能辟、禳、度、成，功能極強大。

〔註38〕科儀最後的回向或謝神部份，也常常有簡省，型態除了如本科的「謹申回向」，還常見有「所謂道（有些還再接七言詩句兩句）」（如〈天曹正朝〉十三—4，No.4）、「回向畢」（如〈正啟三元〉十三—1，No.1）。各高功處理方式也不同，可以有自己的安排設定。

由科本中所見的貢天法事，是應對嚴謹文雅的。在開壇、啟師、灑淨與送關遣化、回向下壇等等基本／共同架構間，作動上主要是滿滿的禮、贊、對三十二天上帝的朝禮，以及隨後的入意陳事。採取的手段也是藉由虔敬的再三謝恩表現情志，繼而懇求福祐，沒有什麼術法或武場。也因為當中環節多是基本又常用的經韻與步驟，高功與經師多能表現得冷靜從容，中規中矩。配合上貢天法事本身適合於各項公私請願的莊重和平，其本質裡萬用、四平八穩的氣質表現無遺。

大凡廣成科儀概以禮請、懺謝為多，展現宮觀式徐緩平穩的氣質，神學意義上來說，強調朝觀、懺罪求福，考招、驅邪厭勝等手法較少。又就貢天這科來說，因為屬於很標準的正朝科，沒有什麼術法，亦不使用特殊法器，在節次架構上是很單純的，可說這些步驟都也出現在廣成安排之必須，這是廣成多數科事在登壇實踐上顯得相似的原因。極大的特色則是「發燭」環節，是信眾心目中甚至是方志裡會出現的特點。

由於貢天法事做得多、恢復得早，最是容易建立自有傳統與地方作法，各地宮廟的作法詮釋上也容易產生（無傷大雅的）歧異。其中值得一提的是關於供桌擺置面向的現象。成都一帶常見有兩派作法，其一是另排供桌向外，直面天空（即背對殿裡原本的陳設，與一般法事習慣方向正好相反）〔註39〕如此設計的原理是認為所有人應當直接面向青天；繼承此作法的有如鶴鳴山道觀、（正一）真多觀。其二則維持法事在大殿中進行的樣貌，面向主神龕演法，和其他法事並無不同，他們所持的觀點則是既然在大殿（又通常是最高的三清殿）自然應該尊重地點的格局；遵行這個看法的有如青羊宮、孃孃廟。當然這兩種作法各有以其傳承與對事神的詮釋，皆各有所本，無謂對錯。〔註40〕

除了本質上泛用、少專對性，所以適合多種需求，如上表許願、還願，運途不順，生病等，甚至是「你想要寫論文更順利（田野中某高功語）」，都可以用這一科。目前凡兩三天以上法事，不論陽醮陰齋，都會把貢天列入節次。這一科之所以這麼受歡迎，除了性質普遍好用，道士常用熟練了也會產生習慣偏

〔註39〕在法事開始前，將供桌搬到大殿正門前另加擺置，整堂儀式皆向外來做。在鶴鳴山，習慣上與拜斗有關的科事也做這樣擺置。而由於這已是鶴鳴山的傳統，外來幫忙法事的高功來此也須遵守，不會因為自有習慣而改變。

〔註40〕直面向天空還有更精確的神學意涵與情境，如高功在遣關送化時，有時也會向外叩拜。而若該堂供桌在殿內，經師宣表也面向神龕。兩派的作法都會如此。如〈斗醮迎駕〉便指出「恭迎雲馭，功面向外」（3a）。

好，此外還有一層偏愛是認為貢天的格局非常「大氣」。

貢天在廣成科儀地位向來重要，對民間信眾也是有很高知名度的一科。所以有些民眾對貢天科儀的認知不見得正確，也可能見識過的只是一套混雜了民間信仰而不完全是正一、全真作法，但對於科儀名稱卻是耳熟能詳。如在清《覺軒雜著》或民初《成都通覽》對此都有稍異於廣成但又流露民間生活面向的描述。當代學者在巴縣的田野也記錄融雜了佛、道、巫教的一脈民間壇班作法。這些紀錄固然與《廣成》不盡相同，也值得注意比較。〔註41〕

4.5 高功：節次安排與法事中的絕對權威者

根據回憶，從前宮廟承接修齋建醮等科儀請求，事前準備上較有定規。當住持受理了一件請託，就會貼出公告或是「狀文」〔註42〕，內容會簡要說明齋主的目的要求與日期規模等條件，並開列出將參加的工作人員（高功、經班、幕後的準備工作等），使曉諭週知。得知公告後首先要行動的便是高功，他要將當家的所提供的資訊多方面仔細考慮，然後選出最適合的法事以及排出次第，這場法事的行進順序基本上便決定好了，接著就貼出各式的榜。之後大家就根據高功所開出的節次行事，各自準備完成份內的工作。

雖然在一個廟子裡最高的權威者是住持，法事的承接也常由其出面洽商，

〔註41〕《覺軒雜著》（今或不存）的內文轉引自民國《合川縣志》：「（喪禮）散齋之日，於五更後，具茗果米餈，對天燃點小燭百餘支，朝天禮拜，曰供天，又曰然天。名其燭曰然天燭。俗傳然天燭以照小兒可以稀豆餈曰然天餈。」《成都通覽》則謂：「供天：凡各廟誦經畢，民間道場畢，街坊醮事畢，必於夜間供天。搭台設燈燭，花果點心，所燃之燭三百六十支，供品則饅頭也、糍粑也。第二日，將饅頭、糍粑分給人家，謂小兒食之，夜不夢哭。」（傅崇矩 2006 年，頁 247）。關於當代巴縣的研究，請參閱胡天成 1996 年，頁 135；胡天成 2000 年，頁 380～422。此處巴縣的例子非常有意思，它保有很完整的科本與操作，科本乍看與《廣成》完全不同，但節次、內容風格卻驚人的相似（此處不可能單純地以文字被替換視之，因為細讀之後不難發現該作者對科儀、佛法與地方信仰都有深刻體悟），可惜目前只囿於書本閱讀，希望將來有機會能進一步了解比較。

〔註42〕本節的描述主要根據兩段不同的田野訪談，內容過程大同小異，在不影響理解下，這裡將兩者結合作互相補充。從兩位道長的背景與描述內容，可以知道講的是昔日二仙菴青羊宮的情況，讀者也可以想像是大型宮觀通則或理想型，規模小的道觀應該沒辦法這麼講究。此外，根據甘紹成研究，道士會在事前觀內（靜壇）或場地（行壇）掛上寫有時、地、科事與成員職司的「交涉牌（靜）」或「執事牌（行）」（甘 2000 年，頁 47～8、60）

但一旦接下法事開始籌備，住持通常都非常能尊重專業，不會對高功已排出的節次質疑或要求變動。《廣成儀制》之〈臨壇受職簽押集〉（十三—80，No. 80）裡對高功的德性是這麼要求的：

德行優隆，統一壇而為首；科儀練達，合六職而居先。（3a）

從這個要求可以看出，廣成科儀賦予高功在科儀壇場上（近乎是）絕對權威的理由，在於它假設／認定了高功的確有統帥壇班的各項能力，對科儀熟練了然，是整壇中對科儀理悟最透徹的。所以這裡高功所得到的權威，事實上是來自他自身的修行努力，以及大眾對此的信任，並不強調神授之類的超自然權柄。〔註43〕決定次第後也不需再特意尋求神的同意（如先放在神像前數天或擲筊，觀察有無吉凶感應）。

民間道壇的情況則相對簡單，一壇之主的掌壇師通常就是一班之首，身兼決策數職，法事承接、規劃排定、成員聘請，甚至常常要兼書記官（正一對文檢方面的傳承情況少／窄，這裡多少有對地方整體發展生態平衡的考量，文檢範集與秘訣通常只有一個弟子得到）與神圖法器法服等的統籌提供。法事種類與次第安排當然是掌壇師的職責，壇班成員只須受命行事。

現在的宮觀已不存在這樣的繁文縟節，不會有層層交代的交辦，當然受託的慎重不變。除了廟子裡的常年行事，凡信眾有所託付，當家之外常常是直接找高功商量，若廟子裡有一位以上高功，則只找總管總責的那位，由他統籌辦理。

信眾懷抱著各種人生問題前來求助，高功會先聆聽才給予儀式上的建議。通常的作法是，了解信眾的訴求後，對請事的合宜性與未來發展做簡單評估，通常還會看看齋主的八字或面向之類，各人作法不同。這時道士也常提供其他容易簡單甚至是快速便宜的解決方法，不會一概承接法事。如親人久病重傷，要看他是命不該絕或天運已到，求財求祿者是否有此注定財祿；畢竟法事也要順勢而為，不必要多行無謂，而終究人神不悅。一旦決定接受請託，首先就依請事內容決定科目，雖然與高功個人習慣或喜好稍有關，神祇或主題等大方向還是最重要的，歸結來說求福求財多作「貢天」，疾病問題多「拜斗」，求子或求功名拜「文昌」，官司類打「雷醮」或作「天曹正朝」比較恰當。選

〔註43〕此時超自然力量的顯示往往表現在監督上面，我們從筆記小說看到不少壇上道士因為德行有虧、行科儀時不敬而獲陰譴的敘述。到了現代，休咎仍然是大眾評價一場法事的要點，如高功無法順利結皇旛，上壇不專心以致下壇時摔個鼻青臉腫，或法事中摔壞木魚（不只一人對我強調這很嚴重）等。

擇原理也呼應前面所說的科目命名。

在我的觀察經驗裡，高功向齋主推薦了科目，會稍微介紹一下科儀的主神、原理、預期效用等，也能針對齋主困擾作開解，算是走面對諮詢的「客製化」〔註44〕設計，所以沒有聽說過被齋主駁回反對的，至多是在金錢或時間預算上需要商議。除非事態緊急（很少發生，因為向來不喜如此），法事的決定最少在三天前定下，包括科目、高功、經班成員、用度負責等。日子的決定主要看「黃道」〔註45〕，也會選對齋主八字相合的吉日，時辰則以白日為佳。配合工商社會的忙碌型態，私人法事多集中在週末假日，宮觀常行事則依曆不受影響，惟二者都嚴格恪守「戊禁」的規矩，一定要避開（前或後一天都行）。

不論道齡或在師門中的階序，某一旦受命成為該場高功，就算是擁有當時最高的權威，大家也不會質疑。比如一個廟裡一個較固定的團隊裡會有約定俗成的習慣，但高功還是有權作一些變動要求，如科本上交代不詳細的起壇、回向，或一些相容道曲的替換；已行之有年者大概不會發生，但若科目科本不清者，高功便較容易提出調配變動。〔註46〕登壇演法，即便高功平日是低輩子的後生，壇上經師也要全力跟著配合，聽從調度。終了散壇，一切又回復平常的長幼關係，變化間轉換得很自然。所以我們常會看到當外出作法事或重要日子，法會結束要拍張紀念照，被安排在最中間的、穿著原本高功身上絳衣法袍的，居然不是原來壇上的高功，而是團體當中最資深的師祖輩。

廣成科儀中高功之所以集中了更多權力，實在於他往往還可能兼代了不少其他經師的工作，所以顯得他無可或缺、專擅獨大（事實陳述，沒有貶抑的

〔註44〕齋主私人請託通常只打一科法事，這時候就需要針對最掛心的主旨及其成因。看待一個困難有諸多面向，以筆者當時欲祈求論文順利為例，若是一般性的擔心煩惱可以選擇「貢祀諸天」，若是感到思慮愚鈍想開智慧則建議作「文昌正朝」，又當時曾因租屋問題引發了官非而難以專注念書，便被建議作「天曹正朝」；固然最終目的（完成論文順利畢業）一致，高功會根據困擾的核心作最直接的建議。

〔註45〕道教配合日月運行趨吉避凶的擇吉法。最簡單的算法是利用「黃道十二日歌」。

〔註46〕如青城山作「荐亡科儀」，因為「沒有科書，演禮程序通常由主壇──高功憑經驗掌握和控制，不受科書約束。」（甘紹成 2003 年，頁 48）。另外如廣成之〈保苗揚旆集〉（十四─13，No. 132）最末對經班所下簡單指示為「回壇。恁意。回向。下壇。」（7b）也可見編寫之時也在細節處保留了一些自由發揮的空間。

意思）。除了不可能分身站到龍虎班行事，舉凡所有在供桌前的工作，當沒有人員有能力協助時，高功都可以顧及。有時會看到高功彷彿一人分飾多角，可以暫代表白宣開壇符、解穢符等，可以自己來指揮齋主叩拜，還可以自己宣化表文。這當然不是常態，但臨時在人員緊縮時完全有可能。〔註47〕

　　觀看廣成科儀的觀眾還可以發現一件有趣的現象，四川之外的道教法事，無論正一或全真在道場上都慣常安排三位著法袍的道士共同演法，就是俗稱「三法師」的高功、都講、監齋（或表白）。相異於兩側經師穿紅或黃色的素袍，三位法師都穿著裝飾華麗的絳衣。三位高功法師並肩面對香案的情況在廣成裡卻非常少見。〔註48〕最大的例外是上「大表／玉皇表」（即〈玉帝正朝〉），因為這一科情節隆重，規模也比較大。即使如此，也不是所有高功都認為三法師是必要的，甚至覺得那是排場好看，如果人力足夠可以這樣安排，但是一個人也沒有問題。上大表之外的其他法事，高功更是傾向自己一個人來作就好。其實這個想法很簡單也很務實，本來都講與表白的職責就是從旁協助，零星需要之餘，要回到龍虎班上做本來的工作（當然人力許可的情況下，可以安排香案側（站在高功左右手桌側）有侍者隨時照看）。田野所認識的每一位高功，無一例外地都喜歡／習慣一個人作。我曾向一位相熟高功打趣說，「這不就是虛榮嗎」（當時的語境是指他在壇上喜歡自己做主，不需太顧及副手，有絕對的主導權，並且觀眾都主要看他），他聽了大笑三聲，笑而不答。

〔註47〕過程幾乎由高功操刀的情況我只見過一次，當時因為太多事需依賴高功，時間拖得比較長，過程並沒有不同。

〔註48〕在川內，廣成道士行道通常僅由一位高功，絕少三位；而若受邀省際國際活動如果人數足夠，為求盛大較可能有這樣的編制。川內反而是正一道士作科仍採取三位法師（皆著絳衣）的形式。筆者曾見來自四川西武當（四川廣元市）道長，西武當山即史上有名的筆架山，道教發展悠久。他們尊江西龍虎山為祖，近年也會去龍虎山授籙。他們並不使用《廣成》科本，而似是以龍虎山現行流通科本為主。

第五章　從法事安排看《廣成儀制》的組合要義

5.1 法事〔註1〕組合及其分類

　　多場甚至是多日以上的法事組合，其頻率雖不若單科法事，在重要性與廣成科儀編輯意義來說，卻是更高的。對儀式架構研究上面，甚至可以說大型法事／多日法事才更能顯出廣成科儀的精妙之處，因為結合多科構成的齋醮法事，能融合更多的功能傳達更多的訊息，展現複合面貌，更好地展現科儀高度靈活發揮的本質。

　　《廣成儀制》是一套以實用目的清楚編輯的集子，縱然其內資料線索可供檢索的方面極多，本質上仍是作為道士行科儀專用的工具書。單科獨立施行之外，眾多科目究竟如何搭配，科本中沒有具體指示也沒有編纂凡例，所存目錄的編排亦不以類型分門，所以除了壇場紀錄，我們只能反求於經中內容與高功道士的體驗、解說加以理解。畢竟總要清楚知道原委，才有評論理解的基礎，

〔註1〕　本章主要討論的是由多個科組成的道教法事。關於單科或多科科儀當怎麼甄別稱呼，道教傳統裡好像沒有認真定義過，所以在書寫上有時會混用難釐。我曾請教過道士的意見，大概是一天（四科或以上）的叫「法事」或「道場」，三天（或）以上則稱「齋」或「醮」，而凡超度科一律稱「齋」。這些稱呼還是顯得彈性，不是定論。另外，閔智亭道長提出一日（或一夜或一日夜）者可稱做「簡單道場」，多日的則有時稱「大型道場」（閔1990年，頁121～2、173）。有鑑於雜用情形難辨，本文也無力對此清楚區分，惟加強點明單科或複數科，陰齋或陽醮。

否則我們又如何來論斷一場法事安排（本質架構上的，而不只是實作的）的好壞優劣呢。

　　道教法事的演變到了清代已然相當成熟，根據神學演繹的架構迭經變化，歷代高道留下了很多節次安排的意見，成為後世遵循參考的標準。《廣成儀制》不論是祖述杜光庭天師，或是比對於宋明時期道書，如《靈寶領教濟度金書》《靈寶大成金書》等，或多或少都在安排脈絡上尋得到痕跡。相當幸運，關於廣成我們不但找到一些編校者陳復慧留下的安排範例，在重視重構新編節次的習慣之下，數量龐大的廣成科本更是提供豐富變化的可能。

　　根據《廣成儀制》的作法，這近三百科的科事首先以「齋」與「醮」為區別之先——即陰法事與陽法事，陰齋陽醮的區分在廣成中是極其明確且普遍的分類前提。〔註2〕為了對意義與功能有更清楚的運用，齋與醮的部門底下還會再有許多分類，項目與數目還沒有定論。以《廣成儀制》中科目的名稱來看，可以整理出下列數項（羅列順序以先齋後醮，後續則照目錄順序，無特別意義。此處只開列了科儀題名清楚標有齋或醮字樣的科目，性質類同但命名不完全者先不列入。分項所舉例子，也以目錄中出現之第一科，並不一定具有代表性）：

　　「齋醮」合用（通用）：齋或醮兩可的萬用科事，法事中出現機率極高。廣成收有2科：〈大品齋醮關告投文全集〉（十三—34，No. 34）、〈諸品齋醮安建寒林集〉（十三—41，No. 41）。

　　水陸大齋：度亡科儀的一種，與《度人經》精義有密切關係。如〈水陸大齋迎請符簡全集〉（十三—26，No. 26）。廣成中冠此名者有3科（另有十四—61、十四—82）。〔註3〕

　　三元齋：對以三官為首的神祇求懺悔赦罪。廣成中以此為名者有 2 科：〈三元齋左案／右案全集〉（十四—33、34，No. 152～3）。

　　亡齋：度亡科儀的一種，與《度人經》精義有密切關係。如〈亡齋藏棺隱景集〉（十三—35，No. 35）。廣成中有4科（另有十三—38，No. 38，十四—

〔註2〕此二元區分從隨門分事中可以清楚證明。比如〈三元齋左案集〉（十四—33，No. 152）中，說文裡會清楚指出這是在「宣演鴻齋」（5a）；有時不免會出現口語上如「謝過上章，建設齋醮」（3b）這種口語上的泛稱說法，全篇陰法事的濟度本質是很明確的。陰齋陽醮的區分在許多地方傳統或科本都有出現，並非廣成獨創，然而廣成完整地貫徹此觀點，算是相當清楚的特質之一。

〔註3〕這裡是指科名中明確出現「齋、醮」一字者，而無齋醮名可能使用者暫不計入。以下皆同。多數的科事是筆者所未親見親聞，在說明上恐理解不周，先力求清楚簡潔。

95～6，No. 277～8）。

　　大齋〔註4〕：齋事通用的單科。有〈大齋行符告簡集〉（十三—27，No. 27）。
1科。

　　生神齋：以《生神經》為主的亡齋，因需轉經九過，故合為〈生神大齋九
轉全集〉十四—66，No. 190～198），廣成中有11科。（另有〈四正生神早、晚
朝〉，十四—75～76，No. 207～8）

　　血湖齋：對婦女產死、一般兵禍傷死者或大量出血死亡者的超渡。如〈血
湖大齋三申全集〉（十四—80，No. 212），廣成中以此為名者有3科（尚有十
四—85、89，No. 217、221）。僅標「血湖」而未加齋字者還有8科。

　　度人齋：以《度人經》一卷本為核心的超渡法事。如〈度人題綱上部左右
案全集〉（十五—1，No. 240）（本科又分成〈度人題綱上／下部〉，故計為2
科），廣成中以此為名者有18科〔註5〕（尚有十五—2～17，No. 241～56）。

　　陰「醮」〔註6〕：與亡人喪葬有關的法事，多是為新亡與土墳殯葬有關。
如〈陰醮招安啟請全集〉（十四—97，No. 229）。廣成中以此為名者有7科（尚
有十四—98～103，No.230～5）。

　　受生齋：以「還受生錢」為目的的法事。如〈受生鴻齋迎庫官全集〉（十
三—96，No. 96）；廣成中為受生齋所設計科事現存4科，標註齋字者卻唯有
此科（詳細討論請見第六章）。

　　十王齋：以參謁十殿閻王為主的拔度法事。如〈十王大齋右案全集〉（十
三—91，No. 91）〔註7〕，惟一1科有齋名者。

　　九皇醮：「九皇會」〔註8〕專用朝觀法事，如〈九皇朝元醮品一夕全集〉
（十三—63，No. 63）。廣成中以此為名者有17科，有「朝元醮品」與「壽醮

〔註4〕　《廣成》中亦有出現大齋、鴻齋、大醮等稱謂，但這些與規模尺度有關的辭
　　　　彙，其實在內文裡沒有定義或闡說。我以為此等量辭使用上有兩個意圖，即欲
　　　　表達法事規模宏大，又或是宣稱效能功德之巨大。無論如何，沒有定論。
〔註5〕　題目只標「度人」者尚有12科，但實際使用上的關係不能確定。
〔註6〕　與本文一直強調的「陰齋陽醮」之區分，這裡明顯是最大的矛盾。成書的事實
　　　　在眼前筆者無可否認，這系列是唯一不符合陰齋的命名原則，使用上也完全是
　　　　拔度的齋儀形式。所以我還是站在肯定齋醮的陰陽之分在《廣成儀制》裡是清
　　　　楚明確的。同樣的情況也發生在對科儀請事信眾的稱呼上，一般口頭上無論
　　　　陰陽還是都習慣稱作「齋主」，這應該就只是長久下來不假思索的習慣了。
〔註7〕　另有4科以「十王」為名。
〔註8〕　農曆九月初一至初九，道教的九皇大帝（北斗七星與左輔右弼）誕辰日，將於
　　　　此日依次向九皇賀壽，民間也流行其時間茹素，稱食「九皇齋」。

兩種稱呼（尚有十三—64～79，No. 64～79）。

土皇醮：以建築修造與安龍脈為目的的法事。如〈土皇醮欵啟壇全集〉（十三—98，No. 98）。廣成中以此為名者有 3 科（尚有十三—99～100，No. 99～100）

斗醮：南北斗等星辰崇拜為主的法事。如〈斗醮啟師全集〉（十三—46，No. 46）。廣成中以此為名者有 5 科（尚有十三—47～50，No. 47～50）

田禾醮：地方性祈求滅除蝗蟲與魔魅的法事，有〈田禾醮結界祭符謝真全集〉（十四—17，No. 136）。1 科。

甲子醮：每一甲子年的上元所做的地方清寧法事，重要且較罕見，常見於方志〔註9〕。〈甲子大醮正奏三皇全集〉（十四—47，No. 165）。1 科。

保苗醮：莊稼相關法事，有〈保苗醮揚旎昭告全集〉（十四—13，No. 132）。1 科〔註10〕。

陽醮：消災求福的法事，內容較多樣乏一致性，如〈陽醮品天皇詔攝全集〉（十四—24，No. 143）。廣成中以此為名者有 3 科（尚有十四—106～7，No. 238～9）。

水醮：與時雨或泛濫有關的請謝法事。有〈雷霆水醮正啟三聖全集〉（十四—6，No. 125），1 科。尚有對「水府」或「龍王」數科，相關度不明。

瘟醮：伏瘟解厄所用法事，有〈瘟醮年王八聖全集〉（十五—42，No. 281）。1 科。尚有與「北帝」、「匡阜」諸神有關瘟科，必有相關但順序不明。

由上面的整理可以看出，《廣成儀制》堅守陰齋與陽醮的區別，〔註11〕然對諸齋醮的命名大約還是依從關鍵字與俗稱，談不上嚴謹。〔註12〕雖然說不

〔註 9〕 方志中記有許多不同時節舉行的醮典。如每年三四月街市常建「平安清醮」（《合川縣志》卷35，風俗8b）。

〔註10〕 就內容來說極相關（但無「醮」字）的有 4 科。十四—12、14～16，No. 131、133～5。

〔註11〕 以上種種開列還漏了一項於教內很重要的活動，即拜師傳度。雖廣成有科本〈興賢舉善傳度引籙全集〉十三—97，No. 97，還有（理不屬於廣成的）〈冠巾科儀〉（RJ-154），也未以醮品稱之。該項的闕如極可能單純是陳復慧時期成都或二仙菴還沒有開堂傳戒。〈傳度引籙〉是拜師發給引籙的一科，對象可以是道士或一般居士善信，如青羊宮近年拜師收徒典禮、正一廣成壇上使用此科。若只對初入門弟子或居士弟子，則可能行簡略的叩拜、上香秉啟而已，不見得必然使用之。

〔註12〕 如〈九轉生神大齋全集〉，一般稱作「生神齋」，但也被稱為「九轉齋」（RJ No.102）。

在命名體系上著墨太多，可以保有更多變動彈性，事實上偶爾出現的不合於
設定原則的名稱或類型，反造成了對體系理解的滯礙。如就功能來說，「田禾
醮」與「保苗醮」實為同一類別，標註諸品「陽醮」或「陰齋」的科目，顯得
較模糊不精確，而「斗醮」、「九皇醮」與「大醮關告」本質上其實又系出一
家。〔註13〕當然最令人不解的還是「雷醮」，此看法用法不僅當前道士慣常使
用，就是在專用文檢集《心香妙語》與《雅宜集》都有收錄，而這個雷部法事
的醮名其實並沒有出現在《廣成》目錄之中；雖然如此，廣成在其內容實踐上
還是有給予它等同於「醮品」〔註14〕地位的認可。另外昔日民間頗為流行的
「火醮」也沒有出現，雖然《廣成儀制》科中也不乏專用科本。〔註15〕

　　不得不承認，即便《廣成儀制》在齋醮等科儀分類上已極有系統，在設定
與連貫執行上，還是不夠完足縝密。這個批評主要著眼在使用、歸納上不能完
全貫徹其設定，當中或許牽涉到科儀設計、歷史脈絡的考量，或習慣因襲使
然，則就不是一般統計所可以測度的了。

　　《廣成儀制》在命名上並沒有將每一堂相關科目都安上某齋某醮之名，
或有有意為之的可能，如意在保持其開放有彈性的更多可能。從目錄上我們
確實無法掌握到底有多少種類，最接近的紀錄是：

　　　（陳復慧）校正廣成科儀<u>數十種</u>（民國《灌縣志》，卷十二人士傳

　　　下，35a）

對應上面清整出二十類左右的齋醮，我認為總數大約也就是如此之譜。此外
可稽但明顯不完備的數目有，如〈大曜分事同全集〉（版心稱「十一大曜」）
（十三—51，No. 51）有隨門分事齋與醮計十一種，〔註16〕或《心香妙語》
十七種（六齋十一醮）。所以暫可將《廣成儀制》視作有二十多類主要的功
能類型，表示它足以處理這麼多——甚至更多類型的人世困擾。它的功能類
別可以不斷因為需要與個人意願來擴充，當然每種型態之下的法事安排也是
如此。

〔註13〕關於斗醮同於九皇醮的意見來自陳耀庭2003年。
〔註14〕如〈雷霆正朝全集〉（十三—119，No. 119）中之隨門分事（6b）；其他項目還
　　　有祈雨、祈晴、被擊、禳病與接限。由此可見雷部法事適用的多樣性。相關者
　　　約共有4科。
〔註15〕兩套集子中都收有數通「謝火」法事相關。另外，每年歲時行醮也很流行，集
　　　中也收有地方一境的夏、秋祭醮。
〔註16〕九皇醮、延生醮、消災醮、禮斗醮、雷霆祈禱醮、答報天地醮、酬恩謝醮、祈
　　　嗣醮、預修醮、黃籙齋、祈祥保病醮。

　　自上世紀九〇年代中國開放宗教活動以來，四川道教科儀還未恢復到原先鼎盛時期的樣貌。目前除宮觀常行與私人（單科）請託外，雖然多科、多日法事的舉辦漸有變多，類型與規模還是相形單調簡單。〔註17〕現實因素是少數富有能力的宮觀有能力先恢復，以及對宗教場所的限制。我們或可經由詢問、（師祖口說的）追憶增加基本知識或擴充想像，但事實是當中很多科事是現代高功們不曾做過的。〔註18〕

　　以高功必經的「過經」為例，一般情形下高功最迫切需要的是斗醮、雷醮、（陰）齋、水火醮等。還是看得出當前廣成科儀的需求，還停留在比較狹窄的面向。

　　還有一個很具啟發、令人印象深刻的例子，是筆者曾有機會參觀兩位高功的書櫃，其上的書籍擺放其實大有深意。道長們所收藏的《廣成儀制》科本以實用為主，也就是主要是常用到、有用或起碼預計要用的一些科目，才會購買（道士會說「請經」），本子無例外是來自青羊宮（少數有自行影印，但版本還是青羊宮的）。所收廣成本子不很多，大約是二～三十本，與現行常用科數相當。實體的本子主要是上壇行科需要，一般時候他們所閱讀、參考其餘的《廣成儀制》，在經濟與方便的考量上，開始更傾向利用輕便的電子版本。〔註19〕書架上的擺放也充滿實用便利性，最常使用的、剛剛使用完的，通常就近擺在書架的最容易拿取的一側，因為既顯眼又方便順手。當然這裡不意外地多是常用的平科與單科，如拜斗與常用朝科等，接著是次常用的科目。一些多科連用或多日法事必須要成套使用的架構性科儀，比如請系列神祇祖師，或三日以上必用的祀灶、寒林等科，到結皇旛相關諸科，凡是有必然成組使用或能互相聯想、代用關係者，有的表現出屬於同一類齋醮，有的必須依附在多日法事的架構下，便會呈一組一組的方式排列。愈是相關性高，愈會放在一起。道士對科

〔註17〕這是相對《廣成儀制》的總科目而言。事實上道教科儀近幾年的發展，不論是科目的增加（或恢復），或是壇上用度、規模，再到舉辦次數，成長得都相當快速。

〔註18〕我曾就青羊宮目錄請幾位熟識高功勾選出他們曾經親自或聽說過有做過的科目，平均下來，大約有一百多科，佔總數的三分之一強。這個統計還不夠嚴謹，但現況上差距不會太大。

〔註19〕主要以網路開放資源（人家版）搭配平板電腦使用，幾次遇過道士在閒談討論間，直接點選出電子檔，來佐證其說法。成都的道士普遍認同新式科技3C產品所帶來的便利，雖然目前在道場上還是使用著雕版油印的老本子，仍被看重是威儀的一部份。筆者有見過一次壇班上臨時本子不夠，經師掏出了手機中的檔案應急，但明顯看得出來並不是固定依賴的方式。

本的擺放多很隨性，不時有小變動，只有個大概先後而不太會遵循固定順序。稍加區分最常用和次常用，以實際方便為考量的擺放，這是有意識為之的習慣使然。

　　書櫃的收藏排列，實際地反映實用的經驗談，讓我們可以感受到《廣成儀制》科儀科本到底如何挑選使用，而不是研究者門外漢閱讀下的紙上談兵。畢竟科本本身而言其實不過是完整精要的三分之一，難免理解還不全面，需要對實踐面向有更多鑽研。

5.2　法事節次的構成

　　所謂節次是指多科或多日法事的安排設定，將所需的各科事依據適當理絡鋪排順序，開列成為節次，懸榜週知，使道士可以有所依循，「依科闡事」。作為行進的最高指標，其本身必然要合理且正確，方能得到承認與權威（也包括對未可檢知儀式功效的期待）。

　　然而在對科儀的研究裡，研究者看到的往往只是安排後的結果，如一進到田野地就輕車熟路地去抄寫榜文，或視張貼的榜文為絕對權威；我們往往卻不去深究節次是怎麼產生的，又是為何如此安排。忽視構成本身的思考理絡，對科儀節次的解說便顯得倒果為因。我們必須了解，所謂的構成是動態的主動去理解、安排而就的過程，並非既成的不變公式。為了聚焦此一實踐，我們須要先明白法事中每個環節的性質與功能，簡單來說就是該怎麼看待／分類這些科目，繼而將之正確放置。如此所有單科的累積，才能組合成為正確又有意義的法事。

　　閔智亭道長在討論到齋醮科儀時，將其概分為<u>專用</u>與<u>通用</u>兩類。〔註 20〕專用與通用就字面來說非常簡單，即其使用情境是否為專門專對。專對不同神明的朝科自是專用，如〈三清朝科〉（這裡很有趣的一點是，就以三清與其他神明來說這是個專用科儀，但它卻又「是通用朝科，三清聖誕皆可用」〔註 21〕。立場之間的轉變，也很好地說明了專用與通用的意義）、〈迎鑾接駕〉等；至於通用則是指配合法事規模應該做的科事，好比「若是三日以上道場，就要逐日順序做多種法事，如開壇、取水、蕩穢、祀灶、揚幡懸榜、招將請神、安位供

〔註 20〕沿用其說法的還有，如任宗權 2006 年、彭理福 2011 年等。
〔註 21〕閔 1990 年，頁 142。閔之一書主要以中國北方（即北京白雲觀為主）傳統為例，他所提到的科事雖然《廣成》裡多不缺少，在文字內容、作法上仍有差異。

天等法事，每日三朝、上表、誦經、禮懺等等。」〔註22〕當中安排可以有繁簡運用，但有一定之規矩。

於此大致可以了解，若是三日（含）以上的大型道場在陰陽兩類型底下，區分為行拜懺功課經或上表為主軸的法事（專用法事），而為了支撐這些法事順序進行，要安排一系列各種科儀（通用法事）。雖然這個分類只簡單的區分了兩類，卻有效地經由通用法事重複出現的特性，幫助我們快速篩選出一場法事的核心，並理解通用儀式所建立起的恆常架構。可惜，並不能據此展現出通用或專用法事間的關係，我們雖能判斷出了每個科儀的性質，卻還無助於進一步主動地想像一場法事如何能安排。

陳耀庭先生討論道教科儀專文中提出將不同科儀的構成，以最小單元漸次疊積的概念，使道教法事可以有從單科到完整科儀的層次感。〔註23〕他將儀式劃分了三個層次：儀式元、儀式體、儀式群。所謂的儀式元是在不同儀式中多會出現且內容形式又大致相同的成分（如署職、發爐、灑淨等），儀式元還具有「使淵源於普通生活的儀式行為要素具有了固定的道教儀式的意義」〔註24〕。把不同儀式元相組合就形成了不同對象與目的的儀式體，儀式體本身是一個完整法事，要再擴充增衍，便就成了儀式群。儀式（複數的組合）是由儀式（單科）放大組合而成，這個說法各方面都很好地表現了科儀構成與習得上積沙成塔的性格。

陳先生的意見是以規模為考慮基礎，由小而大，從少到多。也就是強調科儀可以隨著情境需要而擴張膨脹。所以一個大型的法事就是根據需求規模來決定時間、科數等數量，然而此沒有討論到每個單元存在的位置與意義。由於未觸及各單位內的科目差異，此三種量體當中也還有性質的問題，需要更細緻區分，否則無法理解其放大的方式或原理。此外，對儀式元、體、群三等第之間的變化關係沒有交代，在使用上顯得模糊。

所謂節次設計，從行為過程來看，大概是高功接受了請託，對主題、規模（天數科數）做好預想，接著針對主題篩選相關必用的以及相應架構的科目，然後加以適當地安排組合。這個簡單敘述裡，可以印證到閔、陳的詮釋是從不同兩種面向切入。就宏觀而言，儀式群的形成，就是諸多儀式體與元的組合。

〔註22〕閔 1990 年，頁 122。另有關於齋醮節次的討論，請參閱同書，頁 173。
〔註23〕陳耀庭 1992 年與 2003 年。
〔註24〕陳耀庭 2003 年，頁 152。

而就所有儀式元之間——也就是構成法事整體之所需眾科目，由能解決正事的專用科儀和負責支持主軸的通用科儀互相搭配。

就解釋來說，兩個理論可以勉強結合，但由於這兩個論述都沒有把設定的運作背景設定細緻，也就少了可以好好發揮、定義的空間。可能是因為兩位前輩對科儀了解甚詳，加之各有側重，在說明上顯得直觀，簡扼帶過，未對節次構成本身多做闡釋。

進入田野的初期，我偶爾也會被道士反問到，那麼我覺得廣成科儀是什麼？當時我常簡單地把科儀與高功類比作劇場與導演的關係，高功／導演擇定科事／劇目，並且加以編排引導，主持大局（本處使用之劇場、戲劇的類比，並不擴展到 Tunner 或 Geertz 等對象徵層面討論）。非常幸運，道長們對我的簡答多能頷首同意。繼而慢慢多看多學，我體會到當時這個答案之能夠被認可，可能是我誤打誤撞點出的一個特點：廣成道士——又特別是高功，在這套有規制的法事系統裡，起著很主動的引導位子；並且在這個壇場／劇場內，科儀／劇情的詮釋是可能不斷添入新意地變化著。

這點說明又特別適合從多科以上的組合法事來看，因為這是最能展現高功能力與手段的地方。對於多日的法事，我們首先便以單科規模的放大版來簡單理解。科儀無論大小長短，所行之事目的不外乎向神祇面陳請願，也就是以最基本請神—娛神—送神的三階段說來看，多日法事也不脫這個原則，不過因為規模變大，每一個階段都需要有相應相襯的擴大調度，以合乎相當於法事該具備的格局氣勢。

簡單來說，步驟的被擴大，大概有從環節的放大，如單科裡的咒水灑淨，到了大型法事，怎可能變成了動作更複雜、要求去境內水口的「取水」；單科中簡單的存思、招將，視情形程度也可以單獨成立，加入多個祭祝科目或朝科。此外，法事延長成多日，就有了作息的問題，要盡可能加入早午晚三朝的儀節，還要按時獻供（所以會延伸出增加祀灶、雲廚……），整天的法事告一段落要作款駕或回向暫止讓神明休息等等。更不用說還提到的三五日以上必有的慣例。講究禮儀與人性想像的放大，成為較固定的架構，這是容易判斷出來的部份。而主題正事的科目們，和科目與架構之間的排列設計，便需要更多情境或輕重緩急的判斷，就不這麼一目了然了。

所謂的設計，其背後蘊含的各種知識難以勝數，雖然我們已看了這麼多設計結果，對於如何倒回去解釋其運作還是很模糊的。法事這一塊的實踐，跟道

教的所有部門一樣遵循著「道」的教訓：講求自然與合諧。所以節次在安排與增減變動上，可以將法事本身看作一個有機體，有其自然生長的正負條件，架構上會彼此互相影響，所以必須通盤均衡的考量，最後才會長成最合乎自然正道的樣貌；並且它要能夠功能完整、外型均勻對稱。

正如廣成向來強調，眾科事間雖能扣連疊加，每一科無論大小都是在獨立操作的精神下成立，在施行上確實展現暫止或停止的氣韻，所以以單「科」在此無疑是安排節次最基本的單位。以科為單位安排也因著時間估算上的習慣，決定規模是一堂法事籌劃之最基本，在固定規模天數之下，能夠／需要安排進多少科目差異不會太大；以一般篇幅平科來說大約是四～五十分鐘，再加上每科間的休息準備，考量到目前多侷限在廟宇裡做法事，正常天候下，一天的安排約莫從早上七八點起到傍晚日落，大約會有四到六科左右，有時還要考慮篇幅較多或少的情況，以及特殊登壇時間要求。所以道士在安排節次上，會先很實際地以能夠及需要放進多少科目為計算。日期天數確定下來，大概也就能想像需要安排多少科目，然後根據實際需要提出理想的科目，並逐步放進適當的次第之中。

節次的疊架，從立體的視角很容易具象理解。就像前面眾多研究都提出的，經由各自觀點下的大小分類為單位，由小而大、自下而上，有序穩固築構起來的。以坊間常見的益智遊戲積木樂高為比喻，我們把每個基本單科想像成一顆積木，那麼建構一幢建築（即安排一通節次）就好比將手中數量有限，但色彩或造型不同的一顆顆積木，運用常識（即各種需要遵循的教義、科儀傳統原則）擺放到最合適的位置，發揮巧思找出最終在功能與外型都很完美的成品。

就建構一幢建築的知識來看，我們對各種素材的採選數量是有限制的，必須在實際有節制的眼光下，務實地呈現成果：如有機體般對稱，自然地反映需求，並且不多不少恰到好處。堆建鄉村小屋或現代高樓，使用的積木都是一樣的，差別在於數量；適應不同喜好的房子會有不同造型，但同樣都需具備遮風避雨的功能。如此公式幫助我們想像，當需要行的科事是規模上的差別（如天數），則選用積木時數目就要增減，才能造出理想大小的屋子。而若想組出兩幢造型不同（如齋醮類型）的房屋，無論如何還是需要保留門窗、屋架、屋頂等的功能。適當的單科作為成分，其間功能各異的科儀代表著不同型制單元，彼此巧妙地整合鑲嵌起來，由於架構起來的元件充足又均衡，使得節次兼顧了

功能與平衡，成為完滿的一堂法事。以模型元件的架疊來比喻，凸顯的是挑選適切的材料單元，而它同時也能幫助我們對規模的想像。以房舍建築來說，高樓華廈或平房單間都是一戶住宅，良好地整合模型整體，它可以較自由地選擇搭配，並因藍圖的規模作豐儉調配，還能配合主題貫徹風格。

若說到要從突顯高功在篩選過程上的苦心孤詣，近年流行的一種電子遊戲模式，或可以進一步幫助理解：對戰式的電玩遊戲或卡牌遊戲。遊戲規則是運用手段資源達成目標或消滅敵人，對玩家而言開戰前的佈置作業，是一個很挑戰經驗與判斷力的環節，簡單來說，要從有限的資源組成有限制的戰力團隊來應戰。選定自己的裝備組合，其選擇往往有各種限制考量，比如說面對汪洋似的火藥庫，卻有採購總額上限，或是裝置各有攻守不同的功能，取用數量上卻有限制，並且還有對玩家本身的經驗等級要求等等。要義在考驗玩家對將面臨的挑戰、對可期會需要的工具，應該怎麼做最明智的取捨。

遊戲中的所謂解任務可以看作是通過舉行法事最良好地達情陳志。主理其事的高功為了完成任務（一個請託），必須先有通盤深入的考量。首先是切合主題的選擇，以求最完善解決疑難；再來是面對有條件供應的資源，時間或金錢物資等，怎樣做最妥善的利用，讓成果最圓滿甚至加分。兩者在過程中產生的心理活動非常相似。與高功們的詢問中可想像，同一主題／請託之下，他們心中會有一系列相關的廣成科儀來候選，在不同客製化情境下，甲或較乙來得適合，或 A 會比 B 更加討好，能有多個選擇提供他們制定上的餘裕。雖然不如遊戲有詳細分數量表，他們心目中隨時是有個微妙的天秤在盤算著。

此外，云云玩家們心思喜好各異，卻終能成功破關，就像是承襲著不同傳統下，道士也會因著各自所學與偏好，設計有獨到之處的法事。法事組合沒有絕對處方，沒有絕對的對錯（在完全符合禁忌規範為前提下），凡是調配得宜都可以得到一樣效果。在對錯之上，還有所謂高明、睿智的巧妙手段，對基本設定各顯神通，道士／玩家為追求更崇高境界精益求精。

5.3 安排的過程

過往學界並不把重心放在解釋或觀察節次編排本身，而是著重把開列出來的節次當做既有事實抄錄，宛如按圖索驥，依著這個順序觀察法事行進。如此對法事的討論便會顯得靜態，較少試圖回溯到更上頭去提問其發軔原理，甚至質疑其設定。當然至今為止仍有許多精采的研究，對道教科儀架構提出了很

多重要的探討，本文也是奠基於前人的新的啟發，然而我認為還應該要更加強調道士主動參與設定的一環，因為這個思路是能夠旁通著整個道教的宇宙觀與神學。

這個尚不足夠被重視的一環，卻對之後的整個法事走向影響巨大。原因無它，節次既然是法事進行的劇本、指示說明，代表著它的決定差不多已經能預視整場法事。只是這個設計過程往往相當私人、不公開，主要是它僅需一人為之，過程又快速輕巧——甚至只需要腦內活動，我們很容易忽略掉它的存在。本章之強調，就是希望凸顯思索、鋪排節次的這個過程，對於道教科儀的理解或許可以再進一步：知道它為什麼要這麼做，整理歷來如此操持所展現的不同特點，以說明這個環節動見觀瞻的重要性。

這裡之所以用「設計」一詞，在於廣成科儀幾乎每一場法事都有不一樣的節次，由高功視其旨趣酌予安排（當然重複在所難免，特別是科數較少的情況下；此或可稱之巧合，但幾乎不會是故意沿用的）。與單科請託流程類似，高功得到受命，清楚了目的主旨，便依據齋主能力需求決定將舉辦的天數、科數（目前常見的慣例約是一天安排 4～5 科，三天、五天以上的法事宮觀較私人為多）及其他用度。接著便依旨趣需要搭配出高功以為最適切的法事節次。「設計」的過程，以一個經驗豐富的高功來說，大約需要二～三十分鐘左右，其中他要把情形通盤考量，選出適合、理想的科目，並且正確地將它們排定順序。這個過程裡他自然可能有疑慮、刪改，不過一但確定下來大概就不會變了。再次發揮高功在科儀場上的權威，一但排定公告的科事，就會被嚴格遵守，認真執行，理論上大家不得有質疑或非議。

所謂的安排看似輕巧簡單，其實可謂是高功畢生所學的菁華：選擇最切中事理的主題，迴避儘可能多的禁忌／錯誤，在短時間內下達最好的決策。這個過程充滿著理性與邏輯的思考。所謂的理性決策，指的是高功清楚地知道法事底下每一個科事步驟的意義及重要性，他能判斷出必須與非必需，最適合與次適合，然後衡量局勢，勇於取捨，作出符合經濟理性的結論。另一層理性，是所有的道教科儀背後其實都有規則和科學的運作法則，〔註 25〕都該嚴格遵守。這裡主要是指與神祇有關的知識、實踐面上的注意事項，以及與祕法、行止有關的知識和常識。這些知識的奠基來源廣闊，於道人生活中無處不在，可

〔註25〕這裡強調的規律與法則，指的是具備階序性或規律性而可預期的結果，無涉徵異或休咎。

說是歷代道人們積累的精華，絕大多數並非廣成獨有。其內容雖然龐雜多元，我根據與廣成道士往來中整理出較常談及顯得重視的幾項觀念，說明他們思索運作的幾個重點；這當中又可以先區分為道門內普遍的知識，與較具有廣成地方性的特點。

　　與神祇相關的知識，不外乎要明白神明間的性質職能、高低位階，並清楚各個主題下該請該設的神位共有哪些，這個部分與道藏中經典要義是符合的。請神必然是由上請到下，《廣成儀制》中「請聖」部分很清楚可看到階序尊卑的排列。擴展到多日法事時，節次的排列也要遵循這個精神，法事開壇灑淨後，首先的請師（自家師門，不算在通用的神聖列中；先請下來有監壇之意，又隱含有請迴護弟子的親暱意味；相反的如果是崇高遙遠的門派祖師，往往排在請神名單之中）〔註26〕，陸續安排的朝覲啟事都要時時謹記階序關係。然而同時又可以發現，某些神祇被賦予更多神格職能後，比如在《廣成》裡的文昌帝君，跳脫了一般常見的考運祈求，科本裡還能見到求職、求子等的功能。

　　類似科事的科本選擇，也可以從規模來判別；如「大品」齋醮就要高於「諸品」，一般要有五天七天以上道場才會選擇行大品科事。以請神科目的安排，會依照神位的高低排順，不能錯淆。又比如在「正朝」時要先奏三清，接著奏三元五老，再依主題往下。行「斗醮」，參拜諸星斗星君也有正確的順序：星主→斗母→北斗、南斗→斗中。當中科目或許會因考量跳過不做，但順序作為大前提是不可變的。

　　還有一種順序是動作的前後，有道是事有輕重緩急，要好好判別每個步驟的主次先後，方不致成了無效作為又失禮。比如「預奏」之後才會「正奏」，因為預告總要先於行事。相對於請神的自尊而卑，上表則要自下而上行，這就像是層層傳遞公文，值日功曹收發後，要先由攸司的最小部門同意受理，才能往上一關關地批核，所以文書上的「貼黃」〔註27〕才會做成多張浮貼成一疊的小紙頭，上頭逐張註明所司，方便讓各個層級所途經的各處神明完成後揭除。

　　至於看黃道擇日，絕對避開戊日，或是配合法事目的諸時令、對應星辰的

〔註26〕廣成傳承多元，是以師真極多門派也雜。啟師裡兼及各傳統並不迴避，再次印證登壇演法時對道法溯源的尊重。
〔註27〕原本是用在詔敕上的貼補修改或補充說明，在道教法事上是用來作文檢行移時貼在文書封筒上，標書對象的一種方式。

白日夜晚、正日子，都要牢記在心。此種種極是瑣碎，族繁不及備載，基本上是難以全盡的。它們散見於道經與必用集等之中，也可能因為不同傳統略有強調、忽視或牴觸。高功們要儘可能牢記於心，努力讓自己所排的節次遵守得越多、犯忌得越少，然後就越得式。以上所列常見規範，是廣成道士在規劃行持時較強調的環節，當然這些也多已是道門內共同重視的知識，或輕或重在不同傳統中各有強調。

此外，廣成傳統在實踐中有幾個特點，雖然言之成理但可能不為它地道士所用，背後大概有科本發明，或已不為人熟知的典故。在多日法事的慣例，廣成科儀一般習慣凡三日以上法事，無論齋或醮，都要安寒林、祀灶與鐵罐等〔註28〕，多半也會安排懸「皇旛」（比較不一定，因為相關事項較多，但若外出作法事或五天以上，幾乎就一定會放進來了）。多日法會通常還要酌量排入一些清吉的平科／單科，如「貢天」是最受歡迎的首選。若是五日以上法事，則還要加作〈安奉監壇將帥集〉（十三—36，No. 36）。

在排定高功上，廣成科儀還講究「有始有終」，即整個道場開始與結束的一科，要由同一位高功擔任，特別是指如「開壇」與「餞駕」，「寒林」與「斛食」兩組法事。〔註29〕此外，流傳下來的俗諺還說到「男不做生神，女不做度人」，這是指男性（乾道）高功不主持生神齋的法事，而女性（坤道）高功不擔任度人齋場上的高功。種種講究禁忌箇中原由已不可考，加上私人濟度科事目前恢復還不全面，暫時還看不出是否都被遵守或將被恢復。

《廣成》科本本身自然需要被密切遵守，面對當中不免出現的小錯誤，高功也需留意甄別。最容易被舉出的例子，是斗母不喜檀香，所以在拜斗相關又特別是朝斗母的科事，是禁檀香也禁酒的；如〈朝真禮斗〉中就提醒「香。宜沉降芸香，忌檀麝香」（1a）。然而在〈九皇大醮·斗姥預祝〉（RJ-6）中一分香時所祝詠的四句，卻不小心疏忽了：「旃檀仙品本非常」（3b）。〔註30〕廣成裡分香朝禮的環節極多，常搭配偈句韻調讚揚所獻香煙，這裡看來只是編纂鴻篇巨頁時的粗心。高功需要能警覺文句的錯漏，適時應變，如這種情形可能會轉

〔註28〕關於非做不可的科目，每位道士各有見解，不見得完全統一，這邊列出的是應該沒有疑問的。另外如〈靈祖正朝〉、請水或更多（閔智亭1990年，頁122）。

〔註29〕實際的例子可參見第六章的一個完整法事的節次表，即是〈開壇啟師〉與〈圓滿餞駕〉兩科，〈安薦寒林〉與〈鐵罐斛食〉兩科，會由同一位高功完成。

〔註30〕同樣的失手還出現在如九皇醮系列之〈四夕朝元〉（十三—66）：「霧裊檀烟達九圍」（1a）。

小聲地帶過（基於對祖師的尊重，不會刪除）或閉口不言。

　　從上整理的規律，可以看出來在設計安排儀式來說，有豐厚的規矩理律存在，需要認真遵守以合乎（道教）道理。節次安排並不是一件避諱、神秘的事，而是可以討論交流，甚至高功的安排固然含有無可質疑的權威，但若是有違了準則，仍是要受評價的。

例子：N 廟事件

　　筆者田野期間便意外遇到了這麼樣一個例子。成都市內 N 廟〔註31〕的高功因事必須缺席自己廟子上的中元法會，於是經人介紹聘請了一位外地來的，亦行廣成科儀的道士擔任該次高功；兩位高功並不認識，洽談也只是透過電話有簡短的交談。基於對聘請高功的尊重，也因為有些倉促，當次科儀決定由聘來的高功自行決定。那年的法事進行得不太順利，除了這位外來高功下壇時跌了一跤，壇上有人不小心摔破木魚，沒能與新高功好好搭配的經師們也頗有微詞。待得該廟原本的高功回來，聽了大家的反應，就法事安排一環私下對我提了幾點抱怨。〔註32〕我們先來看看當時的實際節次與理想版本對照：

	實際版本（2012）			評議版本		
十三	開壇啟師 安奉灶君	申發三界 安薦寒林	中元慶賀 大開方隅	開壇啟師 靈祖正朝 大開方隅	連壇蕩穢 安奉灶君	申發三界 申啟城隍 招攝亡魂
十四	天曹正朝 正申十五	貢祀諸天 正申酆都	救苦正朝	正啟三元 血湖正朝	救苦正朝 正申東嶽	朱陵黃華
十五 〔註33〕	朝真禮斗 靈祖正朝	圓滿餞駕	鐵罐斛食	中元慶賀 圓滿餞駕	天曹正朝 鐵罐斛食	貢祀諸天

　　表中的第一欄是外聘高功當時實際安排的順序，第二欄則是與我聊天時，應我之請當場排出的「理想型」勘誤的節次。草擬的過程加上討論，約莫是二十分鐘，間中也會出現斟酌、刪改替換的情況。過程中他對安排或修改都

〔註31〕本例中所有人員皆姑隱其名。惟內文描述確實無誤。

〔註32〕對其他高功的作法作直接批評的情況並不常見，道士們對彼此間不同作法多只以不同傳統／傳承視之，相當寬容。在這個例子裡，原本的高功應該是因為事涉自家宮廟，口氣上便比較直接不客氣，對其中錯誤亦是直指無諱，算是不尋常的事件。基於尊重每一位報導人的意見，我也不會以 A 說法交詰 B 說法，所以得到這個評論，實在是意外的收穫。

〔註33〕四川地區的中元期間，僅為農曆七月一日至十五（十五晚間亥時即關鬼門），而不是以七月為整個鬼月。中元法會的安排也沒有關於開、關鬼門的科目。

能說出考量的因素，讓我知道他支持、反對的理由，而不是無的放矢。這是我第一次親見高功排節次，旁觀過程讓我受益良多。

總結對節次上的批評，主要是在順序時間的不正確。上表中加上網點標注的就是有爭議的部份。首先是第一日（七月十三日）的「大開方隅」（廣成儀制大開方隅全集，十三—39，No. 39），這科的目的就在向五方開道，如此才能把幽魂順利招引到法會現場來，進行安頓與拔度。所以很明顯的，在行動順序上的理解，就應該事先把道路開好了（即〈大開方隅〉），接著才有辦法把主薦附薦一切幽魂提攝過來（即「攝召亡魂」，〈關攝亡魂全集〉，十三—40，No. 40），引亡魂出了鬼門關來到壇場上，又因為不會立時給予超度，所以要先安頓起來，等待最後一天的斛食，於是壇場上便臨時建起男女魂歸所（〈諸品齋醮安建寒林集〉）。照這個時間脈絡理解下來，實作版本沒有先將孤魂招來反而先安了寒林，就是步驟的顛倒錯置，不合於情理。

就節次來說，真正不可寬宥的問題還是在「中元慶賀」（〈中元大會慶聖全集〉，十三—20，No. 20）與〈靈祖正朝〉（十四—32，No. 151）兩科。中元慶賀是中元會上賀壽的主科，在向中元赦罪天尊朝賀，所以在安排上當然要把這樣的主科放在「正日子」〔註34〕上來舉行，也就是七月十五日，這是本次編排的重大錯誤之一。再者，正科在安排上就是要作為中心，讓其他科目好好將之烘托起來，所以中元水官大帝不應該是第一位作正朝神祇，在迎賓位序上不合理，與其他神祇的階序較量上也是大誤。雙重的失誤，造成本次法事最大的責難。

「靈祖正朝」也同樣犯在迎請的順序錯誤。「先天斗口靈祖」即民間常呼之「火車王靈官」，作為雷部護法神也是廣成科儀中常見的護法神，深具淨壇伏魔的能力，所以行齋醮時頗可見禮請靈官爺臨壇證盟。在這個概念底下可以想見，若要迎請護法神祇下降，那必然應當排在法事較初始的科目，才起到監與護的功能。此外，前面已解釋過「圓滿餞駕」之所以要排在「鐵罐斛食」之前，就是因為接下來要利濟幽冥，屬於法事本體的部分已經完了，所以餞駕科儀就把所有神靈恭送離開，不可能還獨留靈祖下來，不合禮也不合理。

高功對我解釋這些錯誤時，用的多半是現實世界中人事安排上的比喻，比如觀禮嘉賓都還沒入席怎麼可能請主角上台說話（關於中元慶聖）；你沒有事

〔註34〕盛大的法會常會舉辦多天，但以最有意義的一天，如神明生日或歲時節日為「正日子」。法事的安排也要以該日為中心來設計。

把人家貴賓留下來不是很沒禮貌嗎！況且把神明留下來看施食法事，鬼魂會怕會不安呀（關於鐵罐）〔註35〕。很生活的比喻使我容易理解行事背景，也進一步讓我對他的決策心悅誠服（本處只對於有網點的科目評論）。明確的、本實上的錯誤與個人意見不同，這裡很明顯可以歸咎於外聘高功的思慮欠周或知識不足。高功即便能自由地安排程序，不容質疑的前提始終屹立在前不容侵犯，必須時時牢記。月令時節、神階、收發窗口……等合乎情理的階序順序不証自明，愈辯愈明，千百年來傳遞下來為道士們信奉不移共同遵守。至於其他不少較細微的項目，實踐上多了模稜兩可的空間，相對容得進些許爭議異議了。

　　這一小節反覆用多個比喻，希望能更準確地表達道士設計法事的心思歷程。此短短二、三十分鐘之所以重要，因為它幾乎是動用了道士本身習道多年下來的全部知識才設計出來的，也幾乎就能夠涵蓋整個道教精神。那麼道士在這思考過程中都做了些什麼，是否想了一樣的事情，擔心一樣的煩惱，其實我們是很難知道的。只能試著找出共同的作法，歸納出簡扼的步驟（試著理出可能的理絡，但畢竟不可能出現制式公式）。我們只能確定，他們賴以成功的判斷，來自對道教大大小小的常識與知識，引導他們做正確的選擇與決定，並適時提醒他們注意到錯誤與輕忽。道士們要時時警惕充實自我，也要好把握累積經驗的機會。

5.4　靈活奔放的節次安排

　　如同專供廣成科儀使用的文檢集留存豐富，道士們也很習慣（也是被教育成）自作文檢；道教法事的節次雖然留存不少，道士們還是強調要自己開列、自己設計。廣成法事在設計上不喜重複，道士總會多花心思，讓節次的本意不失，氣韻連貫，但排列卻不是一模一樣。可能是出自同一人之手底下的差異，或是同一主題底下不同傳統道士的心思各異，處理相同主題而不相同的節次，卻終究達到一樣的效果，說明了箇中的偏重計較，其實可以殊途同歸。

　　設計的「殊途」之所以被認可，在於此前再三強調的合於道理。也就是說，無論是堅守自己傳統的廟子，或是高功在處理同性質法事表現的差異，都會堅持自作，不曾想過直接沿用過去的舊版本。這有點像是接受請求來一場

〔註35〕同樣的意見在與其他道士談天時也會出現。

即席「創作」，經驗老到的道士來說簡直是家常便飯，所以實在不會有抄襲的想法（單純指沿用，不具負面指控）。即便是高功前後兩次交出了同一樣的節次，安排的當下他還是有重新將思考（或記憶中）的節次寫下來，沒有聽過會直接說那就把去年／上次那個拿出來用就好，這樣的說法。

我們從接下來兩張節次表也可以清楚了解到。兩張表分別代表了關於同樣都是中元會的不同的使用前提。青羊宮節次表是由同一位高功主持在前後二年提出稍有不同的節次；以及鶴鳴山表顯示了在傳承較為保守的子孫廟裡，不同年份與不同高功表現的差異。

表：青羊宮中元法會節次比較〔註36〕（同廟同人不同年）

	辛卯年（2011）			壬辰年（2012）		
十三	開壇迎聖 靈祖正朝 關昭亡魂	申發三界 正申城隍 安建寒林	玉樞寶經 祀供灶君 停科回向	開壇啟師 申啟城隍 安薦寒林	申發三界 安奉竈君 停科回向	靈祖正朝 關召亡靈
十四	救苦正朝 度人妙經 停科回向	正申東嶽 正啟三元	午時獻供 血湖正朝	正啟三元 午供亡靈 血湖正朝	早供亡靈 朱陵黃華 停科回向	正申東嶽 救苦正朝
十五	中元慶聖 拜斗解厄	天曹正朝 圓滿餞駕	祀貢諸天 鐵鑽斛食	中元慶聖 午供亡靈 辭靈送化	早供亡靈 祀貢諸天 鐵鑽斛食	拜斗解厄 圓滿餞駕

表：鶴鳴山中元法會節次（同廟不同人不同年）

	庚辰年〔註37〕（2000）			壬辰年（2012）		
十三	開壇啟師 正申東嶽 款駕停科	連場蕩穢 安奉灶君	申報三界 安薦寒林	開壇啟師 安奉灶君	申發三界 安薦寒林	申啟城隍 關攝亡魂
十四	正啟三元 救苦正朝	靜斗燃燈 正申十王	朝真禮斗 停科回向	正啟三元 血湖正朝 漂放河燈	正申東嶽 救苦法懺	冥京十王 貢祀諸天
十五	正慶中元 圓滿餞駕	貢祀諸天 施食濟幽	朱陵黃華	中元慶聖 圓滿餞駕	救苦正朝 鐵罐斛食	生神正朝

〔註36〕加入網點科目表示兩場共同，部分詞彙稍異（如「正申城隍」或「申啟城隍」），不影響其內容。

〔註37〕青羊宮兩年度的節次皆蒙主事高功所贈。鶴鳴山2000年資料來源為龔曉康，2001、2012年為筆者實際參與記錄。

在青羊宮連兩年的紀錄，由於是出自同一位高功手筆，相似度非常地高。但也不因為同一位高功設計、同一個宮廟地點、同一門法事連續的兩年，這一連串的同，而讓排寫出來的節次也一模一樣。相反的，高功反而要利用這樣的情境，高明地點出同中求異的地方，這就是我們說的眼界、手段（這裡描述得有點爭強好勝的脾氣，我不確定高功們是否的確有這樣的意氣，不過他們若是自認安排漂亮，也會表現出開心得意；至於對其它道士／傳統的節次，會含蓄地討論，但不會覺得有比較競爭心態，也不會想要模仿，「因為傳承不同」）。

鶴鳴山的安排，則看的出較大的差異。節次安排的前後問題，可以簡單分為兩種。首先是清吉科事，作為輔佐與增輝一堂法事的平科，在數目與位置上相當彈性不影響行進的原則。再來還有部份是加了網點的科事，這邊顯得比較有趣，明明科事的重複性不低順序上卻顯得混亂，我認為是因為在佈置上有很多支線，要多方綜合所以各有所重。但我們可以看到，無論如何該遵守的規律，如先申「東嶽」才申「十王」，「救苦正朝」要在「餞駕」以前做完，又或者是十四日晚（或）之前要把蓮燈漂送走。〔註38〕此外我們可以看到雖然都屬於陰齋陰法事的範疇，由於該主題底下可互通科目（宛如一個相關資料庫database）太豐富，選擇使用上就非常豐富，變化也隨之變多。

有個機會與多位熟於科儀的道長們飯後閒聊，道長之一率先分享了他在外地做法事的見聞，另一位道長（較資淺，擔任高功經驗也較少）便趁機請教關於他還沒機會行過科事的細節，交談極有興味未見遮掩推託，各人都大方表示意見或分享。末了話題延伸到法事科目究竟如何安排，有的道長強調遵循固有傳統，走較保守萬變不離其宗路線，有的道長則對創意編排顯得興味盎然。這時方才請益的道長面有得色地拿出一本筆記本，不無炫耀地展示裡面記錄下的他長期所編、所見的法事節次，內容依照主題分類，其下還有按照一日、三日、多日種的組合，而且常常列下不止一種安排。這本薄薄的冊子（一般市售小筆記本，每頁約寫有 5～10 筆節次，已有 5～7 頁。沒有得到拍照許可）不但是他的見聞、經歷的紀錄，言談中還發現當中的有些節次只是預想創作，是他還沒機會做到的。〔註39〕這裡看得出一位高功的企圖心與好學的一面，由

〔註38〕〈救苦正朝〉十五—30，No. 269；〈漂放蓮燈集〉十四—57，No. 175。
〔註39〕我所認識的高功們都會將自己排定的節次保留，方式不一。近年由於電腦與網路普遍，有些道士就會利用來保存，這也是因為有排版輸出、上網公告的需要。若是使用電腦儲存檔案，不論是節次、章表文檢，對有些道士來說就沒有「斷章」的必要了，這是新時代的變化。

此不難理解，何以高功在排定節次時快速而篤定，因為他們平素也常就此認真鍛鍊自己的判斷能力與敏銳度。

負責或受委託行法事的情況多端，那麼要如何決定由誰來安排節次，又是誰來擔當高功的？一般而言，若是在自己的廟子裡，必然是一切以總責高功為首，由他全權決定，這樣的角色在正一或民間則稱作掌壇師。但若是某位高功單獨受聘去外地作法事，考慮的因素就比較複雜，比如他只是簡單作為經師或第二順位輔助的高功，作為支援角色的性質，那麼基本上他就沒有什麼好準備的，人去了就好，到時一切聽從主持高功的安排，原則上他也不會對指派有什麼異議。如果是受聘擔任主要甚至是唯一的高功，那責任就很重大，節次大概就會由他來決定，文檢也可能要負責準備（有些情況會因為途遠物重而改由其他人準備，這個在洽談時就必須確認）。因為是單獨受聘所以需要尊重主家或壇班的情況比較多，當場的配合程度也是需要先考慮的。如果負責糾集班子的是資深掌壇師，但年邁力弱已經從高功的位子上退下，多數會一手包辦準備事項。這些細節在接洽之初就會把所有職責詳細劃分清楚，因為不只關係到準備有缺會讓法事開天窗，也將直接影響到壇班成員所得到的酬勞。〔註40〕

對道士們追問設計原理的時候，可以明白到，節次一旦確定，便是公告的定規，壇班中一干經師人等咸須奉行沒有抱怨。即使當中成員也有擔任高功的能力經驗，仍必須對負責該場法事的高功予全然的信任和尊重。反過來它還是可以受到公評，尤其是明顯違反常律，這是所有道士共享的知識體系，藉由日常與科儀的實踐內化。至於各自的變化則屬不同傳統或創作，會加以尊重。

文中的說明除了道士簡單的答覆，還有我從自己的知識揣度，漫漫的學習中我試著理解道士說明的理絡，盡量來引申對著節次看圖說話。我想要呈現的說明是，我（／研究者）若盡量模仿、趨近道士在科儀上的學習（除了內祕），也能盡量印證的原則，我心中思考後也覺得言之成理的地方，我據此提出的意見也是可受評價的。畢竟節次就像是一個創作，難免會受到各人各自的影響，不可能要求整齊劃一；但另一方面它幾乎要依靠著知識與原理來運作，充滿著理性判斷，也不容恣意妄為。廣成科儀在諸多執行方面都對人（道士與信眾）

〔註40〕酬勞的份子是根據所領工作難易的分股所得（如每人基本一份，高功多一份，書記一份……等，所以擔責越多酬勞越多）。關於收入分配，以青城山為例可參考甘紹成 2000 年，頁 48、61。

較為開放，它容許人的參與成分較高，在信仰堅定的前提下，並不事事依賴神明首肯，對信仰與對秘法神通的追求也不會打折扣。這點回到法事設計上，就是道士事事先反求諸己，力求設想周到，盡量把分內工作都做到好，然後坦然面對信仰神明。

5.5 現代的改變與疑問

目前四川廣成科儀的發展，雖然逐漸恢復，有更多的宮廟重新開放，法事規模也逐漸成長，相較於從前盛景，還是顯得疲弱。法事上的無力基於兩方面的問題，《廣成儀制》傳統的不齊備（行持能力以及科本祕法等），以及傳統凋零，新舊傳承出現斷層。

《廣成儀制》中有很多法事目前已不再做了，有些是因為自然科學與醫學普及而喪失重要性，另一些卻是失傳。就零碎所知，如因為民智大開而逐漸淘汰的科目，大概有因為醫療衛生的進步，對袪病袪瘟，特別是袪水痘的機會漸無。這個心態改變仍然是相對的，齋主方面當然明白現代醫學的優勢，小病小痛就醫才是實際；所以通常要到了藥石罔效才會轉回訴諸到信仰，多是盡人事的心理。在道士來說也清楚神力與科技的界限，提出不妄干天意，不做無用之功的立場，與醫療有關的措施目前主要集中在「接壽」、「接限」一類法事。現代建築材料工法的改變，舉行「安龍奠土」的情況也變少（不過若是工事中挖到古墓，還是有習慣作法事奠祭安撫，城市裡也會）〔註41〕；新建或改建房屋前的「禳蟻判散」連鄉村都很少做了，「祈晴禱雨」、「保苗、驅蝗、禳瘟」就更是趨近於零了。〔註42〕

〔註41〕這樣的意見來自筆者2012～3之間的訪談，然而到了2016年，因為城市開發與經濟大好，社區開發或私宅整修時，對安龍或小範圍風水局的需求反而增加。又如2020起對大眾生活影響甚鉅的covid-19疫情，近年便出現了不少驅瘟法事，其中並多所發明。此間科目轉而又受到重視的現象，除了受聘高功有感，青羊宮印售經本的道長也感覺到需求量是有所上升的。
〔註42〕此類需求相應的廣成科儀，試各舉一例：「接壽正朝」（十三—86，No. 86）、「祈禳十八誥」（十三—89，No. 89）、「禳痘疹全集」（十三—60，No. 60）、「土皇醮」諸科（十三—98～100，No. 98～100）、「奠謝古墓」（十四—103，No. 235）、「禳蟻判散」（十四—21，No. 140）、「龍王正朝」（十四—5，No. 124）、「保苗」諸科（十四—13～17，No. 132～6）、「瘟醮」諸科（十五—40～45，No. 279～84）等。以上僅簡單舉例，實際還有很多科事可選用，亦能組合變化。

　　至於沒了傳承則難以復原。如公認已失傳科本的「泰山醮」、「十二大願」、「五星順度」等，在科儀本意上或許不是不能替代，其科本本身要能再現世或許有待奇蹟。另外像法壇規制的簡省，比如民國開始已不興夯土築壇、戶外搭壇方式作法事，所以簡化行事，傳下了新的作法。失去實際的科本或作法，後人嘗試復原往往遇到挫折，比如「左、右案」科儀的應當怎麼來作？曾有道士（非行使廣成但曾經有過較深刻的閱讀）與我分享他的看法，推測可能以一先一後來作（先左再右），或二擇一挑選的可能。在成都目前實際的作法是大型法事中，（多個壇時）由兩個壇同時來作，又或是分在一天的早與晚來作，〔註43〕此類執行還少，還是有不少廣成道士對此感到陌生。

　　當然也不是沒有復原順利的，例如「放生科儀」和「財神正朝」。這兩部經在《廣成儀制》現公開各版本中都不存在，但於現今信仰者而言又算是較知名或較需要的，所以能被找尋、修復也是意料之中。就筆者所知每年農曆四月初八的放生會，在四川已經復行了五到十年（在長江或其支流邊舉行，在錦江流過成都市中心的岸邊都會舉行）。財神正朝近三五年也可見到舉辦告示，都有許多不同團體在做。這個「復興」最有疑慮的地方是科本，由於號稱是殘本修補，與原書的差異無法比較。目前所見內容也只有現代電子排版書體沒有原版（案，這兩科的版本現在都可以在網路上找到），所幸就內容來說，〔註44〕因為還是保持廣成科儀段落規制的編排，實行上沒什麼難度。

　　科儀書有新造作，科儀本身當然也有不同詮釋；法事之內各科能自由安排，科事之內也不乏有獨到創意。鶴鳴山的禮斗法事主要提供〈靜斗燃燈〉、〈朝真禮斗〉、〈拜斗解厄〉三科，此三科當然是分別獨立的科儀，不過因為都屬於朝斗性質，禮神朝真的段落是相同的，高功便巧妙地利用這一點，將三科串聯在一起用。三科合作的禮斗在節次上就變成一大科，作法是開壇灑淨到圓滿回向之間，以靜斗→朝斗→拜斗的順序來作，到了相同請神環節，請完第一輪後就翻到下一科接著做；概念是簡省下重複的請神，將三門稍有不同目的的

〔註43〕但或許同有左右案的科事會有不同的實際做法，如「度人提綱左右案上、下部」（十五—1～2），就文氣分析便應該是前後順著做，而且可以連壇。由於還有不少法事未能恢復，實作的討論有時流於揣測不能相當肯定。

〔註44〕關於不在現有出版（起碼刻版形制風格能符合），甚至不在目錄上的新科本，認定上是有困難的。不論是手抄本或是電腦打字排版，難免有容易模仿攀附的嫌疑。有的道士們認為可以從經文風格判斷，但主要還是看有沒有使用需要。也有的認為既然真假難明，那麼不在目錄裡的科本，一概不收不看。各有道理。

禮斗一起做到，兼顧三個優點，可說是畢其功於一役。〔註45〕青羊宮在做「貢天」法事時，也出現過將部份段落回頭加作一次。〔註46〕將有共通性質的科儀剪裁、跳接來作，當中的巧妙並不是為求標新立異，而是道士透過了閱讀、實踐體悟到可以互通、簡省之處，將之以合理地設計安排。不過這些例子都不是近年新創，而都源於數十年前的做法。新的創發若是沒有疑義地被接受使用，長久以往便成為獨特的地方小傳統。

傳統表現若是常見又行之有年，大家往往習以為常，只當是不同於本身的傳統。但若是明顯受到時下流風所致，又或者是缺乏可稽傳承，往往私下成為受質疑的話題。比如某川內宮廟發展得早人員又充足，是廣成傳統的大重鎮，不少後起小廟都曾往去學習科儀，近幾年卻常常被抱怨科儀改動得太多太勤，雖然只是當中一些小步驟（原因並不清楚，或是因為屢屢受邀外出演法受到啟發，或是自衿於龍頭地位），所以會聽到道士私下興歎「一年一個樣」，或是「我們○○現在都沒辦法跟他們配合了！」〔註47〕不過宮廟間彼此卻又不排擠、敵視，仍有相當合作。新學的道法也是，某位高功近幾年開始在他主持科儀當中的灑淨之後增加一個罡步：「鎖壇」，在他的道法理解裡，「灑淨鎖壇」（其節次表中用法）是為了保持壇內肅穆清靜（就像是我把地方打掃乾淨了，就圍起來不讓人走），偶然聽到有道士對這個新做法頗不以為然，他持的觀點是，既然把壇都鎖了神祇又如何能下降（你把家門都關上了怎麼能邀請客人進來呢？）。兩造在這個議論上各執一理，而且各有說得通的地方，究竟有沒有正解我也不能確定。

〔註45〕田野中有多位道長都認為這是鶴鳴山很獨到的傳統，它起碼在1985年便已存在（由於追溯上模糊，還不能確定更早或真正開始的時間點）。此外青城山可能也有類似的作法，將此三科合稱作「廣成儀制清靜朝真禮斗全集」，簡稱「朝斗」（甘紹成2000年，頁290～1）。筆者並未親見，不能確定與鶴鳴山的做法是否相同。

〔註46〕當時高功解釋這是一種強調，並認為只是傳統的不同，沒有什麼意義，似乎也不是每次都會這樣做。

〔註47〕這兩個發言分別來自不同宮觀的道長，不同場合。他們的言論雖有些戲謔，一些些感嘆，卻也不是對該廟法事的全盤否定。另外，對於「沒辦法配合」這樣的評論其實很有意思，筆者曾觀看一次法事，期中只覺得不時會卡卡頓頓的，眾唱部份也很虛弱，事後才知道是該廟與另一間廟成員的合作。所以在搭配上的確出現容易被察覺的不流暢，默契也比較差，甚至出現部分經師在歧異段落直接閉口不唱。但不能搭配在此卻又不等於不能一起登壇！事後也未因此起勃谿。不同群廣成道士間的認同，可謂相當微妙有趣。

　　新造科儀書多少也有這樣的問題。所謂新造是原本就不存在《廣成儀制》裡面，因為新的使用目的而作的全新編寫。當然這個在內容上不可能是百分百的自做創新，除了在格式上必然很遵照廣成原有的架構，使用頌、贊、咒等也是從原有科本裡套用，整體仍力求與廣成科本體制相近，想複製陳祖師的風格。新作的情形目前相當少見，都是為了實際需要而來。如〈救苦正朝〉（十五—30，No. 269）一科本是陰法事，作為超薦法會上禮懺太乙救苦天尊的科儀，所以雖是正朝但不能用於賀壽。因應請託，便有道長為某宮廟行祝壽儀編寫新科〈東極正慶全集〉，其內容大體脫胎於〈救苦正朝〉但又能巧妙地改寫配合變化的情境。又如有的道廟中五路財神的受祀特別鼎盛，廟方為了對其壽誕法會表現更加慎重，就編寫了〈財神正朝〉〔註48〕科事。這兩科都標註在《廣成儀制》底下，未來被接受或推廣的情形還有待觀察。

　　本節提出必須要對安排節次深入了解，是在強調節次的建立本身就是對道教科儀所有運行法則的肯定；進一步說，它是由道教所有知識所支持。因為唯有這批幕後的龐大的知識不斷衝擊辯證，道士才能走出正確的規律脈絡，甚至有可能回到研究者所提問，如何趨近科儀法事的核心。

　　不論守成或創新，行廣成科儀的道士們接受道法薰陶，歷來主動、寬容彈性的風格，養成廣成道士自主又自由的堅持，對造作法事節次（多科或單科）、造作文檢上成果極佳，也讓他們更有自信繼續創造下去。這個體會或能讓我回過頭來自問自答：為什麼對廣成道士而言，沒有固定的《廣成儀制》目錄並沒有太大的困擾？因為學習、了解科儀的過程讓他建立自己對科儀的詮釋，不管是類型、組合關係，在他實用的範疇裡，心中自有一套儀式性質的連鎖聯想網絡讓他索驥，設計利用，並且不會離開正途。道士在每一次的節次編排都花下心思，讓法事編排更圓滿更反應心志。表現在多采多姿的節次表上，只要是端守原則、言之成理，大膽地表現融會貫通後的見解，都是可行且可敬的。

〔註48〕與本小節一開始提到的版本不同。由該廟主理高功編寫，目前應僅有該廟使用。

第六章　以「受生填還」法事為例，看廣成科儀安排的今昔〔註1〕

　　本章將以更完整細緻的論述，說明對廣成科儀的理解及編排思路。將透過一堂大規模法事的舉行，其中一連串規劃，實際說明道士是如何思考並安排一場法事。這裡我以一個在漢人社會普遍存在但頗有地方差異的法事——「受生填還」為例。先說明此科事的神學概念，接著以筆者曾完整參與的一場還受生法事為例，再搭配其他編排可能，說明道士首先如何理解「還受生」其核心意義，以此推敲安排最適當的節次，務求達致心中的理想型。

6.1「受生填還」的基本概念

　　「受生填還」的概念，簡單的說就是人在出生之時，為了能順利托生，對五斗星君、祿庫曹官、本命元辰等專司神祇許諾了一筆謝金（又一說是欠款），承諾順利託生後歸還。這筆錢應該在人生在世時償還清楚，如此有助於現世之福祐，更重要是人身亡故後，可不經地獄再得人身。

　　「受生填還」的神學基礎來自《道藏》的〈靈寶天尊說祿庫受生經〉（洞玄部本文類人字號。No. 333 of *The Taoist Canon*）與〈太上老君說五斗金章受生經〉（洞神部本文類女字號。No. 653 of *The Taoist Canon*）。根據解題，約是

成於隋唐與宋元。〔註2〕其實兩部經在成書時間與授受上沒有直接關係，內容敘述和實踐上也不甚重合，只能說兩經的旨趣在同一方向，並且他們要解決的人生問題是一樣的；所以一般多將此二經併列使用，以求保障更大更全面。目前所知各地行受生填還法事，除了納金謝神，也要誦念這二部經（偶有獨偏一經的情形）。

四川地區廣成科儀在還受生上也遵循這兩部經的教訓，向來是為生人作，這點從現存科本、史料記載與田野訪談中都可以看到。在《廣成儀制》的編排上，作還受生不是一個簡單的小事，而是有整體搭配的多日法事，一般安排起碼要三天以上。所以傳統上家族能作還受生是件了不得的事，自然也成了不少老人家念茲在茲的大事。對廣成道士而言，作還受生錢也是件大事，因為這是廣成科儀裡對文檢需求最繁多的一門法事，需要大量的事前準備。

〈靈寶天尊說祿庫受生經〉（以下簡稱〈祿庫經〉）講述靈寶天尊說法時光妙音真人叩問世間男女富貴貧賤何以不同，天尊於是詳說：一切眾生皆「命屬天曹，身繫地府」，得生之日向地府冥司借貸了受生錢財，登錄進祿簿之中便成為人身的富貴貧賤，若一再負欠不還就會被冥官剋陽祿以還陰債。所以在世時除了行善敬道，還應當設齋行醮，「依吾教誦念此經，燒還祿庫受生錢」（2a），如此便得富貴、官壽、榮華或男身等等，反之則蹇困窮苦。此等高低又反映在天尊賜予北帝的寶樹神弓，寶樹的東西南北枝各代表不同貴賤境遇，將得生者以此弓箭射向寶樹，依所得結果託生，但是射箭的結果是受到自然果報的道力影響。接著仔細說明十二年宮（地支）掌管祿庫的曹官，其姓氏與所欠錢數，這筆錢是人要將出生時（人之生身）所欠。第二筆欠銀則是出生當時（即得為人身時）所許下的元辰錢財，皆清楚列出十二所屬元辰（地支）曹官的名位、錢數。

本經精短但陳述清楚明確。人受生之時有所逋欠，所以當認清此負欠，在生時完成償還，償還的內容有二：與地府有關的「受生錢」，以及與星斗元辰有關的「元辰之財」。若能如數奉還，並且「一一明具合同疏牒，燒還本屬庫分者，即得見世獲福，富貴果報，來生永無苦難。」（4b）得到當生與來世雙重的福祐。其所欠祿庫受生錢與元辰錢數目如下：

〔註2〕《中華道教大辭典》，頁151、282；The Taoist canon, p.986~987；蕭登福則以為兩經疑是同時代的作品，約在中唐或唐末。（蕭2002年，頁92）

	屬第___庫	欠金（萬貫）	宮曹姓		本命元辰姓名	得人身許錢（貫）
子	1	1.3	李	子	劉文真	7000
丑	2	28	田	丑	孟侯	9000
寅	3	8	雷	寅	鐘元	6000
卯	4	8	柳	卯	郝元	10000
辰	5	5	袁	辰	李文亮	6400
巳	6	7	紀	巳	曹交	1000
午	7	26	許	午	張巳	9000
未	8	10	朱	未	孫恭	4000
申	9	4	車	申	杜準	8000
酉	10	5	鄭	酉	田交佑	5000
戌	11	2.5	成	戌	崔漸進	5000
亥	12	0.9	亢	亥	王爽	6000

〈太上老君說五斗金章受生經〉（以下簡稱〈五斗經〉）說太上老君對五方五老天尊以下諸聖眾講述混沌陰陽妙要如何影響人類因緣報應，人之生時感五方五斗之炁，因應本命元辰十二相屬，所以各由不同斗炁注生（五斗中每斗轄有兩個生時人，天干計），故應當在三元五臘本命北斗下日等隨力章醮，供養五方五老，配以老君宣說的五方真文神咒，可幫助九天生炁注入人身，保守五炁，安鎮五臟。

而注生之日向天曹地府所許本命元錢，依每斗每炁各許了若干萬貫。這些須醮送的「本命錢」，依規定將暫寄天曹地府的十二本命、十二庫神底下（地支計），所以人當區辨、緊認當屬之本命庫官。經中教適宜在本命之日行章醮，把逋欠燒醮了足。又教，若是貧困無力請作道場，可改延請道士來家中持誦五斗金章寶經，每遍可折抵一萬貫文錢；倘仍無力負擔，也可自願持誦。本命錢與所屬庫份細目為：

	命　屬	許本命錢（貫文）
甲、乙	東斗九氣	9 萬
丙、丁	南斗三氣	3 萬
戊、己	中斗十二氣	12 萬
庚、辛	西斗七氣	7 萬
壬、癸	北斗五氣	5 萬

第___庫	1	2	3	4	5	6	7	8	9	10	11	12
___時出生	子	辰	申	亥	卯	未	寅	午	戌	巳	酉	丑

　　細讀兩經，我們會發現在內容與運作要求上並不相同，實作上甚至並非互為補充。但主訴是一致的，即講述受生錢／債的由來、人為什麼要還受生錢、還與不還受生錢的得失，及如何還受生錢。這筆為了託生所欠下的銀錢，因為與天曹（星斗）和地府（受生院）都有關係，所以對個人在世的流年運途、功德陰騭莫不有相關，直接影響了在世的順遂、亡故的審判和來世的人生。於是：

> 燒醮了足，別無少欠，即得見世安樂，出入通達，吉無不利，所願
> 如心，自有本命星官常垂廕祐，使保天年。過世之時，不失人身，
> 得生富貴文武星臨財星祿星五福照曜，身命胎宮，安樂長壽，不值
> 惡緣。（〈五斗經〉，7a～b）

　　經文中，無論是靈寶天尊或太上老君在講述償還受生錢債時都強調應當在現世還了，這就是屬於「預修」〔註3〕醮儀。宋時林靈真《靈寶領教濟度金書》（洞玄部威儀類）中多處提到「預修黃籙齋」〔註4〕中要設「壽生〔註5〕醮」，焚化填還及寄庫財馬（卷2）；卷173〈科儀成立品‧天曹寄庫醮儀〉、卷313〈文檄發表品‧預修牒劄關奏申狀表〉都是直接對寄庫填還的規制。全書中共有十一卷處提及預修受／壽生，各卷中亦陸續提到天曹掌六十甲子壽生真君名諱、所需疏牒合同各色文檢以及凡例須知等，與《廣成儀制》大

〔註3〕所謂的「預修」，顧名思義凡為來生預備作的法事就能算在裡面，所以可以涵蓋的品目很多，不是單一科事專稱。道士可以根據齋主需要白事紅作，比如本章討論的還受生錢；也可能是法事多樣功能所及，可能顯現在隨門分事中，如〈南斗正朝〉、〈北斗正朝〉、〈正奏天曹〉等。（《廣成》對科儀中的隨事分門設計得很細緻，如常見的「南斗正朝」分成有：醮會、裕民、斗筵、預修、七齋等五門。）對預修的討論，可以參考 James Robson 2013 年，李志鴻 2008 年。

〔註4〕如《靈寶領教濟度金書》開列有「預修黃籙齋五日節目」（卷2）、「科儀成立品預修黃籙用，三日九朝」（卷161～3）、「（預修用）天曹寄庫醮儀」（173），並在其後各卷分註如神位（6）、真文（271）、存思（285）、文檢（197、311～3）等範本。

〔註5〕道藏中兩部經皆使用「受生」，而「壽生」據蕭登福先生的看法是出自佛經用法（蕭 2002 年）。在《大成金書》裡受生與壽生則是呈現混用，《無上黃籙大齋立成儀》（洞玄部威儀類）也是這樣的情形。筆者以為二詞區別或許不那麼涇渭分明，但本文則一貫使用「受生」。

致相同。

明《上清靈寶濟度大成金書》與《濟度金書》對還受生的發明持相同看法。卷40中提到的「至於寄庫受生之錢」，指出受生錢雖然是人死後才使用；亡人持著陽合同與所屬庫官（持陰合同）一同開庫，點數足額欠款歸還之；但在生時就要填還完了，要先燒化銀錢往庫官處「寄存」暫管。即使甯全真、周思德認為這樣的儀式並非一開始（起碼可認為兩本道經成書的下限宋元之前）就設立，乃「後世添入也」（卷 40），可以認定的是在高道甯全真生活的時代——亦即宋時起，還受生就已經成為「預修」法事之一項廣被接受，且已頗有規模。

另根據蕭登福先生的研究，寄庫在唐末時已存在，與其時紙錢之所以相當普遍，能廣為接受，與道佛這幾部受生經的出世大有關係〔註6〕。紙錢〔註7〕作為還庫最重要又最大宗的準備物質，其影響庫銀思想的出現很是必然。不過蕭先生文中過度強調了燒化紙錢供死後生活與來世享用的思想，筆者以為在經文中其實並沒有這麼著重，反而是後世增衍的結果，當然正是反應了民間信眾的心願〔註8〕，也是道士向齋主說明（推銷）的話術。以經文推衍當然可以說有這樣的意味，不過筆者以為從經意上「還庫錢」原意指的是歸還逋欠，三生因而得到福祐為獎賞，相較與在現世有餘力而為來世預先積存錢財富貴，在意義上還是有區別的〔註9〕。

還受生錢的概念與做法看起來簡單，但作起來卻相當細緻龐雜，法事本身最少就得作上三天，通常是五天或七天，還不提事前大量的文檢、器用準備

〔註6〕蕭 2002 年，頁 79。

〔註7〕關於還受生或還庫專用紙錢，相關討論可參考 Hou Ching-Lang 1975。

〔註8〕如「寄庫。最可笑者，富家婦女希冀來世投身富家，往往生前延僧道假廟地設壇，焚燒楮錢甚夥，妄信某甲子生人，冥間某庫官管庫，生前焚楮，取具合同，預儲以備來生之用，謂之「寄庫」。」（《四川省志・民俗志》，頁441。本條原文應來自《合川縣志》(1921) 風俗，又該志乃轉引《覺軒雜著》，今或不存；作者李鳳翱(1754～1835))；文中以民眾信仰的角度說明利害，也應證了昔日還受生大化楮材收執合同的做法，以及窮人可能負擔不起的社會現實；另，此條目被轉引的時間、書籍跨度不小，或也可證明此觀念在四川地方的流行。又據《中華道教大辭典》「寄庫」條（劉仲宇作）說明，是流行於全中國大部分地區，先寄給陰間冥吏，以備死後使用，則又是另一種規劃方式。足見寄庫流傳及衍義的多元。

〔註9〕如現代日益熱絡的求財方式：補財庫，或稱「進錢補運」，強調的是拿冥錢弭補或增強現世原本虧損的財運祿運，求得偏財或事業人緣。

工作，鉅款的紙錢採買摺疊包裝也不輕鬆。四川直到國民政府時代，還是以家族／家庭為單位延請道士舉行（主要於家中，宮觀則少），因為所費甚鉅，其實並不是每家每戶都負擔得起，時常還要是兩三代積攢了錢才一起作了。著急趕在臨終前要還完的念頭，使得很多老人家對此是念茲在茲，以筆者對成都附近幾間有舉辦受生填還法事道觀的了解，發現九〇年代宗教限制鬆綁後，這些宮觀都是應年長信眾的要求才重新舉辦這個法事；而也是自該時起，四川的還受生才因經濟與人力的考量，改為公開報名讓信眾集體還受生。

6.2 《廣成儀制》中受生填還科儀的當代實踐

現存《廣成儀制》中與受生填還直接相關的科儀本還有四部：〈正奏金籙受生全集〉（十三—95，No. 95）、〈受生鴻齋迎庫官全集〉（十三—96，No. 96）、〈受生填還全集〉（十三—94，No. 94）、〈祭享神吏夫丁集〉（十四—55，No. 173）。可以說這四科的啟事是還受生最精要核心的功能。以下依科事的次第，對此四科的內容簡單說明〔註10〕：

〈正奏金籙受生全集〉，一般簡稱「金籙受生」：一如科名中之「正奏」，本科要旨在請神與啟事。先禮五方之五靈五老天尊，取意人從五靈五斗灌注真氣而得生；再向九天金籙無量壽生真君，南斗、北斗暨九天分別與受生、財庫及功德有關諸聖真信禮啟事。此啟請不但呼應了〈五斗經〉的請神順序，經中亦提及五斗經之典故，並有謹遵「五斗金章之昭示」（8b）這樣的陳詞。最末向神靈宣奏青詞、稟明主事，又發十二大願並回向告終。作為面向神祇奏告，本科依禮循階序自上而下，可謂通科中最正式審慎的場合，也是進入正題的首科。

本科以請與啟為核心，在行事上著重謹慎謙下，重點就是請神、獻香，是一科極文的法事。因為著重表意，經文內容上就較多出現切中還受生本義的陳詞，如「故五斗金章之昭示，乃眾生善果之根芽」（8b）、「千劫塵愆，隨清音而消逝；三生景福，遂拜禱而駢臻」（9b）等。

向來法事中請神啟事，都是從神位尊高的依序向下迎請，所以這言事的

〔註10〕此四科是以當代（我以為昔時當也是如此）儀式行進的次第排序。從序號可見《藏外道書》之排序並不符合法事節次的順序，舊目錄「老青羊版」與「白雲版」前三科的排序亦與《藏外》同（都在卷32，該部分排序兩版皆同；〈祭賞神夫〉則在第十卷）。

第一科是向法事相關的高位神祇，架構嚴謹，規格也較高；如請五方五老天尊時道眾誦唱五方靈章密咒，在結尾時發十二大願與迴向三寶。一如送化時道眾所舉天尊「托化受生天尊。一句一拜，每句必舉此號。」(9b)，呼應本科究極之旨要。行填還之三科在科本架構上很相似，都在迎請神祇並啟事邀福，由階序、意圖逐層向下而愈加詳細。

〈受生鴻齋迎庫官全集〉，一般簡稱作「受生迎庫」：迎請專職鎮庫司財的嶽府〔註11〕受生院六十庫官，因為庫官乃「統寄庫之曹權」(13b)，受生錢要歸寄所屬庫中，必然是仰賴庫官的配合、協助。《廣成儀制》的這一科很明顯融合了〈祿庫經〉再加上〈五斗經〉，更將人生的時辰具體細析為天干乘地支共六十屬分，成為嶽府受生院的六十庫官，各列有其姓氏與欠款數，每個屬份的生人還增置了相應的看經數目（我們從〈五斗經〉中可見誦讀經文可以增加功德或折抵錢份，但實際上如何操作卻無交代，可知精確的數量設定是隨後才增衍的。在廣成傳統裡亦是，雖然本科本清楚指出把天干地支組合為六十單位，但究竟如何演變而來，典故或流風何在，還不清楚）。在本科裡還的是對「嶽府受生院」的受生錢，可能承〈祿庫經〉而來的成分要高一些。本科還有一個重點是，雖然主請齋主的主掌庫官，但另外五十九位「合案庫卿」也要請足。

請庫官時以每十位為一撥，依次唱名，對每位皆須躬身或叩首迎請，每一撥高功便運香一回。齋主所屬之外的五十九位庫官，對他們的迎請除了使儀式完整，更有盟証監督之意。因為是多日法事，更因為曹官主者是還受生的專司神祇，庫官迎下之後，便需要予安位，這裡仍然是區分成齋主所屬庫官與其他五十九院的掌庫神曹主司兩個案下。現行的還受生法事由於已是公眾集體形式，便已沒有這樣區分了。

本科繼續悠長的請神步驟，進入對最主要當責神祇的禮請與安位。科本文辭上，除了延續一貫的謙誠，陳詞上更顯得具體，比如有關於預修性質的確立「還庫寄庫，條列預修之儀。」(2a)，禮請的次序規制「引修齋信人，恭詣第○庫○曹官為前行安位禮，次詣……」(14a～b)，文中如「慶此三生」(15b)也再度確認還受生這堂預修科儀兼及關懷前世、今世與來生的設定。

〈受生填還全集〉，一般簡稱作「受生填還」。承續〈受生迎庫〉對道經的

〔註11〕考〈受生迎庫集〉中有「官出岱宗」(3a)，同氏所著文檢集《雅宜集》作〈東嶽寄庫表文〉（第三冊38），可知此處當作「東嶽」解。

活用，本科甚至出現了「謹遵金籙五斗祿庫受生經」（6b）這樣的綜合稱謂；很明顯本科中對兩部經的要求全部採納，構成了一部合成版。本科的主旨在償還，即向五斗星君暨以下干支本命元辰、祿庫仙官等信禮，清楚說明將要填還的內容及數目：1. ○斗○炁星君垣下，2. 本命元辰宮，3. 地府受生院衣祿庫第○庫，總○萬貫文錢，請三曹共鑒，享受酒奠香儀，將刊載每人細目的各自文牒燒化。

這三個職司的性質功能，從朝禮當中可以看出不同。如，向○斗○炁星君求「添算加年，增延壽紀」；向本命元辰星官求「培根固本，增益神靈」；向地府祿庫宮要求「扶形固本，保命生根」。又由於是關乎人亡故之後的接收、還款，便又特別對地府祿庫有更多交代，要「借項清楚，即時登記。冥債全還，永無逋欠。」（11b），還要向地府財庫案總監曹官主者求妥善監收貯藏，俾使「信人百年限滿，執憑到案開庫，領果受享承功。填還冥貸之需，餘作更生之用。」（12b）

由於各人本命所系欠負詳情，都要在本科稟明並以牒文上呈，在法事行使上可以看到除了再三強調交割清點與還了再無負欠，也多次回應〈祿庫經〉與〈五斗經〉的教誨，繼承遵循之義明顯。如用將近三版的篇幅（1b～5a）解說〈祿庫經〉，以強調「凡人性命，俱屬五斗所關」（2b）、寶樹神弓等的典故，教導信眾填還受生錢對消弭劫劫生生的重要性。對齋主而言在有生之時也能「身宮利泰、老景愈安、門戶昌隆、共享孫賢子貴」（13b）。

〈祭享神吏夫丁集〉，簡稱「祭賞神夫」：夫丁力士地位雖微，卻是押運受生錢財出力的重要幫手，本科就是在向神祇庫官等陳事申文清楚後，將要交付全部冥財箱籠，招待已事先（前一日）敦請城隍撥來的夫丁力士們宴飲。當中所見酒食是法事中惟一的葷餚，據高功表示，準備餐飲要適量但不充飽，然後再加點雄雞血助威（雞冠血數滴，不宰殺），充分顯現出低階差役血食兇猛又須加以馴化的性質。本科中因為有遣調命令和託付大量銀錢，高功使用祕法也會較多。對夫丁要加以鼓勵（認真工作、路迢忍耐）、叮嚀（要交割清楚、搬運小心、不可貪心），之後就將金銀包袱（還包括給城隍、土地、庫官、夫丁力士的謝金／辛苦錢各一份）、疏文、引文與火冊全部燒化。自此受生錢才算暫時移交入庫了。

本科旨在給辛苦勞役的夫丁力士小酬謝，交代搬運錢財箱籠寶庫的工作要點；從功能上來看其實並非專為還受生所設計，而是凡燒化大量紙錢的科事

都會需要。惟現在道教法事承接上的限制，大概只剩在本科裡見到了。

　　廣成科儀雖然留下了不少的文檢集，當前也還為廣成道士們使用著，可惜關於還受生的部分篇帙上並不完備，沒有榜、表等主要文書留存，細節內容也未被完整保留，不能確實地還原昔日行此醮事時的節次細節。《雅宜集》與《靈寶文檢》有幾通較具體的文檢可見端倪：「為柳繼郢夫婦預修疏」、「對雙溪寺柳姓祭庫都意」（以上雅宜之卷 3，26b～29b 與卷 2，15b～16a），與「李姓填還寄庫雙修意」（靈寶文檢卷 10，1a～6a），對行持科儀、誦經等有簡單交代。通過比較，我們可以看出一些共同的特徵，可與下一章的實例相對照。根據文檢，這兩通法事的全名分別是「金籙受生大齋預修寄庫普福明幽道場」與「靈寶酬盟報恩大醮金籙受生鴻齋填寄庫儀普福明幽道場」，就名稱看出其表達的幾個共同重點在：1. 使用金籙齋〔註12〕，2. 屬於預修式的道場，3. 強調普福明幽。此外，意文裡也書明這是闔家人等一起作，具體陳事的主神為「九天金籙無量受生真君」（與經文相同），要填還○萬貫文與誦經○卷，有寄庫寶樓與文檢憑證若干等。祭幽的部分基本上會選在壇外判放「鐵罐斛食」一科，且為亡故親人附薦。這些都與現行做法一致。

　　當中以《雅宜集》中的文檢與《廣成儀制》的重合性最高，意文中清楚表述應填還向 1. 北斗○府○星主照，2. 隸嶽府受生院第○庫，並安排寶燭淨供與北斗延壽七星燈，可見作者陳復慧在安排法事時即完全遵循自己修編的《廣成儀制》。填還部門與強調星斗崇拜的作法，和不少現代作法也很相近。《心香妙語》中另有兩通簡短的文檢，「智鏡菴僧暢懷答報四恩」、「為母填還庫財疏」還佐證了一個要點，宜選在生日「當初度之辰」來起這個法事。

　　此外，從集中散見的大量範本式文檢，供我們了解其他細緻的設定，如：「預修請庫官牒」、「預修祭庫官牒」、「預修更換庫官牒」（雅宜集與靈寶文檢）、「預修獻帖」、「泰山醮關取皇夫牒」（雅宜集）、「陰陽牒」、「合同文牒」、「投庫牒」、「投庫水引」、「火冊」、「酬還籠面」、「開庫牒」、「謝庫牒」（靈寶文檢）等，看到了請與預請的曹官對象各有哪些，當中的庫官不但要迎請、筵宴，還有每三年一輪替的規矩，其職位三年一輪，時間到了要再行科儀餞謝與迎新（目前很多已不作換庫這一環了）。

〔註12〕案「三籙齋」原本設定是根據齋主的尊卑品秩，金籙齋是惟帝王用之的高規格，一般士庶僅可使用黃籙齋。這裡的兩個情況在法事內容上其實無異於黃籙齋，或許是到了清代此劃分已不再嚴格遵守，又或僅是作者對齋主家的客套誇飾。

頒發「九真戒牒」、「環券牒」、「合同券牒」、「陰陽牒」等是參加法事的各種憑證，証明銀錢還了、領受九真妙戒等，都算是得到功德的証明。而「投庫牒」、「券關引」、「投庫水引」、「火冊」、「酬還籠面」等是神夫力士點收清運金銀包袱／箱籠環節所用，火冊與籠面開列載明受生錢的數量、地址等資料，搬運途經山水界域則需要靠關引來通行。「開庫牒」與「謝庫牒」便是到了齋主身後，協助開庫、還庫所用（本段皆來自《靈寶文檢》卷4）。顯然廣成科儀傳統，在清時已對步驟與功能規劃得非常細緻。

雖然本文一直強調受生錢當在生時還了，但世事難料，為亡故家人補作的想法必然存在。比如《靈寶文檢》卷2「薦亡庫官牒」，當中便說道：「為酬還原貸……孝信切念亡人受質之時，昔貸貴司帑下許欠恩錢○○。……生前未及填納，歿後子當完璧。……」就是趕在初亡時盡快作完的應變之道，屬於亡齋「靈寶遷拔大齋」（43a）中一項。事實上七七之內補作，也是為當代廣成道士所認可的補救方式〔註13〕；廣成科本中這四科內文雖沒有明確提及，但因為其內容編排本就存在多樣情境選擇（「隨門分事」）與冥陽兩利特質，其變通必然是可行的。

本質上，所謂的「預修」若不是求現世福祐便是為亡故（到來生）預做準備。還受生錢屬於為本人身後所預作的法事，所以即便齋主是生人，但在性質上來說還是白事；而雖然性質上屬於俗稱的「白事紅做」，然而畢竟不是喪葬情境，施行上多搭配以平安清吉科儀，民眾參與熱烈不帶哀傷。

6.3 當代廣成科儀所打受生醮

筆者首次參加廣成傳統的還受生法事，是在西元2011年11月16～20日（辛卯年十月二十一至二十五日）湖北省武漢市。該次法事由黃陂區思源觀邀請四川省大邑縣鶴鳴山道觀道長前往主持，法事全稱為「太上慶聖祝國裕民填還受生酬還宿貸醮事一中通陳五晝宵」，全程使用廣成科儀。

筆者與思源觀主持結識於鶴鳴山，當時當家雲游至此閉關，聽到筆者與道長們討論到還受生錢，顯得很感興趣，直說民國之前武漢也曾經有這樣的

〔註13〕「理論上還可以，但晚了吧。因為經中也強調了現世的福報了啊」。在人死後的「七單」、「數七」（川話說法，即七七之內），這時其中的文書就要改用「超生籙」。附帶說明，在理論上是合理的，然事實上據筆者所知，起碼改革開放之後復甦的道教法事活動裡，沒有做過這一項。

傳統〔註14〕，很希望有機會在自己的廟子裡作一次，促成了這次機緣。當家（坤道）是湖北人，昔日在武當山出家習道，本身雖亦嫻熟科儀，但所學傳統與廣成不同；在本次多日法事裡，他雖對壇上用度、時間掌握上加以關心，但不曾對內容環節有意見（當然會有私下交流和為了信眾新增要求的協商），充分展現尊重。

參與道長一共七位，皆聘自成都，咸屬全真龍門派道士，行廣成科儀。成員六位坤道與一位乾道，當中的乾道輩分最高，大家都尊稱他師爺；師爺是唯一現在不住鶴鳴山的道士，他其實還是鄰近一所小規模宮觀的住持，此宮與鶴鳴山是「下院形式」的關係（指非十方叢林的道觀，分支旁出去的傳承），言談間講得出師承關係；彼此向來往來密切，互相支援的情形很常見。這次就是因應多日法事需要高功支援，才一同前來。其實一行七位道長，就有四位能夠擔任高功（本次實際任高功的有三人），陣容相當堅強。當場惟此七位道長嫻熟廣成科儀，本次安排六天法事全由他們上場，人員編制上沒有大變化。

本次法事在思源觀中舉行，依慣例，絕大多數科事都在正殿裡作，只除了宣榜、揚旛、祀灶與寒林鐵罐。正殿裡供奉老君塑像，左右兩壁各有財神與觀音像（所以與老君的面向是垂直的。案思源觀本已頹圮多年，當家近幾年承接後陸續修復，塑像亦只是重新修繕），供桌上為本次法事加放三清、靈寶五師、龍門邱真人等神位（紙摺手書，用紅紙），另有其他神位（紅或黃表紙）會依據科事不同臨時安加。另外，大殿門檻處供桌設有護法神王靈官（神位面外）與三界功曹（面店內）神位，殿外右廊下有桌供嶽府受生院與夫丁力士等臨時神位，寒林、各旛腳下亦貼有神位，皆須早晚定時香、供。

內壇配置以高功一人面對三清演法（根據鶴鳴山傳統，唯有拜斗科事朝外作，即內壇轉180度面向殿外行事），龍虎班的長桌與案桌垂直呈「ㄇ」字形，長桌靠門側各擺鋪紅綢敬神座椅一張，左右分站三位道士，道士使用法器樂器有鼓、木魚、磬、鑔、二星等。或由於人物力所限，並無安排笛吹絲竹等樂器，廟中吊掛、對聯等裝潢亦少。

前面提到作受生填還是件很辛苦的法事，其中一個重要原因就是文檢數

<hr>

〔註14〕如湖北《長春觀志》（1936年，民國李理安撰）中「醮聯品」，錄有「生日受生」與「受生」兩項共計十二組對聯。當中一例如「納鐕酬冥以答生錢借貸。投財寄庫堪為後世良圖」，可知其生前借貸、此生酬還、身後德福的觀念清楚，與廣成科儀的立意相似。武漢在清與民國時的道教活動均盛，但該地還受生法事如何安排並不清楚。

量實在太過龐大。首先每一位參加者，就必須專門準備四個文書筒子（一方函三筒子）與五通文檢，還不計算每個科需要向神祇燒化的表文與符籙，當然準備金銀包袱的封條造冊等也頗費工夫。許多道長都認同這是廣成科儀裡最費文檢的法事了，「事前準備非常辛苦，如果不是被一再要求實在不太愛做，但這也是相當大的功德就是了」。

以本次法事為例，因為是該地多年來第一次作受生填還，也因著當家的信徒眾多，事前報名就有約一百五十人，最後還超過了一百八十人之譜（原本有要求一個月前就須報名完了，這是很常見的限期規劃。因為相關準備極耗時，也有核對造冊的問題，為免臨場混亂，一般不喜收臨時報名者），在鶴鳴山上就為此動員道眾提前準備了一個月。準備內容不單只是文書的填寫繕抄、符章表文書寫，連壇上所需各式文疏筒子、神祇牌位、金銀包袱封條等，都是手工製作的。

每人共需五道文疏，分別將放入四個筒子，依使用順序是：

（一）上「天曹地府宮」（方函）：<u>疏文</u>，用於上陳本事，請神下鑑，證明填還與功德。用於「金籙受生」。

（二）上「嶽府受生院第○庫○曹官」（信封）：<u>陰陽合同之一</u>，在迎請所有庫官降下，陳意請事後，遞交的還款合同。合同一式兩份作為還款憑證，兩紙並蓋一章，以為核對真偽；第一份（陰合同）由當人所隸曹官執收，俟百年後憑第二份（陽合同）共同開庫點收填還。用於「受生迎庫」。

（三）給「嶽府財庫案總監曹官主者」（信封）：<u>牒文</u>，行文該人所屬曹官主者，說明本事，牒請與辦理註記。用於「受生填還」。

（四）給「本縣城隍主者輔德尊神」（信封）：<u>牒文</u>，牒請地方城隍，說明本事並請臨駕監鑑。頗有請作來當見證人並兼作中保的意思。<u>陰陽合同之二</u>，本為齋主收執，百年後火化，作為開領自己庫樓的憑證，因為若是遺失無法補發，長時間收執容易造成很多困擾，所以這裡改為寄放城隍處，請城隍代為保管。（這個處理方式顯為現代變通考量，當然也還有其他道觀維持發還齋主保存的傳統）。用於「祭賞神夫」。

由文檢所陳對象與內容，不難看出填還法事的核心目的就是陳明齋主身分、受生時間地點等人身資料，列明所邇欠受生錢數及所屬曹官，再向祂（暨

全部六十曹官）請求協助。從預告、陳事無一不是緊扣著已歸還、請點收、請保管、請註記簿錄、請勾銷等目的，每個名字每筆金錢看經數到每個步驟都要確保仔細記錄，最後以求福圓滿告結。

如前所介紹，全壇法事安排講究端整平衡，不可能單單依靠直接相關的神祇功曹來完成，必須迎請更高更多的神靈降臨駐駕，也需要安排更豐富更利濟天人的科事來積累福運，於是就需要搭配完備且周到的節次。本次法會安排如下：

時　間	節　次	使用科本	高功	備　註
日之一 8H50 9H35	開壇啟師 灑淨嚴界 申發三界	開壇啟師（ZW 無，RJ 223）	Ⓩ	二十一日 乙亥日 蕩穢
10H20 12H10	秘書皇旛 揚旛昭告 禱結皇旛	（已無科本） 揚旛昭告（十三 2，No. 2） 禱結皇旛（十四 50，No. 168）	Z	
14H40 15H25	關招符使	關招符使（十三 52，No. 52）	Z	
15H40 16H35	祀供灶君 款駕停科 （兼作朝旛）	安奉竈君（RJ 244）	Z	
日之二 8H10 9H30	正啟三元	正啟三元（十三 1，No. 1）	Y	二十二日 丙子日
10H10 11H05	南斗正朝 朝旛宣榜	南斗正朝（十三 82，No. 82）	Y	*蕩穢
14H25 15H05	日月正朝	日月正朝（十三 8，No. 8）	W	
15H15 16H25	天曹正朝	天曹正朝（十三 4，No. 4）	W	
16H45 17H15	（誦兩部受生經）			
18H00 18H30	安建寒林 停科回向	安建寒林（十四 54，No. 172）	Ⓩ	
日之三 8H10 9H05	星主正朝	星主正朝（十三 85，No. 85）	Z	二十三日 丁丑日
10H05 11H40	靜斗燃燈	貢祀諸天（十三 6，No. 6） 靜斗燃燈（RJ 205） 朝真禮斗（青羊宮新出） 拜斗解厄（RJ 189）	Z	*蕩穢

14H30 15H20	童初五相 （朝旛）	童初五相（十四 25，No. 144）	Z	
16H00 17H15	正奏金籙	金籙受生 〔方函：上「天曹地府宮」〕	Z	
日之四	※戊不朝真※（戊寅）			
日之五 8H45 9H40	受生迎庫	受生迎庫 〔方函：上「嶽府受生院」〕	W	二十五日 己卯日
10H30 11H25	受生填還	受生填還〔信封：上「嶽府財庫案總 監曹官主者」〕	Z	*蕩穢
12H20 12H35	（臨時加作：拜師）			
14H35 15H20	謝旛還神 圓滿餞駕	謝旛還神（現無科本） 圓滿餞駕（十三 54，No.54）	ⓩ	此二科實際 次序對調
16H20 16H50	祭賞神夫	祭賞神夫〔信封：上「本縣城隍主者 輔德尊神」〕	Z	
18H25 20H20	鐵罐斛食	鐵罐斛食	Ⓩ	
10H10 11H30	〔私人家內事〕 禮斗*	靜斗燃燈 朝真禮斗	Z	二十六日 庚辰日 *蕩穢
14H30 17H00	度亡	度亡轉咒科（新出本）	Z	

從表中可以看到五日科事的安排情形，預先的安排是當年的（農曆）十月 21～25 日，因為卡進了不可朝真的「戊寅」禁日〔註15〕，只好將原訂的五日法事，強壓縮為四天，雖然變得緊湊，但沒有因此刪改抽掉。每科法事須時長短不同，以本次來說約在三十到六十分鐘之間，平均四～五十分鐘一科。至於第六天的私人法事，其實並不計算在本次還受生中，只是當地兩三戶信眾糾款請道長們額外作的（也需要事先就提出請求）。向來延請道士外出（或來家中）作法事開銷不小，一次有三五位以上道士更不容易，所以「加點錢，附著作」的情形，甚至是當場出現私人小要求（開光、算命、風水……）非常常見。

〔註15〕「戊不朝真」即道教在六戊日（戊子、戊寅、戊辰、戊午、戊申、戊戌日）不燒香、誦經、不朝拜，不建齋設醮。此禁忌由來良久，道書《抱朴子》即有此訓，到了南宋《道門定制》明確規定不焚香祈願。清以後為全真派嚴格遵守。詳述可參考閔智亭 1990 年，頁 46。

　　除上一節已介紹還受生相關四部科本（表中加網點者）之外，可以看到高功還安排了相當多的科事，使安排完滿「均衡」。以筆者對《廣成儀制》的理解，是指安排架構的周到、穩固，能完整呈現法事核心目的，且不忘兼及冥陽兩利。

　　基本的結構，是指必不可缺少的儀禮架構，當然這也是每種齋醮事都必須具備的，若是以本次法會節次而言，是：「鳴鼓發爐」、「開壇啟師」、「灑淨嚴界」、「停科回向」、「停科歇駕」、「圓滿餞駕」。〔註16〕簡化來說，就是法事開頭、結尾與間中每日暫止等的科，用來構成／引導法事起承轉合的固定程序，使流程順暢有節度，在許多研究中或稱之為「通用法事」。「鳴鼓發爐」是為第一次端嚴壇場，昭示著整通法事的伊始，於生人（道士暨信眾）便知曉端正身心，於鬼神亦有迴避、肅聽等效用。「開壇啟師」在第一時間就把祖師請下來護壇監臨，是因為道士極重視法脈，除了表示我行這個制度的有所本所依，還因為祖師在人神溝通時起著橋樑般的功效，要靠著祖師保奏、傳達悃意，本事方能上達。祖師坐鎮是為第一重的監壇。「灑淨嚴界」即淨化壇場，廣成科儀較常以召請「九鳳破穢宋大將軍」〔註17〕化符咒水灑淨的方式嚴潔場域；當然淨化的不限一種，規模（時間和場域）上分作大灑淨與小灑淨。「停科回向」、「停科歇駕」都是告示當天法事暫止的小科事，請神明暫時返駕或歇息，還有一個功能是回向；這兩科在功能內容上來說極其相似，可以代替通用。「圓滿餞駕」則到了法事的最末，一切依科行事，託神明護祐圓滿完成，於是將功勞歸於神明，為其言功，再三懇謝然後恭敬餞送。

　　固定骨架之外，高功自也安排了恰當相應的科儀。「申發三界」〔註18〕是普告三界，法事將要舉行，達到廣告週知。第二日的「天曹正朝」則向所有需要招請的功曹仙官請求協助，希望在各關工作上惠予協助傳達，克保齋醮成功。多日法事裡都需安排上「祀供灶君」的（ZW 與 RC 皆無，現代青羊有），

〔註16〕其所用科本為：〈建壇啟師〉（十三—44，No.44）、〈圓滿餞駕全集〉（筆者案：藏外版作〈諸品齋醮餞駕迴鑾集〉十三—54，No.54 乃天師洞手抄版；目前道士使用為現代青羊宮老版印製，內容上幾無不同，可參考人家版）。兩場款駕延著前一場科事增加回向唱誦的簡化方式，沒有正規地使用科本。

〔註17〕職屬「南方丹天世界九鳳玉華司」。道場上解穢的方式與規格極多，請九鳳破穢宋將軍向是廣成科儀較常用的一種；此處採行宣符文「三清解除厭穢真符」，符版朱墨印刷就，再蓋三寶印（朱）並朱筆號。

〔註18〕「申發三界」（ZW 無，青羊現代有）雖有科本，本場在請師之後一起宣發文疏，是「連壇」的操作形式。

就必須安奉「九天雲廚監齋使者」，請精潔壇所，除廚灶之穢濁。「童初五相」是一科正朝，對童初五府五位真君朝觀，兼請多位祖師降臨盟証，是消罪祈福的吉祥朝科。

　　與「皇旛」有關的三科科儀〔註19〕（〈秘書皇旛〉〔註20〕、〈揚旛昭告〉、〈禱結皇旛〉）是廣成所獨用。結旛雖是道教齋醮常見，不過每個傳統所樹之旛不同，〔註21〕旛的呈象用來論吉凶與徵兆，也有不同的判斷法。廣成科儀使用書有玉皇上帝聖號的皇旛，皇旛製作精美講究，特色是皇旛極長，下緣綁作五束穗子，以揚旛時旛腳所結的結式判斷降壇的主將，因而名之為「皇旛」，這是與他地不同之處。秘書時先將皇旛舒展燎薰，由高功行祕諱加持，作解穢與聖化，昭告時便將皇旛高懸，由高功與齋主（本次法事以思源觀當家道長為首）向玉帝陳事，再依次樹起青龍白虎七星等共九支旛旗。禱結皇旛時高功恭詣三天門下，向玉皇禱請臨壇，此時玉帝會指派一位仙官或神將下界結旛，萬神便順此神道臨壇。事後道士就依結象判斷本次法事由哪位神祇下降監壇（經由翻查〈皇旛雲篆〉（十五—33，No. 272）），接下來的數天壇場都由這位神將護持。〔註22〕

　　結皇旛是五天以上法事才安排的，又因為在壇外公開作，向來被認為是極考驗高功能力（有時被解釋為神通）的科事，總是吸引群眾圍觀並津津樂道，受邀在外行法時通常會排進節次中。皇旛結就即表示神明監臨，所以要安神位、每日朝觀上香燭，所以排有「朝旛宣榜」、「朝謁寶旛」，直到「謝旛還神」。

　　考量到這是一場祈福吉祥的法事，在安排上加入許多正朝科儀，所謂「正朝」大抵是以某神為主神的啟奏科儀，或是單純的朝觀科儀。在與神職功能考量的請願——有祈求的主題或單純的清吉事時——常使用，廣泛概念上也有消災的意義；多數的正朝與神祇的誕日沒有直接關係。從節次表上明顯看到，因為還受生錢中含有五斗、星斗、本命元辰的信仰，所以主壇高功安排

〔註19〕此系列還有一科名為〈催結皇旛〉（十四—51，No. 169），顧名思義是在再三禱結無效之後使用，其咒令變多，手段也更強硬。本次禱結十分順利故未用上。

〔註20〕如前所述，〈秘書皇旛〉科本已不留存。現代高功的作法是將「秘書皇旛」與「揚旛昭告」兩科連壇；當中當然還有祕法，但據稱已較從前簡單得多。

〔註21〕道教行科儀懸旛極為常見，惟各地用旛旗在名目數量上不盡相同，所用道法傳統也有差異。

〔註22〕關於「皇旛」的研究可參閱陳理義2014年。

了許多斗醮科儀：〈南斗正朝〉、〈日月正朝〉、〈星主正朝〉、〈靜斗燃燈〉、〈朝真禮斗〉、〈拜斗解厄〉。所謂的「斗醮」科儀泛指與星斗有關的崇拜，星斗崇拜的功能極多，求壽求祿、本命運程、星辰纏度，祈求三台明亮、闔家興慶等莫不為之。如此安排除了符合償還受生錢時與諸斗諸炁的密切關係，也在添加參與信眾的興運，不難看出掌書記官的高功加入眾多的斗科的考量及深意。

道教科儀的平衡性素來著重「冥陽兩利」。廣成科儀中多日法事裡，向例加入祭薦孤幽事，如本次的〈安建寒林〉與〈鐵罐斛食〉。安建寒林通常在三五日以上法事要作的，屬臨時性的將待薦孤魂預先安頓。鐵罐則要過了〈圓滿〉之後才作，這就是陰陽的區分：一方面作鐵罐不需要請這些神明出席（強留下來就太失禮），另一方面也減少鬼魂不安。廣成的法事常常以〈鐵罐〉作收。

例之二：節次排定的考量與變化可能

為了與上述例子做比對，這裡再舉一個節次的安排。這是 2012 年古孃孃廟所舉辦「太上金籙受生填還迎祥法會」，由孃孃廟的高功道長安排的五日道場。時間的選擇是取陰曆四月十七日「地府開庫日」之前完成。〔註23〕

日　期	節　次				
一之日 四月十二日	*開壇啟師	*迎水蕩穢	*申發三界　安奉監壇　申啟城隍 *安奉灶君　*安薦寒林　*停科欵駕		
二之日 四月十三日	*正啟三元	天曹正申	*童初五相	正啟五老	*停科欵駕
三之日 四月十四日	表章總朝	黃籙五院	正申東嶽	正申酆都	正申十王　*停科欵駕
四之日 四月十五日	受生迎庫	金籙受生	受生填還	祭賞神夫	*停科欵駕
五之日 四月十六日	九宸正朝	*貢祀諸天	*拜斗解厄	*圓滿餞駕	*鐵罐斛食

〔註23〕據知孃孃廟在恢復傳統的這些年向來堅持在這個日子還，因為開庫了才能把庫錢搬進去；關於開庫日一說目前還找不到源頭。鶴鳴山歷來多選在下元節作，是取「下元解厄」的意頭。2011 這年本因為廟子裡預計要作的人數太少不打算做（不足十人；不過這本來就不是每年必作的，可能隔兩三年才作），正好應思源觀之邀外出作（為了兩方配合時間略晚於下元），隔年 2012 則改在「老君會」的五日法事之中並行，「緣分結在這會了，就註定老君會還了。」

　　除了還受生四科作灰底強調，本次的安排若與武漢一場相同者標以「＊」方便識別。可見與武漢場相同的比例約是一半，當中又幾乎都是基本架構設定的必備科目。〔註24〕

　　在架構之必需科目外相同的科目是「天曹正朝／正申」、「童初五相」、「拜斗解厄」、「鐵罐斛食」，〔註25〕其中「天曹正朝」與「鐵罐斛食」是常用「平科」，童初與拜斗是朝科，分別是向童初五相〔註26〕祖師請求盟証與遞表文，朝覲諸天暨五斗星君，也都是常安排的清吉科，皆有赦罪求福的功能。這樣大比例的相合（但是在安排上還是有前後的不同考量）除了所謂的英雄所見略同，也反映了這壇法事的性質與意義。在清時或民國，應該也沒有什麼歧異。

　　至於從孃孃廟一場所見之不同，筆者以為可以分為兩種來說明。首先是〈表章總朝〉（十五—47，No. 286）、〈九宸正朝〉（十三—9，No. 9）、〈供祀諸天〉與〈正啟五老〉（十三—93，No. 93）這四門朝科。〈表章總朝〉即俗稱的「上大表」──向最高神祇三清遞表陳願，此刻之所以特別除了神級高，更重要是步驟多耗時長，是很考驗高功能力的一科，向有「玉帝正朝難上表，表章總朝表難上」的說法；再加上〈九宸正朝〉、〈正啟五老〉，可以理解高功安排時想把場面／規模做得大的野心。從還受生的本意，在過程中的確需要恭請三清五老九皇等高真，但是否要安排單獨的朝科則沒有定論，由高功自己安排（指的是「做了很好但不做也可以」的彈性下做選擇）〔註27〕。又如非常萬用的清吉「平科」貢天，在這裡開列為單場，在武漢的例子只作連壇而無專場，主要原因是時間的局限下，追求兼及以致略帶取巧的作法。

　　值得多加著墨的是第二類：〈黃籙五院〉（十四—81，No. 213）、〈正申東嶽〉（十三—30，No. 30）、〈正申酆都〉（十四—28，No. 147）、〈正申十王〉（十

〔註24〕由於筆者並無親身參與此次法事，這裡所做分析純粹就取得的節次表來看，雖然每科命名多與科本相同極好辨認，但當中若是做連壇、簡省或替換則無法得知。（如回向：可以於上一場末尾一起做，或是就〈停科回向〉、〈停科歇駕〉科本選擇）

〔註25〕這裡把〈鐵罐斛食〉列入，是為呼應筆者提出科儀架構之理論，至於是否能被歸入通用科事，有待更細緻討論；但重視冥陽兩利已是常備之一環，幾乎不會缺漏。再則斛食一科屬於「平科」，在廣成科儀中更是既基本又重要。

〔註26〕天蓬元帥、天猷副帥、翊聖保德真君、北極玄天上帝、正一靜應真君。

〔註27〕就好比一場典禮邀請了首長來參加，但只請他列席坐高位或另外特別安排時間介紹致詞，則看主辦單位的安排，可能只是活動重點或時間考量不同，並不涉及對錯。

四—27，No.146）。從內容屬性來看，這幾科都應該是屬於陰法事，其所朝陳對象也是掌管亡靈、赦罪拔度的冥司。其實這些科事的安排並無不妥，原因就在於還受生法事當中所蘊含「陰事陽作（或叫白事紅作）」的特性。所謂陰事陽作，顧名思義就是將原本該是濟幽拔度的身後事，在齋主生時就預先做掉——也就是「預修」；預修科事的原因不少，[註28] 在這裡主要是道經裡的教導。

如同眾多齋醮兩可冥陽兩利的《廣成儀制》科本，經文中就對不同情境隨之有調整的細部，來配合「喜事／喜喪」一面的清平與歡愉，如〈正申東嶽〉當中在捻香奏告時，就區分「齋品」與「醮品」，並有很不同的讚辭，[註29]重點分別放在平安：「光天永泰，化日常春，殃咎無徵，溥群生而利益，昇平有象，率萬宇以綏甯。」以及度人：「開度魂儀，拯拔幽趣，丹籍判生，入人門而受質，青篇紀字，從善道以延庥。」（3a）可以看到，本例中安排進的這些濟幽或對冥司的科事，既展現了對相關冥司單位的敬重強調，還是強調了祈求平安康泰、富裕豐收的現世福祐，對比道教科儀的本意——先求赦罪再求獲福——並沒有因此而動搖。

「白事紅作」雖則骨子裡是隱晦的喪事，因為「預修」而讓它完成時的場合是興奮期待且不帶悲傷的。受生法事其安排在「預修黃籙大齋」的範疇，既然屬於黃籙齋，是理所當然的白事；到了《廣成儀制》的編排，從作者對「齋」與「醮」的認定區辨惟以「陰齋」、「陽醮」，也就是說名為「受生醮」的還受生法事，在廣成科儀裡可以劃進陽法事的範疇，較諸預修之本意，安排上更顯清吉，本質裡「白」的部份，漸漸不被強調介紹，理想地呼應了道藏〈祿庫經〉與〈五斗經〉教人在生之時完成的叮嚀。

但有時計畫趕不上變化，倘是齋主不幸在還完受生錢之前死亡，無法滿足「預先」完成的規制，又該怎麼解決呢？有別於其他不同地方選在亡故後做，[註30] 四川的廣成傳統則視之為例外，必須盡快處理。解決的方式就是在初亡

[註28] 如民初北京某富戶為老太太慶壽（還有討老人家歡心以求分家時多得利的小心思），指定「紅事白辦」，舉辦盛大的紅事出殯並展示名貴棺木等（常人春2001年，頁97～100）；當代例有重慶一位老婦人擔憂子孫不會好好為她舉行理想的喪禮，請道士預作亡事，「連房子都燒好了」（故事發生在2012年，承應高功行廣成科儀）。

[註29] 還有第三種情境是關於「保苗、祈歲」：「調平歲運，開泰休徵，雨暘時若，慶天下之三登，人物事宜，安域中之四大。」（2a）

[註30] 如台灣向來都是在人初亡故的「七七」之內還庫，清時方志有多提及，亦見於當代學者李豐楙、謝聰輝、丸山宏、淺野春二諸先生的研究。

時快快補做，與正常還受生的不同在節次上會有調整，當然主要的不同還是在文檢（此時不單是陳事內容修改，遞送的對象也因此有變，需要注意）。就筆者所知，90年代後的四川地區沒有出現為亡者補還受生錢的例子。〔註31〕

　　單比較兩場節次，我們就可以看到兩場成功的受生醮，同時展現了碩大的同與異。類同的科儀架構建構起基本又端整的樑柱，使儀式得以順利周到地完成，這是豐富的科儀知識與堅實的高功傳承所達致。至於節次安排的彈性靈活——強調參與信眾現世的福祐昌吉，有愉悅地與民同樂的歡暢；或是側重受生與多數冥司性質而多加安排濟度科目，善加考慮齋主心願的慈悲——就是高功的思考與應變了。在掌握正確知識之下，節次安排的參差反應著每個情境略有不同的需求，不只是簡單地配合時日的裁剪，是高功深思熟慮後致力調整到圓滿如意的努力，箇中歧異無所謂對錯正誤，看得是誰分析得精妙，誰斟酌的更周到；在不斷精進的路上，提升對道的體悟與安排的手段。

6.4 廣成科儀還受生法事在昔日的樣貌

　　前面小節我描述了曾經參與或收集來的還受生法會情形，呈現四川現行還受生錢的例子。並非批評，不過目前四川的道教科儀較諸清末民初時期，確實流失簡省了很多。那麼昔日的信徒是怎麼看待、籌劃一場受生醮呢？雖然沒有具體完整的記載或是故事，我從眾文檢集的整理再綜合聽自道士們從祖輩傳下來的回憶記敘，拼湊出一個想像——來說一個理想型、力求完整的故事。

　　為了故事的流暢接下來我們就以一家柳姓富戶為想像的主人翁〔註32〕：時值清朝乾嘉時期，柳家住在新都縣雙溪寺（地名），出了成都府城北邊不遠（今已屬成都市轄），家主名叫柳繼郎，是地方很富裕的人家。當家主夫婦稍有年歲，又積累了財富，便興起了將思之多年「還受生錢」的想法付諸實行。他們聘請了當時最負盛名的高功陳復慧為之籌備，在家中建壇舉行法會。〔註33〕這次的多日法事定名為「金籙受生大齋預修寄庫普福冥幽道場○晝宵」（16a），應該在五日（或以上）規模，聘請道士（可能有部份是行壇派

〔註31〕這裡的斷言主要是依據道士們肯定的回答。
〔註32〕《廣成儀制》專用的三部文檢集都收有與還受生錢有關的文檢，本節模擬的故事主要便以此為發想。借用了當中唯一有私人訊息留下的《雅宜集》之〈為柳繼郎夫婦預修疏〉（二—13）與〈為雙溪寺柳姓寄庫都意〉（三—38）
〔註33〕清或民初時都可見齋主就家附近的道觀或其他公共場地，商借來設壇舉行。

的道士，甚或是老經驗居士）七人以上。

　　法會舉行的日期在農曆三月，〔註 34〕正當是春日優美的良吉時，對齋主來說更可能有特殊意義，如生辰。〔註 35〕照慣例來說，這場法事的決定應該在半年（起碼兩三個月）前便已談定，由齋主柳先生向陳復慧道長（他是高功同時也是一寺之主，可以全權做決定）提出邀請，具體說明意圖、所有參加者名單（需有詳細的生辰資料）、預算（金錢、時間、地點）等等，然後由陳道士依此決定一個最適合的道場規劃（時間、人員與物資的安排），並在法事前將所有需求準備完成。這個半年的時間，是指邀請的提出，對柳家人而言，這件大事當然已經放在心裡很久了。

　　事前的準備工作相當耗費心神與時間。如文檢類的需求大致有（綜合了與廣成有關三部文檢集與田野資料）：

- ・疏、都意、榜文〔註36〕等。
- ・牒文：請庫官牒、祭庫官牒、投庫牒、開庫牒、土地牒、城隍關夫牒、關取皇夫牒。〔註37〕
- ・合同：環券牒、金籙度命合同契券，或合同券牒、陰陽牒、九真戒牒。
- ・火冊、水引（其他關引）、預修獻帖、酬還籠面、封條。

　　頭兩項的榜文類與向低階神明牒文是依科事書寫，格式言說都有講究，合同類文書則是每人各別一份，且為一式兩份的陰陽合同；火冊與獻帖作為清單，必須詳細開列所作科事、所獻供品，以及所欲燒化所有寶樓、寶箱、金

〔註34〕「運屆五陽。春深三月。」（26a；三—38），農曆三月又稱五陽月。

〔註35〕選在本命生辰之日，也是極符合〈五斗經〉之精義的。如〈為母填還庫財疏〉（《心香妙語》四—65），齋主所擇是母親滿六十歲的「初度之辰」（生日），是更清楚呈現受生經中意義的。又〈智鏡菴僧暢懷法名心悅誦皇經滿藏答報四恩〉（《心香妙語》四—27）可知以誦皇經為主的誓願中，也包含了「溯冥地借貸之項，應自填還」和「敬諷受生妙典」的環節，足見當時四川的還受生錢信仰也普及到了佛教與民間。

〔註36〕此處文檢名稱下有畫底線記號者，是指筆者所參與法事也有出現的，但可能命名稍微不同。畢竟為齋主與家內人口的作法多少是不同於公眾事的。請注意，筆者在近年所未見並不代表當代作法忽略、流失傳統，這可能是道士在操作上有不同側重；如沒有「水陸關引」，但可以在〈祭賞神夫〉中交代，「火冊」的詳細程度也會不同。還是強調本文一向提出的看法，儀式的差異不見得可以用來衡量道法之高低，而是要看道士對此安排的考量、思路。

〔註37〕囿於文檢留存之不完備，以上所開列必有不足；如「金銀錢山狀」、「進錢引」（雅宜三 32、33）雖是對泰山王所用，但此處也有可通道理。

銀包袱等的品項內容清單；可能還會有「齋壇証盟簿」之類這樣完整記載內外場、人物調度的清冊。由於陳仲遠是承接法事的負責人，理應由他安排節次，接著開列這些節次所需要的文檢、器物清單；這位負責人不但是高功，也是很厲害的書記（官），所以節次與文檢很可能由他親自排定，也有可能是他指派的高徒。文檢內容擬好後還需要重新謄寫，除了宣符之外，都需要不同型式的信封（更高階的還可能是多層套且不同材質的封函），這些都要靠手工製作、書寫，工作量很大。〔註38〕

到了法事舉行的前數天，陳道士一行人入住進柳家提供的房間（期間通常是管吃住的），就著當地環境開始佈置起壇場，特別是針對現況做因應的修改。道士們帶來的傢伙主要是經書、法器以及連月來嚴謹寫作的文檢、吊掛裝潢等，若有什麼缺漏或不足，常常需要隨機應變地造作，這也是民間常說道士心靈手巧擅於製作很多機關巧件的原因。參與家屬與道士在這段期間都需要茹素，並且遵守法事期間禁忌——主要是對身心清靜的要求。

法會頭一天清早，由一百零八通通鼓作始，昭告天地神鬼。雖然因為沒有表文流傳，對陳仲遠安排的次第不能確定，不過開壇啟師、蕩穢、安奉監壇、安灶、款駕等等基本的設定是不變的，前面提到行還受生核心的四科——「金籙受生」、「受生迎庫」、「受生填還」與「祭賞神夫」不但都存在，並且應該也依照這個順序，〔註39〕〔註40〕或許還為信仰虔誠的主家排入了「傳度引

〔註38〕如九〇年代四川巴縣舉行的「接龍喪戲」，五日喪儀裡共燒化了各色文檢號稱467通。該地壇班雖屬佛道兼合，亦非使用《廣成》，然此巨大數量很值得留意。（胡天成2000年，頁3）

〔註39〕第二節中提及「老青羊版」與「白雲版」目錄中的第三十二卷，相同的科目有（順序亦同）：五老正啟、受生填還、金籙受生、受生迎庫、傳度引錄。雖與當代不符，筆者以為昔日做還受生這五科都可能有出現，當然節次可能不同。〈預修正啟五老全集〉（十三—93，No. 93）是為預修科事對五靈五老迎請稟報，經中雖未提及受生，但通篇用典《度人經》，強調開度求福。〈興賢舉善傳度引錄全集〉（十三—97，No. 97）則是開方便之法門、皈依之善經，使（在俗）善男信女發三心皈依三寶，便頒「傳度引錄」一張（另可參考《雅宜集》三—2「玄元寶引」）。此二科在涵意與功能上都可與還受生相通，有使用機會。雖然可能與編放在同一卷有關，不過同卷的其他（如「老青羊版」（卷三十二）〈冠巾科儀〉，「白雲版」卷三十二〈泰山應六朝〉）編排意圖不可解者，無法驟下定論。作為肯定的例子是，筆者在青羊宮請購還受生系列四部科書時，印經處道長向我推薦如此便應該加買〈傳度引錄〉；然而目前所見各處行的還受生法事尚未見過排入傳度引錄科的。

〔註40〕現存經書與目錄都只有四本相關的科書，訪談中有道長指出這個系列科書其

籙」。此外，我們還可以推測，由於要宣「東嶽寄庫表文」，所以可能排進了〈正申東嶽〉或〈冥京十王〉〔註41〕；要點「北斗七元延生星燈」，所以會有不少與南北斗及五斗有關星斗崇拜科事，如〈南斗正朝〉、〈北斗正朝〉（十三—83，No. 83）、〈拜斗解厄〉、〈靜斗燃燈〉、〈朝真禮斗〉……等都有可能被選中；獻「大羅諸天寶炬淨供」應該是做了〈貢祀諸天〉。此外，因為要判放〈鐵罐斛食〉，所以應該起碼要加入安排〈安建寒林〉。若是法事期間確逢齋主生辰，更可以安排進〈星主正朝〉（十三—85，No. 85）、〈北斗金玄羽章全集〉（十三—84，No. 84）等對光煥本命元辰都極有助益。

在慣有的冥陽兩利科事「鐵罐」之外，齋主還增加了追薦過往親人的科儀，希望已生者註善、未生者承功。這邊可以視需要安排的，常有如〈關攝亡魂〉（十三—40，No. 40）、〈救苦正朝〉（十五—30，No. 269）、〈血湖正朝〉〔註42〕（十四—91，No. 223）、「度人」諸科等等。此外，根據道士回憶，由於濟度幽明是「附帶的」，理論裡並不算在規劃法事之中，所以斛食、追薦等要等到功德圓滿之後才做，「1949 以前要完成了「正事」才安寒林」。〔註43〕

除了既定的科儀，法事中也安排了很多時間來誦經拜懺。除了要誦「金章祿庫受生尊經七十二卷」〔註44〕（雅宜集卷三 28b。案並無此經名，可能是將〈五斗經〉與〈祿庫經〉合併書寫了；如在「受生填還」科中亦有「金籙五斗祿庫受生經」，可見在綁定兩科同作時，會有融合的省稱出現），都意裡也預留有諷○經、禮拜○懺的安排，表示可以依情境決定適合的經與懺，與科事安排一樣很有彈性。從數量看來，誦經拜懺也需要很多時間——特別是家庭裡參加的成員也會有好多位，加總起來所負看經數目想必很可觀，信仰虔誠的大戶人家早在數年前便開始誦經（家裡就有佛堂神龕），慢慢地積累化整為零；也

實已不完全，而實際上是否還有相關科儀及數目等也不能肯定；不過筆者以為就規模設計來說，並非沒有可能。

〔註41〕 即〈正申十王〉（十四—27，No. 146。全稱是〈正申冥京十王集〉，版心的省稱是「正申冥王」）

〔註42〕 一般多以為「血湖」科是專為女性所設科儀，在《廣成儀制》裡卻不只如此。從該科的分門行事可以再析為：生產、血病、陣亡、傷亡四大類，可見除了產亡，任何因失血死亡的亡魂皆可靠此科超拔。這麼寬鬆的使用認定可能與清初欲超度蜀地大量的傷死亡魂有關。

〔註43〕 所以即便不加作濟幽，從前的慣例還是要等圓滿後才安寒林，於是便成了甫安好就立刻做斛食（所以寒林不過夜），旋即解散。這裡不能肯定是通則。

〔註44〕 查〈受生鴻齋迎庫官全集〉中並無須看經七十二卷之所屬庫。可能相加了其他的看經數，或為齋主隱私而修改隱蔽。

常見在壇外加開一個誦經壇專門誦經，在法會舉辦的整個時間裡，家人或也可以聘請些道士居士來幫忙誦經。在法事結束前必須將所有人積欠的看經數如數奉還。

還看經之外，最重要的當然是還受生錢了。如當前所執行，我們看到古人對錢款的計算同樣分做兩部份：a.「北斗○府○星君主照」，與 b.「獄府受生院第○庫○曹官主司○氏」（雅宜集卷三 27a）。在主要言事的文疏裡，以齋主即戶長柳繼郢為首，關於生辰等資料也是填寫他的（或有可能以其退休不管事的父母長輩），其他文檢則是參加者都會有各自的一套。

法事開始之前，柳姓人家要先為法事場地（內壇、經壇、寒林、灶、道士房等）做好清潔整理。慣例上，紙錢、香、油、燭等堂上用度，都是由柳家準備（掌壇師會預先將品目數量開出）。受生錢會用到的紙錢種類與數目都很多，常用紙錢的準備通常是請一個「打錢」的小工來府裡「造錢」〔註45〕，這個工作又常常與民間紙紮匠重疊（除了寶樓、寶箱的糊造，也會請來家中做搭臨時壇場的細木活），最好當然就請一個會兼及的工匠，視需要量約工作一到兩天。有些受生錢紙錢是特殊印製的，就需要道士從宮觀（也可能是宮觀直營或有租賃、長期合作關係的香燭舖，或自家道寓）攜來，或另位自行向香燭店購買。

道士團是七或九人的配置，器樂表現只有基本的鐺鈸樂。柳家如果想辦得更盛大，還可以聘請附近的樂班甚至是戲班，他們多都能嫻熟常用道曲（與地方戲曲有關的廣成韻部分或很常見的道曲），可以加入法事合作隨堂搭配，或作串場時的單獨表演，甚至是熱鬧一下。此外，受邀的親友也喜歡請戲班子來些吉祥劇目，作為慶賀的禮物，往往一請就是三天以上。柳家須為前來慶賀的親戚鄰人打點幾桌酒席，若適逢主家生日，自然更熱鬧幾分。

法事的這些天，作為齋主的柳先生還有一個重要而專屬的職責，就是在內壇高功身後的位置參拜端「文書盤子」。這是很榮譽難得的身分，作為整家子的代表。不過法事耗時，家主的心神體力往往難以負荷，他除了指派年輕的子姪輩代勞，也可以花點小錢請一位小道童來端。其間當然虔誠信禮的家人可以

〔註45〕將粗糙的長方形草紙以弧形刀刃戳鑿成一對不斷的圓形（兩刀），以象徵銅錢。對上（天曹）用黃紙打三行九眼，對下（地庫）用白紙作三行七眼。舊時一眼為一銅錢，故每張面額小，而常戲稱小錢，用量極大。筆者田野中還能見到小錢的使用，現在已是預作販售的現成品了，據聞少數四川鄉下地方還保持著請工匠到府打錢的行為。（圖）

隨時進來隨堂參拜。

連日法事遵照高功事前安排公告的節次認真地執行，並不更改。有賴高功道法深厚，齋主一家信奉虔誠，在期間也沒有做出什麼違逆瀆神之事，一切進展順利，不曾出現讓人議論不安的兆頭，〔註46〕法事終於來到最後一波高潮，祭庫之後的燒化。燒化紙錢時要在戶外，將準備好青杠柴堆架起來，再擺上貼好封條的銀錢、紙紮、箱籠寶樓等。起碼在燒化前三天銀錢箱籠就要準備好，放在家內一角用草蓆子蓋好，點上三個晚上油燈，好讓庫官數錢。陰陽券的函外蓋上火漆，只有天曹院或黃丁力士才能拆開，內裡還要夾上掌壇師的頭髮，這是極慎重的背書。〔註47〕

所有事前精心準備的庫樓寶箱以及堆積如山的元寶紙錢（古時紙錢「面額」不大，每個人份下都可能有好多個包袱，而每項物品都會詳細地編目記在火冊當中），在家或城鎮外擇空地焚燒。這些冥財雖都易燃，不過數量實在太大，往往要花費好些時間，暮色裡場面極是壯觀。

多日法事終於告終，家中每位參加還受生錢的一份子都會拿到屬於自己的收執：陽合同（陰合同已燒化）或環券牒的一半、九真戒牒等。這些文疏務必要妥善收好，當該人亡故，就需隨本人入殮埋棺，或是由道士在開路科儀時作法燒化。事行至此，還受生錢大致告終，不過還需注意三年一輪的換庫、謝庫。由於庫官並非終生職，每三年必須進行更換，屆時要酬謝犒賞先三年庫官的辛勞，同時也要迎來新一任庫官，對之嘉勉訓誡。這個儀式小而簡單，只需牒往所屬庫官與曹官主者，告知此事並請更換即可，所以由高功面向東北方代為秉事，在宮觀裡簡單執行即可。時間的選擇可以是「開庫」〔註48〕的

〔註46〕民間向來喜歡討論法事途中發生的祥異，作為日後興衰的徵兆。於氣象上多表現在晴雨轉變，壇內可見發爐或化表文時的飛煙與聲響，個人會有作夢幻聽等。又比如法師下壇時摔得個狗吃屎或是法事中木魚很離奇地碎裂，常會認為是法師不守清規或安排有關而被議論。

〔註47〕本段提及的數錢、火漆、頭髮等乃根據正一派道長的追述，是不晚於民初之前的情形。筆者認為這應該是正一廣成壇獨有的作法。目前四川的正一派並不承接還受生的法事（可以確定 1980 年以來都沒有）。補述加註：筆者結束田野之後從網路得知，2016/06/01-03 在金堂縣已有正一道士，舉行了還受生法事（使用廣成科儀），這應該是他們暌違多年的首次舉行，此後也舉辦過多次，有想要發展成定例的勢頭。可惜未能參與，更多觀察期待未來有機會。

〔註48〕即農曆四月十七日的「地府開庫日」。若非開庫日也可由高功誦經誦咒來開庫，或誦《開庫經》（全稱作《太上原始天尊說開庫鑰匙妙經》，惟目前尚無任何可靠訊息）來開庫（陝西、河南、山東等地俗），惟逢戊日絕對不可。

日子，意在使文疏順利送達，或其他於齋主有益的吉日。除了一紙牒文，只
需燒化一些紙錢作為犒賞（辛苦錢），或許還擺一點簡單的酒食（冷食即可，
如對陰兵），柳家應該還會遵循傳統再燒四雙草鞋（定數），表示感謝庫官辛
苦的奔波。三年一度的換庫雖然只是簡單的例行公事，信仰虔誠的人家仍然
緊記在心；而由於平時便與宮觀、道士往來密切，作為大功德主的柳家不定
還會收到提醒，或廟方很貼心地就代勞了。對於換庫應該持續多少次沒有定
論，或許有財力者將一直做到亡故為止。待得親身開庫填還了逋欠，這份債
款才總算一筆勾銷，可以不值惡緣、不失人身——當然必也已經享過了現世的
安樂福報了。

結　語

　　《廣成儀制》其經其科儀皆規模宏大，作為一個外來研究者，雖然獲得滿滿善意和信任，僅憑著粗淺閱讀和怎麼都不夠長的田野於此夸夸其談，實在惶恐。

　　本書中我基於對廣成的了解作了歷史與實踐兩方面的介紹。歷史部分經由清代之後川地科儀相關史實的對照，說明宗教活動與政治、社會間的互動。廣成科儀作為能清楚反映四川信眾心理的科儀活動，也歷經了興盛與挫折，在三個時期種種的事件影響下，堅持並維繫著。

　　歷史與資料介紹的章節裡，留下了不少未能解決的疑惑，有些還待未來新資料的出現，有些闕如則就是個不得不接受的現實。這些常讓我在初入田野時，甚至到了現在仍焦躁不已。比如《廣成儀制》到底有沒有最終的權威目錄？其實我恐怕真的沒有。但反過來說，怎麼可以沒有呢！──又或者說，道士們怎麼會不在意呢！面對好多個安之若素的反應後，我嘗試給這個現象解套，或者對多數道士並不需要知道高達三百科數目的整體，又或者在他們心中已深埋獨到又自有脈絡的目錄。對後者的臆想促成了我對單科法事彼此間以有機方式生長、運作，擴大構成系統連結的想法。然而我並不認為這個問題已經解決，不論是歷史背後的故事或是更多細緻的脈絡，都還必須再探詢。

　　經由完整的文本閱讀可知，《廣成儀制》的雕版，以清末民初二仙菴閻永和方丈發起刊刻成果為主，此形式與同時期稍早的另一個大型刊刻計畫《重刊道藏輯要》是相同的。這個版面規格自成一格，並不與此前留存少量的廣成刻本，或是其他現有道經相同。這個版型在《重刊》、《廣成》時成為標準，現行的補版上也援引模仿。這個規格設計及其刊刻工匠集團岳池幫等的故事，都還

缺少頭緒。而單就版面規劃來說也常浮現有瑕疵，比如每科對校輯人陳復慧的稱謂略有不同（或可能是因為用以為底本的舊時抄本本就如此？），此外也不是每一科的卷末都會標記上刊刻的年代與地點（約是一半），這點極可能是在制定雕版工作通則時不夠周延，或作坊實際運作上的問題，這樣的問題有必要繼續針對雕版、現存的老手本多做蒐羅，當然也很需要將視野擴大到與《輯要》作比較。

其他幾個還未能有定論歷史問題的揣測上，我投入很多的想像與推理，卻常常發覺若是以此推展，其問題的無解又顯得不合道理，讓我陷在矛盾的泥淖裡。以《廣成》究竟有沒有權威目錄一題為例，在窮竟目前所見所有資料，實在沒有辦法從當前可見的資料看出端倪；我不得不判斷終極目錄可能並不存在，或即使在陳復慧時確實有所編寫流傳卻很快消殆，以致到了清末時節根本不存在目錄存在這樣的想法。即便我在怎麼努力想為此現象解套，或是即便廣成道士們確實沒有對權威目錄的需求，這個現象對我還是相當不合理的。雖然目前還不確知未來可能有哪個方面入手接續解決，我內心是相當渴迫能解決這個疑惑。同樣的，關於陳氏科儀傳承的揣測，資料顯得又豐富又貧乏，多個啟師段落駁雜紛呈，然而還找不到適當的索驥入口，確實沒有明白的答案，即便是道士間的口傳，也沒能得到合理的方向，這點著實讓人遺憾。

而僅面對成都地區的道士們，我也能發現其背後豐富很難全竟的底蘊。根據實際的互動經驗，我提出一個新的稱謂「廣成道士」作為暫不分派別傳統的，包含所有研究對象的統稱。此做法合理之處在於，確實適合呈現所有成員於科儀之下能合作的事實，是暫緩陷入無止盡宗派分類泥淖的彈性做法。如此一來的確完美指涉了我所關懷的全體對象，讓內文明確。所謂「廣成道士」一義的使用雖然肇因於現實的不足，隨著未來或有更多深入研究出現，可以再回頭質檢討，但我相信再清楚的研究都能確認這個帶有「本山」精神的認同。固然此概念並非孤立，廣成傳統在侷限區域、多重使用者、儀式類型紛呈這些方面都很清楚，能作為此類說明極好的例子。

雖然抱怨著資料的匱乏，我的書寫過程中其實又常常覺得資料多到難以掌控。擇定這個題目之後，我先花了一段不少的時間閱讀科本本身，才進入田野。不斷閱讀、點書、筆記、統整的那段時間，我其實很弔詭地對廣成科儀的真實操作一無所知。帶著這樣有些扭曲的（偏頗的）「豐富」知識進入田野，可能大大影響了我對這套傳統的看法，大概也註定了與道士高功們的訓練背

景有不太相同的意見。

　　有預設立場的讀書經驗，再加上我曾多次見到道士們能點名般隨口列舉說明，甚至毫不猶豫從檔案裡叫出經文來佐證說明的震撼印象，讓我很理所當然地將《廣成儀制》（及諸部文檢集）視為資料庫般的存在，故而觸發我對單科科儀彼此間從意義連結進而構成想像脈絡地圖，以及節次編排概念的靈感。說明的篇幅裡，我意外地投入了頗多的自我詮釋與增衍，甚至用上了不少略顯出格的生活化比喻。固然論文是自我研究的發表，講了太多個人觀感，又較缺乏與理論的對話，其實對這樣論述的成功與否還是相當憂心。撰寫與口試中，老師們也對我過於著迷於以流行語言對比踩了煞車。實在是從這個題目與田野的收穫上讓我很有意見，除了作為「資料庫 database」科本文本提供給我豐富的素材，道士們活潑的生活方式也同樣給了我很多啟發。讓我想更強調他們在思考、主動投入的過程。同樣以道士或高功作為報導人，除了提問與紀錄，在不過度揣測之下，我希望能夠更多面向地呈現他們的活動。

　　將單科科儀與多場／多日法事樹起架構，以單元的方式堆排，賦予經濟理性來幫助理解節次的設計，我在書寫這些部分時總是興味高昂，想像力勃發；因為它們就如同資料庫開始用作之後，發生有機的增衍、連動一樣，總是迅速開展得合理又盛大。到了實例說明上又更加讓人陷入推理式的論證，想要推展更多細則的設定，種種可能性讓人欲罷不能。如同《靈寶文檢》在「凡例」部分的提示：「學者當深自琢磨，自能體會。」科本如何被解讀詮釋，然後善加運用；高功法師除了根據每次情境的應變活用，也可以看到因著經驗累積，知識與體悟跟著加深了，也可能呼應科儀發展出獨特的見解。

　　作為一個局外的研究者，我想任誰都很期待／期許能與道士報導人們取得對等的討論關係。感謝我所遇到道長們的友善開放，給了我提出各式假設性問題的空間，從而能體會主動架構科事節次的道理，也更確定我所提出科儀亦可能在具備足夠知識、經驗之下，以理性、系統性的思辨，達致趨近真確完美的目標。合理有節制地複製（甚至稍加擴充）道士的思考路徑，是我認為加深對科儀了解可行的研究方式。

　　所有的理解詮釋還是要回到道士本身的思維，這些同理可證或許很大程度可以達致類似的推演結果，但終究不見得是決定性因素。所有的研究還是要回過頭來問，或許他們不曾這麼想，但這個說法能為道士所接受嗎。我在在強調的主動、開放性理解，仍然要面對宗教信仰上相對保守、具神聖性的一

面。這裡所面對的是謹慎事神的情境，對「道」的尊重與謙卑還是應該放在不容或忘的前提下。這個做法只能說是遵循人類學參與觀察法之下，對研究對象所作的詮釋。是以我雖然努力想反應道士們的思維，不如說是我在趨近理解他們的路上，對我已作的嘗試向所作的歸結。

雖然我好些報導人對當前的科儀恢復狀況不甚滿意，舉出不少闕如或簡陋的地方；離開田野這些的時間裡，透過新聞網路所見的變化，其日新月異其實教我驚詫不已，深恐我所見所聞已經太過時。從法事舉行的規模、頻率、品目到內容用度，都出現了不小的變化。「復興」所帶來的欣欣向榮使人期待，但也潛藏了所謂本源正誤之見，以及是否有所謂標準存在。這裡衍生出的疑問很多，諸如何謂正統，如何細緻區辨，對創新的接受與否，怎麼檢驗等等；此類疑問在科儀展演與科本、器物〔註1〕上都同樣等待更多研究與回答。

此外，在所謂溝通互動的前提之下，也並不是所有差異都能夠以不同傳統輕巧帶過。比如在一些全真道士眼中，曾在正一的情境裡出現改稱為「<u>金真演教天尊</u>」而不是經中本來所用「<u>全真演教天尊</u>」，或潛藏對其他門派的否定或是對自身傳統主權復辟的心情。〔註2〕如此細節改用（或叫「端正」）是否也對其他面向造成影響，這類差異又往往微小到不易從觀察得知，是需要更加留意。

願我的書寫能表達四川道士們開放友善的態度於十一，雖然以我淺薄的見識不足以權威地斷言他們是所有道士最無私又勤學的一群。我在田野中之所見總是告訴我，他們對科儀實踐與知識體悟兩者，無論在壇上或日常中都在力求進步。秘法與內練之外則幾乎不吝於分享，又特別是清晰理性地說明方式。也確實受到這些特質的影響，才讓我產生應當也理出豐富又自信的詮釋。或許我理解、判斷的路徑有異於他們，但我們可以在同一個平面上溝通、正誤，甚至是議論，這是我在其他有限的經驗裡所不曾有過的。這個題目無論從文本、史料處理到田野實踐都是這麼豐富有趣，總讓人「樂不思蜀」。

〔註1〕 近年有幾位廣成道士在從事經目、科本的恢復，從網路上陸續可看到釋出的片段，但我們還不能確定當中的完整度與真偽。堂上用度也隨著經濟好轉開始講究奢華，但由於專業工匠與技術的斷層，如各種法袍、法印重新製作的講究，當然還包括量產式的機械製作喪失各地方與傳統的特色講究，甚至是淘寶網購的便利，這些在道士間多少都有異音。

〔註2〕 此意見來自一位全真道士。當然在其他人的看法中或許並非如此。

附錄　《廣成儀制》科目總表

總	十三	RJ	科　名〔註1〕	提　要	頁數
1	1	261	齋醮正啟三元	齋或醮事。用於朝覲、供養三官大帝以下三元仙官及歷代宗師的科事。	21
2	2	264	齋醮懸幡昭告集	齋或醮事。懸旛前關告使者大神請來監旛開道。	4
3	3	50	大品齋醮庭參九皇	齋教科事中，朝覲三清四御等九皇上聖天尊。	20
4	4	67	天曹正朝全集	齋教事中筵請九天天曹眾真君，祈各種福佑。	11
5	5	193	借地建壇安鎮文集	齋醮事。建壇前向后土地祇借地，灑淨安位後，向五斗及十方安奉神位並告真文。	18
6	6	198	貢祀諸天正朝集	齋醮事。朝覲大羅太皇三十二天上帝，請求消災降福。	16
7	7	148	金木正朝全集	齋醮事。朝覲東華木公、金母元君以下聖真星君，濟幽或請福。	9
8	8	73	日月正朝全集	齋醮事。朝覲太陽帝君、太陰元君以下聖真星君，濟幽或清吉。	9
9	9	199	高上神霄九宸正朝全集	齋醮事。朝覲高上神霄九宸天尊以下聖真星君，特別強調救苦與濟度。	11
10	10	5	九幽正朝全期	濟度白事。向太乙救苦天尊、朱陵、黃華天尊以下求告，請逝魂脫釋，得登福鄉。	10

〔註1〕以科本頁首所標示的全稱為準，為求簡潔一概省略「廣成儀制」四字。

11	11	42	上元大會慶聖集	專對上元天官大帝的祝壽科。除獻香、叩拜、呼壽，更藉此良機懺罪求福。	12
12	12	82	天皇流金火鈴詔赦集	恭請玉帝、天皇、星主以下，為禳瘟或火事宣詔文及赦文，請求立即解除。	11
13	13	X	上元大會懺悔正朝集	值上元時開壇行道，朝天官與三十六天曹仙官以下，發願請福。	11
14	14	43	上元大會大曜華燈集	值上元時向上元天官、五斗以下敬獻燈、燭以祈福祐。	10
15	15	39	下元大會三曜破暗集	於下元會，恭請太乙救苦天尊以下，發九厄燈、樹旛以破暗濟幽。	11
16	16	125	投告上元符簡集	為亡人修黃籙齋，主請上元宮中仙官，拜懺及投簡。	10
17	17	X	投告中元符簡集	為亡人修黃籙齋，主請中元宮中仙官，拜懺及投簡。	10
18	18	126	投告下元玉簡集	為亡人修黃籙齋，主請下元宮中仙官，拜懺及投簡。	10
19	19	X	三簡內式（黃籙三疏式）	以上三科所需疏、符、簡、牒、關、狀等文檢之簡式。	5
20	20	57	中元大會慶聖全集	中元會上，朝覲中元赦罪天尊以下，上壽表，賀壽並懺罪求福。	13
21	21	57	中元大會慶聖正朝集	與 20 同，為天師洞手抄本（彭監院時期）。在請聖、朝禮部分有省略神位。	12
22	22	58	中元大會懺罪正朝集	中元會行事。朝禮中元赦罪天尊以下，藉壽辰懺悔發願，請求地方安泰。	14
23	23	56	中元大會兼行回燿集	中元會行事。朝禮眾冥獄主者的超渡事，藉揚旛發燭之力破暗破獄，超度三界。	13
24	24	41～2	下元大會慶聖集	下元會上，向下元水官大帝祝壽，三獻、呼壽。	12
25	25	40	下元大會解厄集	下元會上，向下元水官大帝以下仙官信禮，請求解除二十四種厄。	13
26	26	79	水陸大齋迎請符簡全集	水陸齋事。請聖真暨祖師護佑後，將準備好的符簡請到壇內，予以薰淨封印，待後續使用。	12
27	27	53	大齋行符告簡集	陰齋。請太乙救苦天尊以下，點蓮花燈仗劍破獄度亡，當中共發寶符及籙九張，以此削死上生。	23

28	28	87	四大歸空全集	給初亡者的濟度科。以講述「一靈杳逝，四大歸空」的道理，助亡者捨妄歸真，超離六道。	13
29	29	66	五靈梵度全集	給初亡者的濟度科。向五方五老帝君以下求薦拔，發五道（方）真符。	18
30	30	260	齋醮正申東嶽集	為齋、醮、地方清吉等各種原因，向東嶽大帝投詞祈請的科事。	9
31	31	91	正申北魁聚魂五總府全集	陰齋。申請玄範府與聚魂府普攝幽魂，並協助拔薦功德。	9
32	32	2	九天生神正朝全集	齋或醮。向九天生神大帝以下朝覲入意，可請地方清泰或亡者得度，但都應與行生神章法事系列有關。	10
33	33	219	欸駕停科集	齋或醮。多日行事，在每日法事告終時回向，懇謝神真並請暫歇的法事。	7
34	34	51	大品齋醮關告投文全集	齋或醮。法事伊始為接下來一切召請功曹官將預作啟請，並遍牒所有攸司神員、城隍、土地等。	26
35	35	46	亡齋藏棺隱景集	初亡建靈堂時，唯恐凡居及棺木不潔，使接下來的煉化、濟度無法迎真，請九鳳破穢仙官代為嚴潔，諸厭消除。	5
36	36	114	安奉監壇將帥集	齋或醮。法事初行，迎請雷門眾官將監護安鎮壇場，消精祛邪。	6
37	37	158	奏請玉札全集	拔度齋事。夜間向北斗九宮星君以下請求頒奏玉札下降。	7
38	38	45	亡齋預行抽魂集	拔度齋事。啟請神虎官將、法部威靈為法會追提亡魂。	8
39	39	52	大開方隅全集	拔度齋事。夜間燃五方燈燭，法師分至五方宣符狀並加持真言，請開通冥路，亡者來臨。	14
40	40	270	關攝亡魂全集	拔度齋事。請攸司成員提出亡魂，並先行予（簡單的？）天醫、度橋、沐浴、朝參安靈、施食後，引入寒林。	32
41	41	247	諸品齋醮安建寒林集	齋或醮事中，為濟度事（冥陽兩利）預建寒林所。	5
42	42	28	十王轉案集	齋。法師依據元始天尊教示，對十方設十殿冥王神案，依次向各方個案參禮，請寬宥不同罪罰。	27

43	43	246	諸品大齋醮告符啟壇集	齋醮初始，開壇的啟師與請神祇功曹。	8
44	44	249	諸品齋醮建壇啟師集	行齋醮事時的請神，本科所請師真極其龐大，幾涵蓋教內各派祖師。	13
45	45	250	諸品齋醮請經啟事集	為齋醮中將要修誦各經書，預行請經奏告，對三清以下及相關主神朝禮十獻。	15
46	46	X	斗醮啟師全集	斗醮專用的啟師科。朝啟大量宗派祖師及五斗眾星君。	18
47	47	70	斗醮召合全集	斗醮。對功曹、土地、雲廚等神吏的投文預告。	12
48	48	X	斗醮會將全集	斗醮中為朝元科事預先投文關會列職神官，請協助並賜福。	8
49	49	72	斗醮隍司全集	斗醮中招請城隍主者降臨協助之一科，並加禱值年太歲。	5
50	50	X	斗醮迎駕全集	斗醮中向勾陳、紫微大帝以下星君迎駕供養的科事。	12
51	51	54	大曜分事同全集	齋或醮。向十一大曜星君及日月朝禮，做諸種請求。	21
52	52	263	齋醮關召功曹符使集	齋或醮。法會伊始，召請三界四府的功曹符使，請迅速通傳。	8
53	53	248	諸品齋醮迎鑾接駕集	大型齋醮事中，恭敬迎請三清玉皇以下聖駕，禮請降聖延床。	26
54	54	X	諸品齋醮餞駕迴鑾集	齋醮事。順利完結奠謝恭送神祇，並請留恩降福。	8
55	55	X	欸駕停參集	齋或醮。多日法事在每日將屆時，行晚朝對神祇略行安奉回向，表法事暫止。	6
56	56	95～6	玉帝正朝卷上全集	又稱「上大表」。大型齋醮中朝參玉帝之一科，儀典莊重，規模宏大。內祕、諱多。	110
57	57	95～6	大表符式	「玉帝正朝」科中所需真符。	
58	58	144	迎王母駕全集	朝禮王母以下諸元君，祈求保嬰童度關煞。	7
59	59	274	禳關祭將全集	召請十二洞（十二星座）將軍，請為嬰童禳三十六關七十二煞。	12

60	60	233	禳痘疹全集	地境天花痘疹流行時，為家中尚未罹患幼童所行預禳；主請碧霞掌痘元君以下。	8
61	61	278	禳關度煞全集	為保孩童順利成長，依次叩謝三十六關守將，祈請解除各犯煞。	28
62	62	243	遣送白虎全集	為齋主本命宮犯白虎，致有疾厄官訟，對眾白虎神君招祭遣送。	14
63	63	15	九皇朝元醮品一夕全集	九皇朝元醮系列法事。主飯命禮請第一陽明貪狼太星君以下，請北斗眾星君為信眾解各種災厄。	12
64	64	16	九皇朝元醮品二夕全集	主飯命禮請第二陰精上宰府中天大聖天芮巨門元星君以下。	12
65	65	17	九皇朝元醮品三夕全集	主飯命禮請第三真人司空府中天大聖天沖祿存真星君以下。	12
66	66	18	九皇朝元醮品四夕全集	主飯命禮請第四玄冥游擊府中天大聖天輔文曲紐星君以下。	13
67	67	19	九皇朝元醮品五夕全集	主飯命禮請第五丹元斗君府中天大聖天禽廉貞罡星君以下。	13
68	68	20	九皇朝元六夕醮品全集	主飯命禮請第六北極太常府中天大聖天心武曲紀星君以下。	12
69	69	21	九皇朝元七夕全集	主飯命禮請第七天關上帝府中天大聖天柱破軍關星君以下。	13
70	70	22	九皇醮朝元八夕全集	主飯命禮請第八玉樓大帝席宮中天大聖洞明左輔星君以下。	12
71	71	23	九皇會朝元九夕全集	主飯命禮請第九玉璘天上尊宮中天大聖隱光右弼星君以下。	12
72	72	9	九皇壽醮真人集三	九皇壽醮之第三，主向祿存星君（真人司空府）迎駕呼壽。	10
73	73	10	九皇壽醮文曲集四	九皇壽醮之第四，主向文曲星君迎駕呼壽。	11
74	74	11	九皇壽醮丹元集五	九皇壽醮之第五，主向廉貞星君（丹元斗君府）迎駕呼壽。	10
75	75	12	九皇壽醮武曲集六	九皇壽醮之第六，主向武曲星君迎駕呼壽。	11
76	76	X	九皇大醮關告集	九皇壽醮專用的關告科，向斗中諸元帥、靈官以下預告，並請降筵証盟扶持，監值傳遞。	8

77	77	X	九皇大醮迎駕集	九皇壽醮專用的迎駕，在迎請諸斗星君降臨安位；本科極慎重，秉職啟聖凡八次。	17
78	78	7	九皇壽醮貪狼集一	九皇壽醮之第一，主向貪狼星君迎駕呼壽。	11
79	79	8	九皇壽醮巨門集二	九皇壽醮之第二，主向巨門星君迎駕呼壽。	9
80	80	258	臨壇受職簽押集	大品齋醮事用。建壇行道之前，先禮請三寶、玄中五師與列冪師真証盟，令內外壇法師信士各十二、十種職司者依序上前，宣講工作職掌，就大榜簽押；有負責與得麻雙重意義。	10
81	81	155	南斗正朝全集	齋或醮、斗醮。朝覲南斗眾星君以下諸斗，求除罪延壽，運正降福。	10
82	82	156	南斗祝文全集	朝祝南斗六星，祈除罪延壽之醮事。	13
83	83	83	北斗正朝全集	朝覲北斗、斗中眾星君使者等，泛用於齋醮會等多場合，祈求消災延齡，普得恩澤。	14
84	84	84	北斗金玄羽章全集	為解厄延壽事，禮請北斗及個人本命元辰星君，上金玄羽章一函，有北斗七星真符（七道）。	15
85	85	190	星主正朝全集	朝覲諸天五斗所有星君，懺謝求福，泛用於齋與醮事。	13
86	86	143	祈禳十八誥全集	為消災保安醮事，請城隍、竈王、土地等，頒降三景玉符十八誥，解除十八種人世糾紛。	14
87	87	X	命日崇真建善集	齋主於本命日修建的慶生謝恩法事，表達對父母、祖上、天地等的感恩，回向植福。	11
88	88	216	報答四恩全集	醮。酬恩會用，感謝四恩造就（天地、日月、水土、父母），拜謝報恩求滅罪福生。	17
89	89	200	接壽全集	為長輩延齡、解太歲或沖犯。主請本命星君、南北斗與福祿壽三星。本科的主要步驟是請本命星君過壽橋。	9
90	90	X	送太歲科	奠謝奉送當年太歲，有焚化龍舟與花盤。	3

91	91	X	十王大齋右案全集	為亡親作齋事。分參謁十王並宣演十殿儀文,祈求亡靈超拔、証無上道。	16
92	92	X	十王絞經全集	為亡親作齋事。以虔誦〈十王感應真經〉滿數,陳報恭啟三寶以下及十王。	11
93	93	240	預修正啟五老全集	虔誠恭謁禮請五方五老天尊以下,為度人預修齋事懇禱請福。	14
94	94	X	受生填還全集	受生齋。主請本命元辰與祿庫星君等下降受歆,上繳三筆受生錢財。	14
95	95	93	正奏金籙受生全集	受生齋。禮請五方五老天尊、金籙受生真君以下,祈請禮讚並發十二大願。	11
96	96	128	受生鴻齋迎庫官全集	受生齋。禮請本命及總嶽府受生院六十庫官來享筵祀,得解厄延生。	16
97	97	252	興賢舉善傳度引籙全集	為皈依弟子拜師事,啟奏三清以下証盟,傳給引籙。	15
98	98	48	土皇醮欵啟壇全集	土皇醮之開壇科事。請九壘、五方以下神祇下降受奠,祈地方安鎮、家戶平安。	13
99	99	47	土皇醮欵五方真文全集	土皇醮。為興工土木或修繕的沖犯醮謝,向五方發燭並宣文。	12
100	100	X	土皇醮欵安龍集	土皇醮。為家宅建設沖犯奠謝,重向五方神龍宣疏、符以安鎮,請愆尤盡釋,平安福壽。	15
101	101	75	水火璠篇大法全集	生神齋或陰齋。以救水與火為亡靈鍊度。	10
102	102	74	水火鍊度全集	生神齋或陰齋。為亡靈濯蕩鍊形(水→火→水火交),配合《生神章》之靈文。	32
103	103	X	水火符篆集	〈水火煉度〉一科所用符式,凡五十四種。	20
104	104	59	丹罡八鎮早朝全集	禳火醮事之早朝,以地方星辰不順、雷霆燥亢,向三清以下聖真請求制禳火災、三景條元。	15
105	105	60	丹罡八鎮午朝全集	禳火醮事之午朝,向八方奏籙主司尊神宣「鎮滅火運真符」。	17
106	106	61	丹罡八鎮晚朝全集	禳火醮事之晚朝,主向老君、南方火部聖真與祖師等啟請、懺謝回向。	12
107	107	131	河圖三辰星醮早朝上集	醮。向紫微大帝以下眾地分星君朝禮,請求地方星辰順度,保制安寧。	16

108	108	132	河圖三辰星醮午朝中集	醮。朝覲供養三寶四御以下，懺謝悔過，請星辰順度，災厄不起。	16
109	109	133	河圖三辰星醮晚朝下集	醮。夜間敬設星壇參禮五斗星君，透過解謝得祥瑞，消災延生。	12
110	110	62	丹罡誓火早朝全集	地方清醮。因恐星斗觸犯致火事的預禳事，主朝禮三清四御。	10
111	111	63	丹罡誓火午朝全集	禳火清醮之午朝。懇禱太陰、水德、火德真君以下，弭離火與星災。	14
112	112	61	丹罡誓火晚朝全集	禳火清醮之晚朝。請殄滅熒禍，預斂融災。	11
113	113	265	離明正朝全集	禳火醮事。向五方火德星君、離明宮內及普化天尊等朝修，祈請陰陽交濟、物阜人安。	14
114	114	266	醮品祀火全集	地方清醮事。慮有祥異或熒禍致火災妖孽，請時雨清淨，有發燭。	9
115	115	65	丹罡誓火啟設水壇全集	為禳火醮事安設水壇。在向江中取水加持並禮請眾水司龍神。	4
116	116	234	酬謝火全集	禳火設水壇後，三獻禮謝神祈。用淨水罈、油燈請龍王收捉火魅，驅除不祥。此法用途廣泛，尚能保生、安胎。	22
117	117	98	玉樞鎮靜宣經全集	編寫供養道場上宣演玉樞經的形式。本科將經文析作二十三章，逐章持誦後微加闡釋，並作一皈命敬禮。在讚揚禱謝雷聲普化天尊。	43
118	118	X	祀雷正朝全集	筵請雷祖、雷霆諸司等以下來降，証盟醮事，行三獻及十供養。	17
119	119	238	雷霆正朝全集	朝覲祈請雷聲普化天尊之一科，目前使用於賀壽。	20
120	**	X	祀雷集	〔無內容〕	X
	十四				
120	1	134	河圖三辰星象晚朝集	醮。夜間行事。為懺謝解禳，向十方梵炁、五斗等祈請的斗科。	15
121	2	137	祀供太陽正朝全集	向太陽（兼與太陰）的崇奉朝禮。	12
122	3	77	水府三界全集	齋醮時的筵請三界符使、四值功曹之一科，供養並囑咐。	6
123	4	78	水府招龍全集	崇祀五方水府龍神，可用於祈雨與其它清吉醮事。	11

124	5	257	龍王正朝全集	迎請五方、各地行雨龍王所行的朝、獻科。	8
125	6	236	雷霆水醮正啟三聖全集	地方醮事。迎請水德、水官、水府以下，關於地方時雨、護堤等的請求。夏日行事。	10
126	7	X	關告雷神全集	行齋醮事時，關告召請雷霆諸司官將受獻，並請盟証、護壇。	5
127	8	139	祀供水府全集	陰陽通用科事，迎請水府、龍王降筵受獻，再求不同恩貺。	10
128	9	140	祀供風伯全集	醮。迎請司風與掌四時神祇，請求風調雨順或殄蝗瘟。	12
129	10	231	楊泗正朝全集	奉求楊泗將軍一門的朝科。楊泗信仰在四川多與湖南移民或行舟、放貸行業有關。	8
130	11	281	觀音正朝全集	齋或醮。對慈航道人的朝觀科事。用途頗為多元。	8
131	12	153	保苗關告會將全集	清醮事。以全真雷壇弟子身分，發帖召將，殄除各種蟲災。	10
132	13	152	保苗醮揚疏昭告全集	醮。為禳蟲蝗災，揚疏結旛的科事。	7
133	14	151	保苗迎真接駕全集	保苗區蟲系列醮事中的請聖接駕，迎請神農、勾農、后稷三聖以下。	16
134	15	150	保苗炎帝正朝全集	保苗區蟲系列醮事，祈請朝奏炎帝的一科。	14
135	16	149	保苗三曜懺悔全集	保苗驅蟲系列醮事，向三曜星君（箕、昂、畢宿）朝禮懺謝。	16
136	17	109	田禾醮結界祭符謝真全集	保苗區蟲系列醮事，完滿謝神之一科。	14
137	18	129	和瘟正朝集	禳瘟醮事。用於瘟疫已發生時而非預禳情境，行懺謝為主。	11
138	19	X	火德正朝集	地方清吉醮事使用，向南方火德星君懺謝求福，與星斗移動、彗星熒惑等變異情境有關。	8
139	20	111	申啟城隍集	齋。對亡者通幽抽魂前，向城隍的預禮，仰請協助與肅清道場。	4
140	21	277	禳蟻判散全集	陰或陽宅受蟻患重治時，作驅散餞送，並再次驅煞安鎮。	9

141	22	142	祀供蟲蝗全集	蝗災將／乍起之初，向炎帝以下等呼求，請驅除絕跡，避免殺生。	8
142	23	82	火鈴詔赦全集	行瘟醮或火醮用，謝恩或餞駕。	13
143	24	225	陽醮品天皇詔赦全集	清醮中引導信眾懺謝之一科，或有頒赦文。	11
144	25	220	童初五相正朝全集	齋或醮。向童初三省底下五位真君與諸派歷代師真禮敬，請降壇盟証。用途多元。	15
145	26	145	迎齋上供全集	齋或醮。安請監齋使者後，回壇請眾聖臨齋受供。	8
146	27	92	正申冥京十王集	齋。朝禮、供養十京冥王之一科。	9
147	28	90	正申北陰酆都集	齋。信禮酆都主及下眾魔王、曹僚的科事。	9
148	29	121	血湖正朝全集	齋。向青玄教主、寶相真人等祈請救度一切死於失血相關原因之男女。	13
149	30	127	言功設醮全集	齋或醮事。功行圓滿後的回向謝恩。	8
150	31	228	傳授戒言全集	齋。對亡者傳戒（九真戒）給牒（金籙白簡），助其開悟得度的科事。	8
151	32	280	靈祖正朝全集	向先天斗口靈祖朝禮，多用於齋醮事初始禮請靈官鎮壇、護法糾罰。	8
152	33	34～6	三元齋左案全集	齋。實為獨立的上中下集。各集分皈依上、中、下元之天地水官，藉元始天尊口歷數人之種種惡行歹意，令誠心謝過，使生者安死者息。	51 18＋ 16＋ 17
153	34	31～3	三元齋右案全集	齋。實為獨立的上中下集。各集分自闡演上中下元之天地水官儀文，列舉諸多惡行，最後使懺悔、發願、回向。	35 12＋ 11＋ 12
154	35	X	正朝進表集	齋或醮。上集。兩科合為一完整之〈玉帝正朝〉。乃極其莊嚴講究的上玉京山面玉帝進大表，有大量的步罡、存神、出官、發符等。	15
155	36	X	玉帝正朝集	下集。	15
156	37	X	報恩鴻齋集右案	齋。為亡故親人（當尤為父母）所作拔度事。拜十殿閻王後說十種受恩文並作十獻。	28
**	38	X	佚名	〔不完整的手書版；No.27之一部分〕	

157	39	29	十種報恩全集	齋。為亡故親人（當尤為父母）所作拔度事。與前一科幾乎相同，僅少數段落或用句不同。或是科本／手抄之誤或有編修前後關係。	30
158	40	215	報恩齋集左案全集	齋。為亡故父／母所行齋事。針對十項劬養子女辛勞而觸犯天地之罪，逐一令子女懺謝感恩，代為求恩赦。左右案主要內容相似，但作法有異。	21
159	41	216	報恩齋集右案全集	齋。為亡故父／母所行齋事。針對十項劬養子女辛勞而觸犯天地之罪，逐一令子女懺謝感恩，代為求恩赦。左右案主要內容相似，但作法有異。	17
160	42	157	南斗煉度全集	齋或醮。向南斗諸天真君祈請，請生者延壽增福，或亡人受薦。	8
161	43	241	對靈救苦全集	齋。對亡者棺前分段闡誦《救苦妙經》，並呼求救苦天尊使亡者超生得度。	21
162	44	254	隨緣往生十方早朝全集	齋。志心朝禮救苦天尊、十方境界大真人等，使亡者得以隨願往生至所欲之方。此早中晚三科當有連續關係，分別強調迎真、獻供與懺謝。	11
163	45	255	隨緣往生奏納午朝全集	齋。之午朝。	15
164	46	256	隨緣往生懺悔晚朝全集	齋。之晚朝。	9
165	47	110	甲子大醮正奏三皇全集	醮。地方神會名義，於每甲子年上元修醮，恭禮三皇、六十干支神君。（藏外版缺末2頁）	12
166	48	232	解壇散界全集	醮。法事圓成，對五方神靈官將餞送謝恩。	4
167	49	262	齋醮敕水禁壇集	齋醮初建，驅邪禁制、嚴潔場所之一科。	23
168	50	239	雷霆禱結皇旛全集	齋或醮。大型道場懸掛皇旛，奏請玉帝使神將結旛開雲路之一科。	20
169	51	229	催結皇旛全集	齋或醮。懸旛科後未能結成的補充法事。再行懺謝發願，重請結旛。	7
170	52	197	祝國儀文全集	為帝王壽誕焚香誦經，以此功德祝願國泰民安、三界濟度。	4

171	53	X	致謝帥將全集	齋或醮。圓滿後餞謝雷部、城隍、雲廚三種神員的科事。	4
172	54	247	諸品齋醮安建寒林集	齋或醮。普渡事中設建寒林，召攝各類亡魂前來暫厝安置。	4
173	55	207	祭享神吏夫丁集	陰法事將告終時將欲燒寄亡者的錢財交割神吏夫丁，先以酒食奠謝後火化轉移。	4
174	56	204	敕破九獄全集	齋。為亡靈祈求救苦天尊以下，以燃燈仗劍（或杖），分請九方（八方與中央）之主助其破獄拯濟。	30
175	57	242	漂放蓮燈集	齋。為普渡或私人濟幽事，先予施食再造船，召各種孤魂同致超昇。夜行事。本科可兼行放生。	16
176	58	26	十王告簡全集	齋。對外壇安置的十殿神位，依序參謁與宣疏簡。	31
177	59	260	齋醮正申東嶽集	參禮東嶽為首的五嶽帝君真人。祈請功能多元，齋或醮情境皆可使用。	9
178	60	X	六時薦拔全集	拔薦系列齋事之一，以奏告神祇、知會功曹為主，行抽魂召攝。	9
179		X	六時薦拔全集二	拔薦系列齋事之二，以宣演《度人經》為中心，行靈旛召攝。	6
180		X	六時薦拔全集三	拔薦系列齋事之三，以宣演《生神章》為中心，使迴骸復生。	6
181		X	六時薦拔全集四	拔薦系列齋事之四，以宣演《清靜經》為中心，使保神攝炁。	6
182		X	六時薦拔全集五	拔薦系列齋事之五，以宣演《救苦經》為中心，使離苦登岸。	6
183		X	六時薦拔全集六	拔薦系列齋事之六，以宣演《生天經》為中心，使得薦超昇。	6
184	61	80	水陸大齋普召孤魂全集	水陸齋中招孤魂用。招來一切二十四種亡魂，使安位受食，並行天醫、沐浴等。於開方後行事。	24
**	62	X	言功設醮全集	〔重複不採計：No.149〕	8
185	63	275	酆都拔苦齋儀左案全集卷上	為先人濟幽拔度齋事。逐一為打開且脫離各種地獄。	14
186		276	酆都拔苦齋儀左案全集卷下	為先人濟幽拔度齋事。懺悔十種罪業，使身脫地獄上登朱陵。	12

187	64	273	酆都妙齋右案全集卷上	為先人濟幽普度齋事。藉宣講儀文禮敬聖賢，得到普渡善果。	7
188		274	酆都妙齋右案全集卷下	為先人濟幽普度齋事。使亡靈懺悔後頒給九真大戒。	8
189	65	X	清微十王轉案儀制全集	齋。於壇外分謁十殿冥王與十方天尊，宣揚各殿寶誥以除諸罪咎，名消黑簿。	24
190	66	102	九轉生神大齋全集	生神齋之一。奏誥轉誦真經一卷迄，主禮九天生神上帝之鬱單無量天帝。	13
191		99	生神大齋二轉全集	生神齋之二。奏告轉誦真經二卷迄，主禮九天生神上帝之上上禪善無量壽天帝。	13
192		100	生神大齋三轉全集	生神齋之三。奏告轉誦真經三卷迄，主禮九天生神上帝之梵監須延天帝。	12
193		101	生神大齋四轉全集	生神齋之四。奏告轉誦真經四卷迄，主禮九天生神上帝之寂然兜術天帝。	13
194		103	生神大齋五轉全集	生神齋之五。奏告轉誦真經五卷迄，主禮九天生神上帝之波羅尼密不驕樂天帝。	13
195		104	生神大齋六轉全集	生神齋之六。奏告轉誦真經六卷迄，主禮九天生神上帝之洞元化應聲天帝。	13
196		105	生神大齋七轉全集	生神齋之七。奏告轉誦真經七卷迄，主禮九天生神上帝之靈化梵輔天帝。	13
197		106	生神大齋八轉全集	生神齋之八。奏告轉誦真經八卷迄，主禮九天生神上帝之高虛清明天帝。	14
198		107	生神大齋九轉全集	生神齋之九。奏告轉誦真經九卷迄，主禮九天生神上帝之無想無極無愛天帝。	15
199	67	108	九轉內符集	生神齋所需之符文。	4
200	68	24	九煉返生全集	生神齋。上香參謁太乙救苦天尊以下等，凡九次，並發返生玉符一道。	16
201	69	X	玉清煉度返生玉符	九練返生科事所需符文。	3
202	70	X	九天煉度全集	生神齋。與〈九煉返生〉相同；除極少誤字、小片段。	15
203	71	X	詔亡科	齋。開五方招攝亡魂，引其度橋、沐浴、安位。（有缺版，不全）	14？

204	72	X	清微詔赦玄科	亡齋的首行科事。在引亡靈參謁神祇，以祈得度。	8
205	73	272	鐵罐斛食全集	亡齋施食。發路燭破開十八層地獄，召請各類死狀亡魂受食，再發九戒、給生天籙，助亡者超昇。	42
206	74	271	青玄濟煉鐵罐施食全集	黃籙齋施食。召請各種亡魂，對之反覆開解，後供養施食。教九真戒並給生天籙。（末 3 頁為序）	93＋3
207	75	88	四正生神早朝全集	生神齋之早朝。主朝四正生神天尊。	11
208	76	89	四維生神午朝全集	生神齋之午朝。朝禮四維生神上帝外，主要稟報已誦經完了之卷數，並請頒符命、黃牒。	9
209	77	1	一氣生神晚朝全集	生神齋之晚朝。朝禮中央無想無愛天尊，稟報誦生神經九過已周，並請頒符命、黃牒。	9
210	78	3	九天生神總朝全集	生神齋之一科。作為最慎重的一朝，要行三皈依與敬拜九天生神上帝等以下。（末 2 頁缺）	18＋2
211	79	124	血湖啟師全集	陰齋血湖法事中之請師。作為較先行的迎請証盟，此壇請師關乎行法源流，故祖師門派傳統甚夥。	14
212	80	118	血湖大齋三申全集	血湖齋。向寶相真人、廣濟元君與善政院開度真人奏告申文，濟度因產亡、血汙等亡故女性親屬。	13
213	81	227	黃籙五院集	黃籙齋之一。向雷部、九天生神等五院遞申文求度的法事。	10
214	82	81	水陸大齋傷亡天醫全集	水陸齋。請求天醫主、神農以下醫療相關真人、使者，請使全形復性，合體療災。	8
215	83	268	關告酆都血湖官將全集	血湖齋中召請各種有司官將主者之一科。共發出十四道牒文。	10
216	84	123	血湖迎真集	血湖齋中迎請三清、寶相真人以下等聖真之科事。	10
217	85	120	血湖大齋混元六幕全集	血湖齋中領女性亡者分參六司幕，請求蕩滌潔淨，全形復性。	16
218	86	117	血湖三塗五苦全集	血湖齋中奉請三塗五苦靈官救度，並發靈寶玉清真符九道。	8

219	87	196	破暗燃燈全集	血湖齋中發燈光明，使提出血湖，拯濟沉淪。	8
220	88	122	血湖曲赦全集	血湖齋。向三清、祖師等請得「三天門下赦書」，以消罪得赦。	12
221	89	119	血湖大齋科品全集	血湖齋。以宣演《血湖赦罪妙經》為軸，為血傷亡故男女懺悔謝過。	38
222	90	X	清微儀制靈寶玉籙血湖集	血湖齋。參禮聖真祖師的科事。	12
223	91	X	清微儀制血湖正朝集	血湖齋。審慎地請聖，宣遞表文中文的一科。	8
224	92	X	清微儀制正奏天曹集	齋或醮事。禮請、禮讚諸天曹、真君，請各遂所求。	8
225	93	30	三十六解啟師全集	斗醮事中的啟師請聖。	8
226	94	206	祥三十六解集	醮。為信士前世今生所犯三十六種冤結，對星斗懺謝洗孽。	60
227	95	44	亡齋解冤釋結全集	齋。為亡故信士前世今生所犯三十六種冤結，對星斗懺謝洗孽。又稱「亡三十六解集」。	23
228	96	147	金刀斷索解冤亡齋全集	齋。為縊死者解除六種罪愆，請救苦天尊以金刀切斷繩索，靠使用代形解除得度。	12
229	97	211	陰醮招安啟請全集	實為齋。為亡者入土修墓後，即於墓地筵請土府、五方龍神等相關神祇，行補謝求安之法事。	8
230	98	210	陰醮宣經全集	實為齋。據《元始天尊說召龍王安鎮墳墓妙經》，為亡者築造陰宅時擾動五方土眷，禮請龍王救護，退煞安墳。	4
231	99	208	陰醮投狀全集	實為齋。為亡者築墳時奉請五方墓龍神君等，請安奠墓土、後代吉祥。	7
232	100	209	陰醮明燈全集	實為齋。為亡者築墳事，以九宮燈圖燃燈供養龍王土地，及鄰近孤魂。	8
233	101	213	陰醮標山全集	實為齋。為亡者築墳事，奠告九方地脈龍神等，請解除觸犯並立契書。	11
234	102	212	陰醮祭靈全集	實為齋。子孫向先人掃墓時，為對山水自然的觸犯解謝，再對先人獻供祝願超生。	4

235	103	217	陰醮奠謝古墓全集	實為齋。誤掘古墓驚擾枯骨時用，為遷葬解謝所行拔薦事。	6
236	104	115	安慰香火集	醮。為本年之內有營構房屋，恐有觸犯，醮請相關神祇盟証安位。	11
237	105	135	祀地正朝全集	醮。動土營修後，奠奉五方、九壘神真，請消災降福。	16
238	106	224	陽醮五方明燈全集	醮。為奠宅安居，請土地、龍神官將等，供五方明燈以安鎮。	7
239	107	226	陽醮謝土安鎮九宮全集	醮。構築居室後之禳謝，向九壘九宮各攸司及其家眷，行發燈並三獻。	16
	十五				
240	1	186	度人題綱上部左右案全集	黃籙齋。本於度人經旨的超渡事。行事結合南北斗及三官信仰，左右案可連壇或分開執行。	85（1～40）
		187	度人題綱下部左右案全集	2	85（41～85）
241	2	183	度人齋一時左案全集	度人齋。私人家內拔度事。左右案有明顯承續關係，三時似當兼做不可偏廢。宜用主薦亡魂每七、百日、周年或三元五臘生辰之時。	14
242	3	184	度人齋二時左案全集	二	12
243	4	185	度人齋三時左案全集	三	14
244	5	180	度人齋一時右案全集	四	9
245	6	181	度人齋二時右案全集	五	7
246	7	182	度人齋三時右案全集	六	9
247	8	159	度人大齋一過集	度人齋。以皈依三寶、祖師，禮敬十方救苦天尊、聖眾，及十殿閻王（每過一殿），並各有燃燈燭、鳴金鼓等步驟；發有疏符牒等。十過為連續法事，應不可偏廢。	9
248	9	160	度人大齋二過集	二	10

249	10	161	度人大齋三過集	三	9
250	11	162	度人大齋四過集	四	10
251	12	163	度人大齋五過集	五	9
252	13	164	度人大齋六過集	六	9
253	14	165	度人大齋七過集	七	8
254	15	166	度人大齋八過集	八	9
255	16	167	度人大齋九過集	九	9
256	17	X	度人大齋十過集	十	9
257	18	X	度人符式	十過陰齋所需符、簡、牒等之簡式。	3
258	19	171	度人總朝集	度人齋。朝禮科事。請神極詳盡之一科,分別頂禮十方靈寶天尊,特點是於本科之始終各有一次信禮三寶。	14
259	20	168	度人早朝集	度人齋。主在報告已為亡故誦經完了之事。三朝有分別朝禮,應是不可分的系列朝科。	6
260	21	169	度人午朝集	二	6
261	22	170	度人晚朝集	三	7
262	23	176	度人昇真建壇全集	度人齋。是伊始的禮五方建壇及啟師請聖。	30
263	24	178	度人昇真過度三界全集	度人齋。以修誦度人經之〈三界飛空靈章〉並發送「飛空符」「魔王狀」為中心的拔度事。	21
264	25	175	度人昇真保舉四符全集	度人齋。請聖真與宣化保舉四符,每符並搭配度人經〈靈書下篇〉的四方八天真文。	18
265	26	172	度人昇真清旦全集	度人齋。早朝行道。主要在請諸師、聖真,並對獻禮。	23
266	27	173	度人昇真午景全集	度人齋。午朝行道。主要在請諸師、聖真,為亡者懺謝求福。	26
267	28	174	度人昇真夕景全集	度人齋。晚朝行道。主要在請諸師、聖真,朝覲懺謝,發上中下界三種燈。	23
268	29	179	度人昇真謝真全集	度人齋。完結圓滿前的餞謝。有細緻的啟請獻禮(每次皆作秉職),後再遣關三界功曹,謝恩回向。	21
269	30	202	救苦正朝全集	陰齋。正朝。祈請救苦天尊,及朱陵、西極天尊聖眾,請福求恩。	14

270	31	X	救苦遠棺全集	陰齋。文分二集，先說北方真武大帝出身成真本事，再藉寶相真人與地獄主的對話中，開五方地獄，使解脫罪愆。	19
271	32	X	清微靈寶遠棺三夜救苦度亡全集	初亡法事，法師以劍、鏡破獄使亡者出，解冤釋結。	5
272	33	X	皇旛雲篆	一百種法事結旛之符象圖及其徵意。非科儀。	1＋51
273	34	94	玄科迎師全集	齋醮法事前對祖師的迎請安位（師壇），以龍虎山三教主為主。	11
274	35	85	北帝伏魔玄帝正朝全集	清醮啟建道場，奏請北帝的朝科。	19
275	36	55	川主正朝全集	地方清醮朝科，禮請地方守護神川主（蜀中福主、川內鎮神）及其以下親眾等。	10
276	37	269	關帝正朝全集	齋醮事。迎請關聖帝君以下，主要取伏妖驅邪的特質。	9
277	38	69	文昌正朝全集	對文昌帝君為主的禮請啟事，功能多元，可用於齋、醮、功名、祈嗣等。	13
278	39	191	洞淵正朝全集	瘟醮。禮請洞淵伏魔大帝以下神祇，請殄滅瘟厲，恢復清平。	12
279	40	112	伏魔匡阜玉赦全集	瘟醮。禮請北帝、匡阜真人以下，請和瘟消災。	9
280	41	139	祀供匡阜正朝全集	瘟醮。禮請匡阜真人以下瘟司火部，供燭煥光，以求解厭。	15
281	42	245	瘟醮年王八聖全集	瘟醮。禮請行瘟佈疫多位元帥將軍，請收斂回返。	15
282	43	96	北帝伏魔祛瘟告符全集	瘟醮。向五方行瘟疫使者敬拜發符，使澄清解除。	16
283	44	X	北帝伏魔醮品奏納全集	地方醮事。啟建時向北帝等祈禱迎請。	21
284	45	130	和瘟遣舟全集	瘟醮或清醮。押送瘟部諸員上船離境。	7
285	46	68	太清章全集	齋或醮。法事初行時，由高功帶領請聖真，並逐各拜謁法壇、聖冪。	62
286	47	221	進表上章總朝全集	為大品齋醮事向三清上大表，是請聖供養極為宏大審慎的一科。	39

287	48	116	朱陵黃華全集	超薦用齋事。禮請朱陵黃華天尊等，求亡魂受煉超生。	10
288	49	235	雷門謝將全集	齋或醮。法事結尾的餞謝科事，專對靈寶雷霆諸司官將等。	10
		RJ			
289		4	玉樞九光雷醮削影科儀集	雷醮。信人慮德行有失或家族承負，以致白日見鬼被妖作怪，先以茅人代形，再敬向雷部懺謝求恩。	18
290		6	九皇大醮斗姥預祝集	九皇醮。為慶壽事恭請斗父母、夫人內眷降臨，並請宥罪降福。	14
X		25	雲臺儀九龍祈雨啟師演戒全集	題杜光庭天師作。為水旱蟲災修建道場，起始時對合場道人諦聽皈依天尊說之十誡。	6
291		27	十王鴻齋奉真集	陰齋。為孝信向三寶、救苦天尊與十王等行三獻與朝覲之科事。	12
292		37	三天門下女青詔書全集	陰齋。追薦之青玄拔苦道場。請頒三天門下女青詔命，懺愆生天。	14
293		38	三景玉符禳煞全集	為觸犯星辰或本命諸種沖煞，所行的解禳。	16
294		49	大放赦文全集	陰齋。向太乙、朱陵、黃華天尊以下，請頒三天門下赦書，使正副薦亡魂薦拔超昇。	14
295		71	斗醮朝元全集	斗醮。朝覲斗母及諸斗星君，請求一切護佑。	20
296		76	迎水府十二河源全集	陰齋。為亡魂點燃水府二十四盞神燈，照耀江河水路，薦拔濟度。	4
X		97	玉清無極總真文昌大洞消劫行化護國救民寶懺	《文昌大洞寶懺》	14
297		113	先天禮斗全集	斗醮。燃點七元星燈，祈求人身光明，延年益算。	18
298		136	祀供井泉正朝全集	醮。向當境或家宅之井泉龍王供養，請滌穢沾恩，或還有求子之意。	10
299		141	祀供鑾華正朝全集	醮。供養朝覲鑾華祖師。祖師乃明末佛教禪師，修道鑾華山（臨青城山），昔日朝山廟會興盛。	6
X		154	邱祖垂訓文＋冠巾科	邱祖訓示。混元宗壇冠巾啟師科事。	30

300		189	拜斗解厄全集	斗醮。祈請斗母北斗七元君以下，請三台星照，永保康寧。	12
301		192	炳靈正朝全集	為延生醮事，朝覲祈求嶽府炳靈太子以下，祈長壽安康。	11
302		194	*靈雲儀制恭迎天駕全集	恭迎天府神祇降赴道場，證盟功德。點天元三十三盞星燈。	8
303		195	〔廣成儀制〕恭迎地駕全集	開壇請事，迎請地府神祇來臨法會。	7 or 8
304		201	掩禁藏神集	醮。請薩祖以下及師真，收掩瘟疫，保清吉安康。	6
305		203	救苦提綱全集	陰齋。信禮救苦天尊以下，祈求亡魂得度超昇。壇中誦救苦經、生天經、解冤經。	32
306		205	清靜朝真禮斗全集（靜斗燃燈）	斗醮。向斗母及諸斗以下，祈求消災降福。壇中誦唸斗姥本命延生心經。	20
307		218	朝元咒棗全集	醮。向九霄雷祖以下與北斗信禮，供大棗九枚，請求消疾去病。	6
308		222	開通業道全集	陰齋。為新亡故者去入冥途，開通道路。	15
309		223	開壇啟師全集	齋或醮。為開壇啟事，懇請三境五師降臨，證錄崇果。	9
310		230	圓滿餞駕全集	齋醮事終，恭送雲鞏感恩迴向之一科。	10
311		237	雷霆水醮關啟水神全集	醮。為求水利順時，禾稼水運，於江邊設醮，虔對水官河神主者等。	6
312		244	剗竈安奉全集	齋醮事（或土皇醮？）。安奉啟請九天東廚司命。	6
313		251	課盆關報全集	斗醮。為信士有疾苦凶象，向北斗玄靈懇求祈禳解除。末化符於水盆中觀卜吉凶。	15
314		253	蕩除氛穢全集	齋或醮。法事之前的蕩穢科事。	10
315		259	謝旛還神全集	齋或醮。法事告終行撤班禮，拜送雷司諸將請登雲路。並附祕書訣法。	17
316		267	關告龍神迎水全集	齋或醮。法事初開，向江河井泉邊奉請龍神，取水灑淨。	8

參考書目

一、傳統文獻

1. 王文昭，《〔重修〕什邡縣志》，1967 年〔1929〕。

2. 王鑑清，《巴縣志》，台北：學生書局，1967 年〔1939〕。

3. 王暨英，《金堂縣續志》，台北：學生書局，1967 年〔1921〕。

4. 宋曙，《敘永縣志》，台北：學生書局，1967 年〔1933〕。

5. 閔一得，《〔重刊〕金蓋心燈》，收於《藏外道書》第 31 冊，1994 年〔1748 ／ 1758？～1836〕。

6. 長春真人編，《正統道藏》，台北：新文豐，1988 年。

7. 張開文，《合江縣志》，台北：學生書局，1967 年〔1929〕。

8. 張森楷，《合川縣志》，台北：學生書局，1957 年〔1920〕。

9. 馮任修，《（天啟）新修成都府志》，成都：巴蜀書社，1992 年〔1621〕。

10. 陳仲遠、黃福全校輯，《安龍謝土全集》，彰化：逸群，1997 年。

11. 陳復烜，現代手工印刷，《心香妙語》，成都：青羊宮印經院，1906 年。

12. 陳復烜，現代手工印刷，《靈寶文檢（十四卷本）》，成都：青羊宮印經院，1906 年。

13. 陳復烜，《靈寶文檢（又名「道教文疏牒全集」，十卷本，林靖欽藏書）》，台北：進源書局，2001 年。

14. 陳復慧，《廣成儀制》，時代不詳，取自網路資源：「白雲深處人家」（http://www.byscrj.com/jmm/）。

15. 陳復慧，現代手工印刷，《雅宜集》，成都：青羊宮印經院，1906 年。

16. 陳復慧，《廣成儀制》，收入《藏外道書》第 13～15 冊，成都：巴蜀書社，1994 年。

17. 張驥，《溫江縣志》，台北：學生書局，1967 年〔1921〕。

18. 曹學佺，《蜀中名勝記》，台北：學海，1969 年。

二、近人論著

1. 丁培仁，〈近代成都道教活動管窺──從《八字功過格》說起〉，《四川大學學報（哲學社會學版）》第 117 卷，2001 年第 6 期，頁 47～57。

2. 三台縣地方志編纂委員會編，《三台縣志》，四川：四川人民出版社，1992 年。

3. 文聞子主編，《四川風物志》，四川：四川人民出版社，1985 年。

4. 中國道教協會編，《中國道教大辭典》台中：東久，1996 年。

5. 王光德、王忠人、劉紅，《武當韻：中國武當山道教科儀音樂》，台北：新文豐，1999 年。

6. 王安民，〈成都武侯祠、青羊宮道觀啟派祖師──張清夜〉，《中國道教》，2006 年第 6 期，頁 56。

7. 王志忠，《明清全真教論稿》，成都：巴蜀書社，2004 年。

8. 王笛，《跨出封閉的世界──長江上游區域社會研究（1644～1911）》，北京：中華書局，2001 年。

9. 王笛，《街頭文化──成都公共空間、下層民眾與地方政治，1870～1930》，北京：新華書局，2006 年。

10. 王笛，〈中國城市的公共生活與節日慶典〉，李長莉、左玉河編，《近代中國社會與民間文化》，北京：社會科學文獻出版社，2007 年。

11. 王笛，《茶館：成都的公共生活和微觀世界 1900～1950》，北京：社會科學文獻出版社，2010 年。

12. 王笛，《走進中國城市內部──從社會的最底層看歷史》，北京：清華大學出版社，2013 年。

13. 王純五，〈道教與成都民俗〉，《民俗研究》第 32 卷，1994 年第 4 期。

14. 王銘銘，〈漢學與社會人類學──研究範式變異的概觀與評介〉，《世界漢學》，1998 年第 1 期，頁 23～45。

15. 王麗英，《廣州道書論》，武漢：華中師範大學出版社，2010 年。

16. 尹志華，〈北京白雲觀藏《龍門傳戒譜系》初探〉，《世界宗教研究》，2009年第 2 期，頁 72～82。

17. 尹志華，〈清代道士陳復慧、陳復烜編纂、校勘的道教科儀書略述〉，《中國道教》，2010 年第 5 期。

18. 尹志華，〈《道藏輯要》的編纂與重刊〉，《中國道教》，2012 年第 1 期。

19. 尹志華，《清代全真教歷史新探》，香港：中文大學出版社，2014 年。

20. 四川省灌縣治編纂委員會，《灌縣志》，四川：四川人民出版社，1991年。

21. 四川省地方志編纂委員會編纂，《四川省志·民俗志》，四川：四川人民出版社，2000 年。

22. 四川省地方志編纂委員會編纂，《四川省志·道教志》，四川：四川人民出版社，1998 年。

23. 四川省岳池縣志編纂委員會編纂，《岳池縣志》，成都：電子科技大學出版社，2003 年。

24. 甘紹成、朱江書，〈四川成都地區行壇道樂現況調查〉，《音樂類非物質文化遺產保護國際學術研討會論文集》，北京：文化藝術，2009 年。

25. 甘紹成，《青城山道教音樂研究》，台北：新文豐，2000 年。

26. 甘紹成，〈青城山道教科儀演禮程序與音樂安排〉，《中國音樂學季刊》，2003 年第 4 期。

27. 甘紹成，〈青城山道教音樂與外地道教音樂的關係〉，《交響——西安音樂學院學報》，2003 年第 12 期（第 22 卷第 4 期）。

28. 甘紹成，〈成都道教音樂現狀調查〉，《中華文化論壇》，2013 年第 1 期。

29. 史孝進，《威儀莊嚴——道教科儀及其社會功能》，上海：上海辭書，2012年。

30. 史新民，〈全真·應付·火居——武當道樂略析〉，《黃鐘（武漢音樂學院學報）》，1990 年第 1 期。

31. 四川省文聯組織編寫，《四川民俗大典》，成都：四川人民，1999 年。

32. 田誠陽，〈《藏外道書》書目略析（一）〉，《中國道教》，1995a 年第 1 期。

33. 田誠陽，〈《藏外道書》書目略析（二）〉，《中國道教》，1995b 年第 2 期。

34. 成都市地方志編纂委員會編纂，《成都市志·圖書出版志》，四川：四川辭書出版社，1998 年。

35. 成都市地方志編纂委員會編纂，《成都市志·宗教志》，四川：四川辭書出版社，1998 年。

36. 成都市地方志編纂委員會編纂，《成都市志·民俗方言志》，四川：四川辭書出版社，1998 年。

37. 伊莎白、俞錫璣，《興隆場：抗戰時期四川農民生活調查（1940～1942）》，北京：中華書局，2013 年。

38. 何金文，《四川方志考》，吉林：吉林省地方志編纂委員會，1985 年。

39. 呂實強，〈從方志記載看近代四川的宗教與禮俗〉，《漢學研究》第 3 卷，1985 年第 3 期。

40. 李合春、丁常春，《青羊宮二仙庵志》，四川：成都民族宗教文化叢書委員會，2006 年。

41. 李啟明，〈青城山道眾的帶頭人──傅元天道長先進事蹟〉，《中國道教》，1987 年第 3 期。

42. 李志鴻，〈天心正法與兩宋道教的齋醮之變〉，《世界宗教研究》，2008 年第 5 期。

43. 李裕民，〈《藏外道書》輯佚之誤〉，《晉陽學刊》，1993 年第 6 期。

44. 李豐楙（講述導讀），閔智亭傳譜，曹本治，劉紅編訂，《全真道教經典音樂全集〔錄音資料〕》，台北：金台灣，1995 年。

45. 李遠國，《四川道教史話》，成都：四川人民出版社，1985 年。

46. 李養正，《當代中國道教》，北京：中國社會科學出版社，1993 年。

47. 李養正，《道教手冊》，鄭州：中州古籍出版社，1993 年。

48. 金堂縣地方志編纂委員會編，《金堂縣志》，四川：四川人民出版社，1994 年。

49. 周西波，《杜光庭道教儀範之研究》，台北：新文豐，2003 年。

50. 周開慶，《民國新修四川縣志叢談》台北：台灣商務印書館，1975 年。

51. 周開慶，《蜀事叢談》，台北：四川文獻，1976 年。

52. 林孔翼輯錄，《成都竹枝詞》，四川：四川人民出版社，1982 年。

53. 施舟人，《中國文化基因庫》，北京：北京大學出版社，2002 年。

54. 胡孚琛主編，《中華道教大辭典》，台北：中國社會科學，2000 年。

55. 徐菲，《《法言會纂》研究》，四川大學道教與文化研究所博士論文，2013 年。

56. 徐躍，〈清末四川廟產興學及由此產生的僧俗糾紛〉，《近代史研究》，
2008 年第 5 期，頁 73～88。

57. 卿希泰主編，《中國道教史‧第四冊》，台北：中華道統出版社，1997 年。

58. 卿希泰主編，《中國道教史》，成都：四川人民，1988 年。

59. 孫亦平，〈論杜光庭對蜀地道教的貢獻〉，《宗教學研究》，2004 年第 2 期，
頁 52～64。

60. 孫亦平，《杜光庭思想與唐宋道教的轉型》，南京：南京大學出版社，2004b
年。

61. 孫凡，《全真正韻閱譜研究》，北京：大眾文藝，2005 年。

62. 常人春，《老北京的民俗行業》，北京：學苑出版社，2001 年。

63. 常人春，《喜慶堂會》，北京：學苑出版社，2001 年。

64. 梁勇，〈清末」廟產興學」與鄉村權勢的轉移——以巴縣為中心〉，《社會
學研究》，2008 年第 1 期，頁 102～119。

65. 曹本冶，《北京白雲觀道教音樂研究》，台北：新文豐，2001 年。

66. 曹樹基、李玉尚，《鼠疫：戰爭与和平；中國的環境與社會變遷（1230～
1960 年)》，濟南：山東畫報出版社，2006 年。

67. 曹樹基，《中國移民史‧第六卷清民國時期》，福建：福建人民出版社，
1997 年。

68. 張元和，〈重印《道藏輯要》紀實〉，《中國道教》，1987 年第 3 期。

69. 張澤洪，〈道教齋醮儀式的形成〉，陳耀庭編《道教儀禮》，香港：青松觀，
2000 年。

70. 張澤洪，〈杜光庭與雲南道教〉，《西南民族大學學報（人文社科版)》，
2005 年第 26 卷第 10 期，頁 180～4。

71. 張莉紅、張軍學，《成都通史》卷六‧清時期，四川：四川人民出版，2011
年。

72. 張廣保編，宋學立譯，《多重視野下的西方全真教研究》，山東：齊魯書
社，2013 年。

73. 張鴻懿，《北京白雲觀道教音樂研究》，台北：新文豐，2001 年。

74. 郭武，〈明清時期雲南道教的發展〉，《中國道教》，1994 年第 2 期。

75. 郭武，〈全真道初傳四川地區小考〉，《中國道教》，2008 年第 4 期，頁 37
～38。

76. 郭武，〈陳復慧與蘭臺派──兼談清代四川全真道與地方社會之關係〉，《全真道研究》第五輯，2016 年，頁 145～154。

77. 郭武，〈《廣成儀制》「斗醮」略說〉，《中國道教》，2019 年第 1 期，頁 10～16。

78. 閔智亭，《道教儀範》，中國道教學院編印（教內刊物），1990 年。

79. 陳理義，〈略談道教科儀《廣成儀制‧雷霆禱結皇旛》涵義〉，《武廟道教文化季刊》，2014 年第 5 期。

80. 陳耀庭，〈道教儀式的結構──要素及其組合〉，《道家文化研究》第 1 卷，上海：上海古籍出版社，1992 年。

81. 陳耀庭，〈藏外道書和明清道教〉，《海峽兩岸道教文化學術研討會論文》，台北：學生書局，1996 年。

82. 陳耀庭，〈道教科儀內容及其歷史發展（二）〉，《道教儀禮》，香港：青松觀，2000 年。

83. 陳耀庭，《道教儀禮》，北京：宗教文化，2003 年。

84. 陳耀庭，〈互相尊重，互相融合，共同發展──全真道和正一道互動關係初探〉，「探古鑒今國際學術討論會」論文，2010 年。

85. 陳蓮笙，《陳蓮笙文集》，上海：上海辭書出版社，2009 年。

86. 陶金，〈北京都城隍考〉，《中國道教》，2010 年第 3 期。

87. 彭理福，《道教科範：全真派齋醮科儀縱覽》，北京：宗教文化出版社，2001 年。

88. 傅崇炬，《成都通覽》，成都：成都時代出版社，2006 年〔1909〕。

89. 黃尚軍，《成都方言詞匯》，四川：巴蜀書社，2006 年。

90. 莫尼卡，萬鈞譯，〈「清代道藏」──江南蔣元庭本《清代道藏》之研究〉，《宗教學研究》，2010 年第 3 期，頁 17～27。

91. 莫尼卡，萬鈞譯，〈道藏輯要及其編纂的歷史──試解清代道藏所收到經書目問題〉，「第一屆道教仙道文化國際學術研討會」會議論文，高雄中山大學，10～12 November，2006 年。

92. 楊錫民，〈我所了解的成都二仙庵〉，《宗教學研究》第 S1 期，1984 年。

93. 趙宗誠，《《道藏輯要》的編纂與增補〉，《四川文物》，1995 年第 2 期。

94. 劉仲宇，〈道教科儀在近代的傳承和演變〉，《宗教學研究》，1996 年第 2 期。

95. 劉仲宇，〈簡論道教法術科儀的表演特徵〉，《世界宗教研究》，2002 年第 2 期，頁 111～119。

96. 劉仲宇，〈近代全真儀式初探〉，《全真弘道集》，香港：青松，2004 年。

97. 劉枝萬，《中國民間信仰論集》，台北：中研院民族所，1974 年。

98. 劉咸炘，《道教徵略》，上海：上海科技文獻出版社，2010 年〔1924〕。

99. 劉東父，〈清代成都木刻書業和外省書商的發展〉，《四川文史資料選輯》第 8 卷，1979 年。

100. 劉紅主編，《天府天籟——成都道教音樂研究》，北京：人民書局，2009 年。

101. 歐理源（歐福克），〈川西夫子論碧洞真人。劉止唐筆下的陳清覺——兼論四川道觀與民間團體的關係與互動〉，蓋建民主編，「第四屆中國（成都）道、教文化節」道在養生高峰論壇暨道教研究學術前沿國際會議」論文集，成都：巴蜀書社，2005 年，頁 567～581。

102. 歐福克著，郭佳興譯注，〈《法言會纂》及法言壇考述〉，《宗教學研究》，2020 年第 3 期，頁 13～18。

103. 黎志添主編，《十九世紀以來中國地方道教變遷》，香港：三聯書店，2013 年。

104. 黎志添、游子安、吳真，《香港道堂科儀歷史與傳承》，香港：中華書局，2007 年。

105. 黎志添，《廣東地方道教研究——道觀、道士及科儀》，香港：中文大學出版社，2007 年。

106. 蒲亨強，《神聖禮樂——正統道教科儀音樂研究》，成都：巴蜀書社，2000 年。

107. 蒲亨強，〈靈寶派：道教科儀音樂傳統的載體〉，《民族音樂研究》，2002 年 4 月。

108. 蒲亨強，《中國道教音樂之現況研究》，南京：南京師範大學，2012 年。

109. 龍顯昭、黃海德主編，《巴蜀道教碑文集成》，四川：四川大學出版社，1997 年。

110. 謝桃坊，《成都東山的客家人》，四川：巴蜀書社，2004 年。

111. 蔣馥蓁，〈道教的「受生填還」儀式：以四川《廣成儀制》為中心的考察〉，《民俗曲藝》，2016 年第 194 期，頁 113～54。

112. 蔣馥蓁，〈誰可以登壇行道？──試論四川「廣成道士」的身分認同〉，丁仁傑主編，《道教復興與當代社會生活：劉枝萬先生紀念論文集》，台北：中研院民族所，2020 年，頁 243～66。

113. 蔣馥蓁，〈「隨門分事」──四川科儀傳統《廣成儀制》節次安排與分類的概念討論〉，《華人宗教研究》，2021 年第 18 期，頁 57～81。

114. 盧國龍、汪桂萍，《道教科儀研究》，北京：方志出版社，1999 年。

115. 蕭登福，《道教與民俗》，台北：文津，2002 年。

116. 蕭登福，《道教地獄教主──太乙救苦天尊》，台北：新文豐，2006 年。

117. 蕭進銘，〈全真道龍門宗伍柳法脈在臺傳承的調查研究──以陳敦甫一系為核心〉，《道教研究學報》，2009 第 1 期。

118. 薛玉樹，〈四川金堂縣道觀略考〉，《宗教學研究》，2004 年第 2 期。

119. 龔曉康，〈鶴鳴山道教考察述略〉，《宗教學概論》，2001 年第 3 期。

120. Boltz, Judith. "Singing to the Spirits of the Dead: A Taoist Ritual of Salvation" in *Harmony and Counterpoint: Ritual Music in Chinese Context*. Bell Yung eds. California: Stanford U. Press. 1996.

121. Chiang, Fu-Chen. 2016. *Models in Taoist liturgical texts: Typhology, Transmission and Usage - A case study of the Guangcheng Yizhi and the Guangcheng tradition in modern Sichuan*. Dissertation of Ph D, EPHE, Paris.

122. Dean, Kenneth. "Intrduction" of "Special Issue on Stone Inscriptions, Local History and Fieldwork", In *Minsu Quyi*, No. 167, (2010.03): 1~63.

123. Esposito, Monica. "The Longmen School and its Controversial History during the Qing Dynasty." In John Lagerwey, ed. Religion and Chinese Society, vol. 2, *Taoism and Local Religion in Modern China*, 621~698. Hong Kong: Chinese University Press and Ecole Francaise d'Extreme-Orient, 2004.

124. Esposito, Monica，《清代道教と密教──龍門西竺心宗》，麥谷邦夫編，《三教交涉論叢》，京都市：京都大學人文科學研究所，2005 年，頁 289～338。

125. Esposito, Monica "The Daozang Jiyao Project: Mutation of a Canon." In *Daoism: History, Religion and Society*, 1 (2009): 95~153.

126. Feuchtwang, Stephan -- *The Anthropology of Religion, Charisma and Ghosts: Chinese Lessons for Adequate Theory*. Berlin; New York: W. de Gruyter, 2010.

127. Feuchtwang, Stephan. *The imperial Metaphor: Popular Religion in China*. London: New York: Routledge, 1992.

128. Geertz, Clifford. *The Interpretation of Cultures*. New York: Basic Books, 1973.

129. Goossaert, Vincent. "Counting the Monks. The 1736~1739 Census of the Chinese Clergy". In Late Imperial China Vol. 21, No. 2 (December 2000): 40~85.

130. Goossaert, Vincent. "The Quanzhen 全真 Cleryg, 1700~1950". In John Lagerwey, ed., *Religion and Chinese Society*, 699~771. Hong Kong: Chinese University of Hong Kong. 2004.

131. Goossaert, Vincent. "Resident Specialist and Temple Manager in Late Imperial China." In *Minsu Quyi* 民俗曲藝，153 (2006: 9): 25~68.

132. Goossaert, Vincent. *The Taoists Of Peking 1800~1949: A Social History Of Urban Clerics*. Cambridge (Mass): Harvard University Asia Center, 2007.

133. Goossaert, Vincent "Quanzhen, what Quanzhen? Late Imperial Daoist Clerical Identities in Late Lay Perspecticive." In Xun Liu and Vincent Goossaert, eds., *Quanzhen Daoists in Chinese Society and Culturw, 1500~2010*. California: U of California. 2013.

134. Goossaert, Vincent and David A. Palmer. The Religious Question in Modern China. Chicago; London: University of Chicago Press, 2011.

135. Hou, Ching-Lang. *Monnaies d'offrance et la notion de trésorerie dans la religion chinose*. Mémoires de l'Institut des hautes études chinoises, 1975.

136. Lagerwey, John. *Taoist Ritual in Chinese Society and History*. New York: Macmilan, 1987.

137. Lagerwey, John. *China: a Religious State*. Hong Kong: Hong Kong University Press, 2010.

138. Lai, Chi Tim. "Taoism in China Today, 1980~2002". In *The China Quarterly*, No. 174, Religion in China Today. Jun., 2003. pp. 413~27.

139. Liu, Xun and Vincent Goossaert eds. *Quanzhen Doaists in Chinese Society and Culture, 1500~2010*. Institute of East Asian Studies, University of California, Berkeley.

140. Mori Yuria 森由利亞，「Zenshinkyo Ryumonha keifu ko 全真教龍門派系譜

考——『金蓋心燈』に記された龍門派の譜系に関する問題奌について」，In Dokyo bunka kenkyukai 道教文化研究會，ed., *Dokyo bunka e no tenbo*, 180~211. Tokyo: Hirakawa shuppansha, 1994.

141. Mori Yuria 森由利亞，「Shincho shisen no Zenshinkyo to Tenshido girei: Kosei gisei taiseisho wo megutte 清朝四川の全真教と天師道儀禮：『廣成儀制』太清章をめぐって」In kobayashi Masayoshi 小林正美，ed. *Dokyo no saisho girei no sisoshiteki kenkyu* 道教の齋法儀禮の思想史的研究，137~184. Tokyo: Chisen shoin, 2006.

142. Mori Yuria 森由利亞，「Sho Yoho no Ryoso fukei shinko to Zenshinkyo 蔣予蒲の呂祖扶乩信仰と全真教」，In Horiike Nouo 崛池信夫 and Sunayama Minoru 砂山稔 ends. *Dokyo kenkyu no saisentan* 道教研究の最先端，82~108. Tokyo: Taiga shobo, 2006.

143. Mori Yuria 森由利亞，「Chokan Dozo shuyo to Shincho Shisen chiiki no shukyo 重刊道藏輯要と清朝四川地域の宗教」，In Okazaki Yumi 岡崎由美，ed. *Chugoku koseki ryutsugaku no kakuritsu: Ryutsu suru koseki, ryutsu suru bunka* 中國古籍流通學の確立：流通する古籍，流通する文化，339~401. Tokyo: Yuzankaku shuppan, 2007.

144. Mori Yuria 森由利亞，「Being Local through Ritual: Quanzhen Appropriation of Zhengyi Liturgy in the Chongkan Daozang jiyao」. In Liu, Xun and Vincent Goossaert, eds.. *Quanzhen Daoists in Chinese Society and Culture, 15002010*, 171~207 California: U. of California, Berkeley, 2013.

145. Olles, Volker. *Ritual Words: Daoist Liturgy and the Confucian Liumen Tradition in Sichuan Province*. Wiesbaden: Harrassowitz, 2013.

146. Palmer, David A. "Chinese Redemptive Societies and Salvationist Religion: Historical Phenomenon or Sociological Category?" In *Minsu Quyi*, No. 172, (2011.06): 21~22.

147. Robson, James. "Taking One's Fate Into One's Own Hands; Premortem Death Rituals〔nixiu 逆修，yuxiu 預修〕in Chinese Buddhism and Daoism". Draft for Princeton University conference on Buddhism and Daoism, 2010.

148. Schieffeline, Edward. "Performance and the Cultural Construction of Reality." In *American Ethnologist*. Vol. 12, No. 4: 707~24, 1985.

149. Schipper, Kristofer & Verellen, Francisus, eds. *The Taoist Canon*. Chicago: Chicago University Press, 2005.

150. Schipper, Kristofer. "The Written Memorial in Taoist Ceremonies". In Arthur Wolf ed., *Religion and Ritual in Chinese Society*. Stanford: Stanford U. Press, 1974.

151. Schipper, Kristofer. "Vernacular and Classical Ritual in Taoism". In *Journal of Asian Studies* 45 (1), 1985.

152. Schipper, Kristofer. *The Taoist Body*. Berkeley: University of Califonrai Press, 1993.

153. Schipper, Kristofer. *La Religion de la Chine*. Paris: Fayard, 2008.

154. Stapleton, Kristin. *Civilizing Chengdu: Chinese Urban Reform, 1895~1937*. Cambridge, Mass.: Published by the Harvard University Asia Center: Distributed by Havard University Press, 2000.

155. Valussi, Elena "Printing and Religion in the Life of Fu Jinquan: Alchemical Writer, Religious Leader, and Publisher in Sichuan." In *Daoism: Religion, History and Societu*, No. 4, 2012.

156. Verellen, Franciscus. *Social history in taoist perspective; Du Gangling (850~933) on contemporary society*. (Daojiao Shiye Zhong de Shehuishi 道教視野中的社會史). Hong Kong: Chinese University of Hong Kong, 2001.

157. Yang Der-Ruey. "From ritual skills to discursive knowledge -- Chiang style of Daoism transmission in Shanghai." in Adam Yuet Chau eds. *Religion in contemporary China: revitalization and innovation*. New York: Routledge, 2011.

158. 丸山宏,《道教儀禮文書の歷史的研究》,東京:汲古書院,2004 年。

159. 淺野春二,〈道士と道士團——現代台灣南部の事例から〉,《道教文化への展望》,1994 年,頁 5～49。

160. 謝荔,〈四川の民間信仰と道教——漢族と少數民族の宗教職能者の陰、陽祭祀儀禮〉,《講座道教》第 6 卷,アジア諸地域と道教,2001 年。

161. 蕭紅燕,《中國四川農村の家族と婚姻:長江上流域の文化人類学的研究》,東京都:慶友社,2000 年。

圖　版

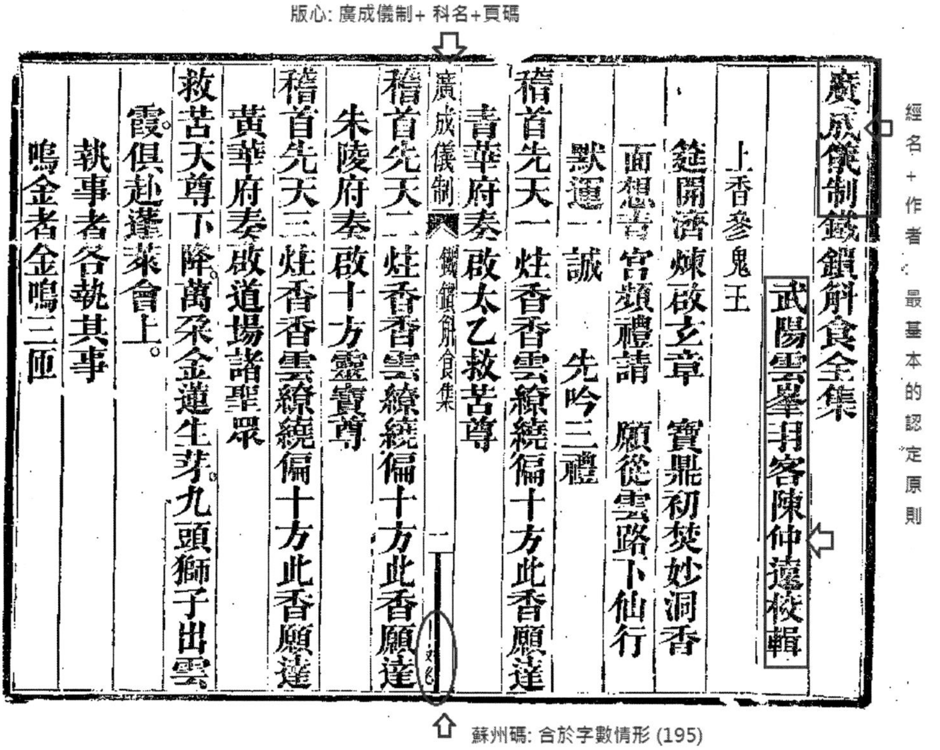

版心: 廣成儀制 + 科名 + 頁碼

經名 + 作者 ＝ 最基本的認定原則

廣成儀制鐵罐斛食全集

武陽雲峯羽客陳仲遠校輯

上香參鬼王

籤開淨煉啓玄章　寶鼎初焚妙洞香

面想書　宮顏禮請　願從雲路下仙行

默運一誠　先吟三禮

稽首先天一炷香香雲繚繞偏十方此香願達

青華府奏啓太乙救苦尊

廣成儀制▨鐵罐斛食集

稽首先天二炷香香雲繚繞偏十方此香願達

朱陵府奏啓十方靈寶尊

稽首先天三炷香香雲繚繞偏十方此香願達

黃華府奏啓道場諸聖眾

救苦天尊下降萬朵金蓮生芽九頭獅子出雲

霞俱赴蓬萊會上。

執事者各執其事

鳴金者金鳴三匝

蘇州碼: 合於字數情形 (195)

圖 1　二仙菴刊本《廣成儀制》最常見的版面型態

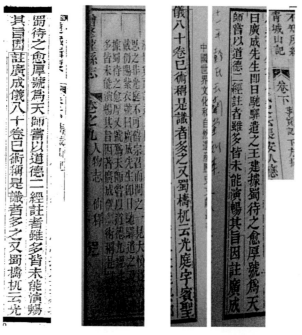

圖2　幾部四川志書舊作中，對廣成杜光庭先生的誤解

圖3　《藏外》版本商借印本中出現的藏書章

圖4　青羊宮印經部目前手工油印裝幀的情形

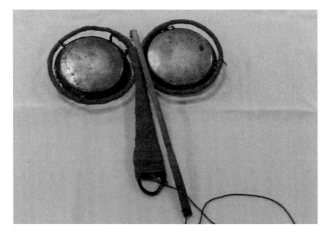

圖 5　二星

圖 6　小錢

圖 7　內壇張貼簡單的節次告示

圖 8　文書信封

圖 9　宣奏文書，面朝外是鶴鳴山的傳統（在拜斗科事）

圖 10　道士將三本可以連壇的拜斗科事裝訂一起

圖 11　青羊宮道觀受理法事的簡表
　　　　與價目（攝於 2011 年）

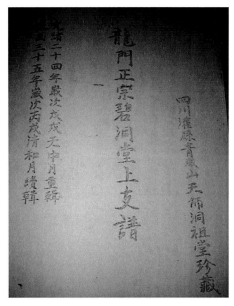

圖 12　《支譜》封面書影

圖 13　禱結皇旛

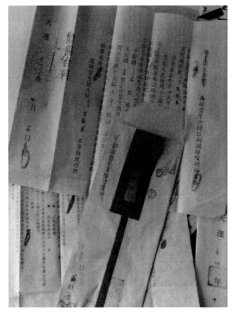

圖 14　受生填還法事的部分文書準備

圖 15　金銀包袱與讀經憑證
　　　　（還受生中使用）

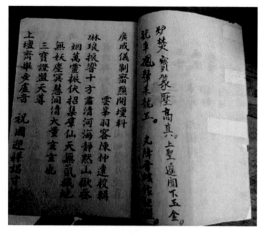

圖 16　手抄本書影

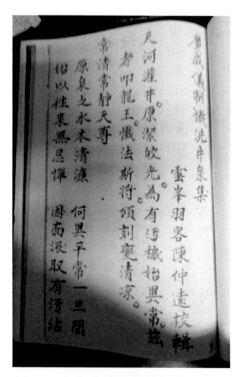

圖 17　私人收藏不見於藏外與白雲
　　　　版的手本（未使用）

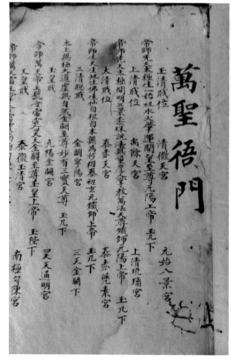

圖 18　正一廣成壇使用抄本

分工明細：（以下准備工作在 10 月 15 日前完成）

銀崇道、唐理浩：燈芯一百個、牒封十個、可漏六個、黃方函二十個、外紅方函一個、紅方函二百個、白方函一個（以上含宮口簽、封條）

朱渝生：開壇符一道、開天符三道、十傷符一套、斗醮召請土地符一道、斗醮召請功曹符一道、斗醮召請司命符一道、斗醮召請隍司符一道、滿散關一道、護送關一道

丁發珍：宣傳、登記法事內容、召集填寫脫生符 360 道、折黃表

潘理涵：醮意大榜一首、全套文牒、小符、寶籙、貼黃、倚黃、引蟠、吊掛、星主牌位

經師班重點複習經韻：連起韻、開壇符、廷芳讚、滿庭芳、朝禮、斗姥號、禮北斗、玉梵偈、十環鼓、龕子韻、四景讚、回向讚、參禮、玉爐香、慈尊讚、黃籙齋、召請尾、出生咒、廣成子、三炷香、二郎神

圖 19　對經班訓練與合經，工作分配的公告

圖 20　旛腳結象與根據「皇旛雲篆」的對照

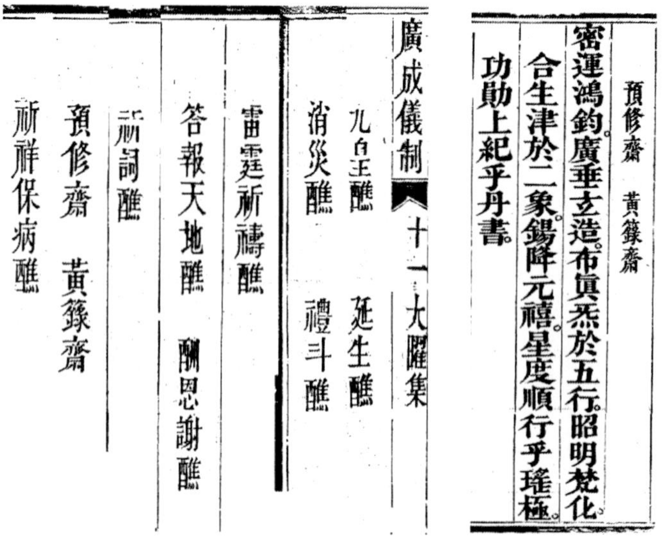

預修齋　黃籙齋

密運鴻鈞廣垂玄造布眞炁於五行昭明楚化
合生津於二象錫降元禧星度順行乎瑤極
功勛上紀乎丹書。

廣成儀制《十一大曜集》
九皇醮　延生醮
消災醮　禮斗醮
雷霆祈禱醮
答報天地醮　酬恩謝醮
三朝詞醮
預修齋　黃籙齋
祈祥保病醮

圖21　十一類的「隨門分事」，與其之一類的說文。擷自「十一大曜集」（13—51，No. 51）

圖23　入意，面向大殿中三清宣奏是青羊宮的傳統

圖24　參與信眾合力點燃上百隻小燭，於「貢天」法事